Comment nourrir son enfant

Infographie: Chantal Landry
Traitement des images: Mélanie Sabourin
Correction: Anne-Marie Théorêt et
   Ginette Patenaude

**Catalogage avant publication de
Bibliothèque et Archives Canada**

Lambert-Lagacé, Louise
   Comment nourrir son enfant

1. Enfants - Alimentation.   2. Cuisine santé.   I. Titre.

RJ206.L34 2007   613.2083   C2007-940185-6

Pour en savoir davantage sur nos publications,
visitez notre site: **www.edhomme.com**
Autres sites à visiter: www.edjour.com
www.edtypo.com • www.edvlb.com
www.edhexagone.com • www.edutilis.com

02-07

© 2007, Les Éditions de l'Homme,
une division du Groupe Sogides inc.,
filiale du Groupe Livre Quebecor Média inc.
(Montréal, Québec)

Tous droits réservés

Dépôt légal: 2007
Bibliothèque et Archives nationales du Québec

ISBN: 978-2-7619-2377-4

DISTRIBUTEURS EXCLUSIFS:

• Pour le Canada et les États-Unis:
MESSAGERIES ADP*
2315, rue de la Province
Longueuil, Québec J4G 1G4
Tél.: (450) 640-1237
Télécopieur: (450) 674-6237
* une division du Groupe Sogides inc.,
   filiale du Groupe Livre Quebecor Média inc.

• Pour la France et les autres pays:
INTERFORUM editis
Immeuble Paryseine, 3, Allée de la Seine
94854 Ivry CEDEX
Tél.: 33 (0) 4 49 59 11 56/91
Télécopieur: 33 (0) 1 49 59 11 96
Service commande France Métropolitaine
Tél.: 33 (0) 2 38 32 71 00
Télécopieur: 33 (0) 2 38 32 71 28
Internet: www.interforum.fr
Service commandes Export – DOM-TOM
Télécopieur: 33 (0) 2 38 32 78 86
Internet: www.interforum.fr
Courriel: cdes-export@interforum.fr

• Pour la Suisse:
INTERFORUM editis SUISSE
Case postale 69 – CH 1701 Fribourg – Suisse
Tél.: 41 (0) 26 460 80 60
Télécopieur: 41 (0) 26 460 80 68
Internet: www.interforumsuisse.ch
Courriel: office@interforumsuisse.ch
Distributeur: OLF S.A.
ZI. 3, Corminboeuf
Case postale 1061 – CH 1701 Fribourg – Suisse
Commandes: Tél.: 41 (0) 26 467 53 33
                Télécopieur: 41 (0) 26 467 54 66
                Internet: www.olf.ch
                Courriel: information@olf.ch

• Pour la Belgique et le Luxembourg:
INTERFORUM editis BENELUX S.A.
Boulevard de l'Europe 117, B-1301 Wavre – Belgique
Tél.: 32 (0) 10 42 03 20
Télécopieur: 32 (0) 10 41 20 24
Internet: www.interforum.be
Courriel: info@interforum.be

Gouvernement du Québec – Programme de crédit
d'impôt pour l'édition de livres – Gestion SODEC –
www.sodec.gouv.qc.ca

L'Éditeur bénéficie du soutien de la Société de développement des entreprises culturelles du Québec pour
son programme d'édition.

Le Conseil des Arts du Canada
The Canada Council for the Arts

Nous remercions le Conseil des Arts du Canada de l'aide
accordée à notre programme de publication.

Nous reconnaissons l'aide financière du gouvernement
du Canada par l'entremise du Programme d'aide au
développement de l'industrie de l'édition (PADIÉ) pour
nos activités d'édition.

Louise Lambert-Lagacé, diététiste

Comment nourrir son enfant

LES ÉDITIONS DE
L'HOMME

Introduction

L'art de bien nourrir son bébé s'apprend un peu tous les jours en offrant à son enfant les meilleurs aliments et en respectant son appétit. Cet art comprend, bien entendu, une foule d'idées culinaires, mais également une bonne dose de compréhension et d'imagination. Il favorise la croissance de votre bébé et son développement harmonieux. Cet art, je l'ai appris avec mes trois filles et je l'ai approfondi au cours des années.

Lorsque j'ai écrit la première mouture de *Comment nourrir son enfant* en 1974, j'étais maman de trois écolières et je commençais ma carrière comme diététiste. Chaque semaine, à l'émission *Pour vous, mesdames*, on me posait des questions sur l'alimentation du bébé. Mon réalisateur, André Rousseau, m'avait alors convaincue d'écrire un livre sur le sujet. J'avais peu d'expérience et les recherches sur cette question étaient rarissimes. Mais j'ai quand même relevé le défi et, à mon grand étonnement, j'ai rejoint plus de 100 000 lecteurs en 6 ans.

En 1980, j'ai révisé cet ouvrage pour tenir compte de nouvelles recherches qui portaient, par exemple, sur les qualités du lait maternel, les coliques du nouveau-né, les déficiences nutritionnelles de la première année de vie ou la consommation de gras des tout-petits. Les préparations pour nourrissons ainsi que les aliments pour bébés occupant de plus en plus de place sur les tablettes des marchés d'alimentation et des pharmacies, il fallait tout revisiter. Et finalement, pour mieux répondre aux questions et aux inquiétudes des parents, j'ai mené plus d'un sondage auprès de jeunes parents et d'infirmières travaillant dans le milieu.

En 1999, devenue grand-mère et toujours à l'affût des nombreuses questions de parents sur l'alimentation des bébés, j'ai remis le livre à jour. Mes collaboratrices ont une fois de plus fait la tournée des magasins et des

pharmacies pour noter le contenu des préparations pour nourrissons, des aliments et des suppléments pour bébés. J'ai fait quelques ajouts dont un menu postnatal, des suggestions sur les suppléments à donner, des conseils pour alléger ou prévenir les coliques, la constipation, la diarrhée ou même les allergies alimentaires, et de nouveaux menus pour la période de 9 à 24 mois. J'ai également consacré un chapitre au végétarisme afin que les parents puissent l'intégrer prudemment dès les premières années, si tel est leur souhait.

En 2007, l'alimentation du bébé pendant les 12 premiers mois suscite toujours un nombre record de questions. Parmi les faits saillants des dernières années, le rachitisme, ou déficience en vitamine D, a refait surface au Canada. L'allaitement à la naissance a progressé de façon significative. L'introduction des solides ainsi que l'inclusion du jus et du lait de vache au menu ne respectent pas encore les recommandations officielles. De plus, l'alimentation des bébés après 12 mois ne semble pas à l'abri de la malbouffe.

Parmi les bonnes nouvelles se trouve *L'initiative des amis des bébés*, qui fait des merveilles pour l'allaitement au Québec. D'autres informations inédites incluent l'évaluation de nouveaux produits sur le marché : préparations pour nourrissons, céréales pour bébés, suppléments de vitamines, petits pots et purées congelées.

Après plus de 30 ans d'existence et 350 000 lecteurs, le livre conserve la même philosophie de respect de l'enfant, de l'importance du lait maternel et de l'introduction graduelle des aliments solides. Malgré le temps qui passe, ce qui ne change pas, c'est votre désir de donner à votre nouveau-né ce qu'il y a de mieux, et mon souhait de continuer à vous aider dans toute la mesure de mes capacités.

Il ne me reste qu'à vous souhaiter de belles découvertes alimentaires avec votre bébé.

Mode d'emploi

Pour bien comprendre la philosophie de ce livre, je vous conseille de lire attentivement les deux premiers chapitres, qui vous expliqueront sur quoi se fondent les recommandations que vous trouverez tout au long de ce volume, et, par la suite, de consulter les sections qui vous intéressent le plus.

Si vous vous questionnez sur un sujet précis ou si vous êtes aux prises avec un problème particulier, consultez l'index général (voir p. 313). Par exemple, si votre bébé a des coliques, vous n'avez qu'à chercher le mot « coliques » et vous saurez tout de suite à quelle page vous référer.

Considérez que les consignes et les réponses qui sont données tout au long de ce livre sont des règles générales qui s'appliquent à la majorité des bébés. N'oubliez jamais qu'il y a toujours des exceptions et que votre bébé peut être une exception, à l'occasion.

Chapitre 1

Une question de santé

Bien nourrir votre bébé peut sembler un grand défi. Comme nouveau parent, vous avez des espoirs et des inquiétudes. Vous vous posez des tonnes de questions. Vos notions de nutrition sont rouillées quand il s'agit des besoins d'un bébé naissant. Le médecin ne dit pas toujours la même chose que l'infirmière de l'hôpital, une revue en contredit une autre ou encore un livre diffère d'un autre. Alors, vous ne savez plus à qui faire confiance. Rassurez-vous, car bien nourrir votre bébé est une chose toute naturelle, pas aussi compliquée qu'elle peut le sembler.

Lorsque vous vous sentez confus, prenez le chemin du gros bon sens et suivez deux grandes règles d'or : offrez à votre bébé ce qui vous semble l'aliment de meilleure qualité nutritionnelle et laissez-le manger selon son appétit. N'oubliez jamais que les bonnes habitudes alimentaires de votre bébé s'acquièrent graduellement au contact des bons aliments et grâce à votre attitude positive.

Bien nourrir votre bébé n'est plus le fruit de la tradition

Mon arrière-grand-mère n'a sans doute jamais consulté un livre sur la nutrition des bébés. Elle avait l'avantage d'habiter près de sa mère ou de ses tantes, qui lui transmettaient tous les jours des conseils sur l'alimentation. Elle allaitait sans se poser de questions et ne trouvait aucun aliment pour bébés sur le marché. Elle a eu plusieurs enfants et elle improvisait, s'en remettant à la grâce de Dieu. Les temps ont beaucoup changé…

Ma fille, devenue mère en 1994, n'avait plus cet environnement traditionnel. Elle habitait à 500 kilomètres de chez moi et à 300 kilomètres de sa belle-famille. Elle a choisi d'allaiter, mais elle a été submergée d'information sur les préparations pour nourrissons et elle a reçu plusieurs échantillons d'aliments pour bébés. Pendant sa grossesse, elle a lu plusieurs livres et elle

a recherché la bonne information. Elle ne voulait rien improviser et c'est tout à fait normal.

On connaît maintenant l'effet des premiers aliments sur la santé du bébé. On sait que le métabolisme du bébé fonctionne à plein régime afin de favoriser le développement et l'entretien des nouveaux tissus. On sait aussi que ses besoins nutritifs sont immenses et qu'une déficience laisse rapidement des traces.

Ce livre s'inspire de recherches crédibles dans le domaine et tient compte des prises de position récentes de Santé Canada, en collaboration avec la Société canadienne de pédiatrie et les Diététistes du Canada, ainsi que de l'American Academy of Pediatrics. Il tient également compte des consignes émises dans *Mieux vivre avec son enfant*, publié par l'Institut national de santé publique du Québec.

Cela dit, la recherche scientifique ne cesse d'apporter des réponses nouvelles et, d'ici quelques années, il faudra amender une fois de plus ce livre.

Bien nourrir votre bébé commence même avant la grossesse

Il y a quelques années, j'ai reçu en consultation un jeune couple qui souhaitait améliorer son alimentation, car il désirait fonder une famille. Ce couple voulait transmettre à ses enfants le meilleur exemple possible. Cette démarche est exceptionnelle, mais rarissime…

Même si tous les couples n'y pensent pas toujours, certaines femmes devraient se préparer du point de vue nutritionnel avant de devenir enceintes. Les études scientifiques des dernières années soulignent la vulnérabilité des femmes très minces et de celles qui se nourrissent mal. De trois à six mois avant de devenir enceintes, elles devraient prendre quelques kilos pour atteindre un poids santé, réduire leur consommation de café, refaire leurs réserves de vitamine B_6 affectées par la pilule anticonceptionnelle et prendre une multivitamine contenant de l'acide folique. Elles redonnent ainsi à leur corps les éléments nécessaires au bon déroulement d'une grossesse et travaillent à la santé de leur futur bébé.

Bien nourrir votre bébé n'est pas juste une question d'aliments

Vous pensez que bien nourrir votre bébé consiste à lui offrir les meilleurs aliments au bon moment, à respecter ses besoins nutritionnels, ses capacités digestives, ses préférences et ses aversions. C'est déjà beaucoup, mais ce n'est pas tout! Bien nourrir votre bébé veut également dire favoriser une attitude positive envers les aliments. La façon dont vous lui donnez les aliments, la bonne humeur que vous affichez à l'heure des repas, le respect de son appétit, de ses refus ou de ses caprices forment une partie essentielle de l'art de bien le nourrir. Cette notion est facile à lire mais combien difficile à appliquer lorsque se manifestent les premiers caprices du bébé.

Bien nourrir votre bébé n'exige pas la perfection

Comme nouveau parent, vous débordez de bonne volonté et vous voulez suivre à la lettre, jour après jour, mois après mois, le programme alimentaire idéal. Mais personne ne peut être parfait tout le temps.

Le menu de votre bébé peut, certains jours, être moins nutritif que le menu modèle. C'est normal. Ces soubresauts passagers font partie de la vie et ne nuisent pas à la santé de votre bébé. C'est la routine quotidienne qui façonne les bonnes habitudes alimentaires. Alors, ne vous faites pas trop de soucis pour les écarts occasionnels.

Bien nourrir votre bébé rime avec qualité alimentaire

Vers la fin des années 1920 et le début des années 1930, le Dr Clara M. Davis fut un des premiers médecins à s'intéresser à l'effet de la qualité des aliments sur la croissance et sur le développement de l'enfant. Une de ses recherches a été menée auprès de trois bébés hospitalisés, n'ayant encore jamais mangé un aliment solide. Le Dr Davis a suivi ces bébés sur une période de 6 à 12 mois.

Le personnel infirmier offrait chaque jour 33 aliments différents à chaque bébé, soit 11 aliments à chaque repas. Chaque bébé était libre de choisir ce qu'il voulait manger parmi ces 33 aliments nutritifs, non transformés, non raffinés et non assaisonnés.

Chaque bébé pouvait décider de la quantité qu'il voulait prendre. Au bout des 6 à 12 mois, les 3 bébés avaient tous grandi normalement.

La formule gagnante, dans tout cela, n'a vraiment rien à voir avec l'instinct des bébés, mais découle du choix et de la qualité des aliments offerts. Les bébés ne pouvaient pas commettre d'erreur, car ils n'avaient devant eux que des aliments très nutritifs qu'ils pouvaient manger selon leur appétit. Bien

entendu, il serait quasi impossible pour vous de faire une démarche semblable à la maison, car offrir à votre bébé autant d'aliments différents chaque jour n'est pas chose facile !

Bien nourrir votre bébé réduit les problèmes de santé au cours des 12 premiers mois

Si vous choisissez le lait maternel, si vous introduisez lentement les aliments solides et si vous retardez l'introduction du lait de vache, vous protégez la santé de votre bébé au cours des 12 premiers mois.

Les bébés allaités sont non seulement archi bien nourris, mais ils résistent mieux aux infections pendant la première année de leur vie. De plus, ils acceptent plus facilement les nouveaux aliments que les bébés nourris à la préparation pour nourrissons, selon les études de Susan Sullivan, de l'Université de l'Illinois, parce qu'ils ont goûté à toutes les saveurs du menu de la maman par l'intermédiaire du lait maternel.

Lorsque vous introduisez lentement et graduellement des aliments solides vers l'âge de 6 mois, vous facilitez le processus de digestion et vous réduisez les risques d'allergie.

Lorsque vous retardez l'introduction du lait de vache ou de chèvre après l'âge de 9 mois, vous réduisez, entre autres, les risques d'anémie (voir p. 16).

Bien nourrir votre bébé ne veut surtout pas dire le mettre au régime

Vous voyez plus d'enfants ronds et obèses aujourd'hui qu'il y a 20 ans, mais, dans 90 % des cas, il n'y a aucun lien entre leur problème de poids et leur poids à la naissance. Un gros bébé à la naissance ne devient pas nécessairement gros à 1 an et un gros bébé à 1 an ne devient pas nécessairement un adulte obèse.

Certains bébés, dont les parents sont obèses, prennent du poids en ne mangeant pas plus que des bébés de poids normal. L'enfant dont l'un ou l'autre ou les deux parents souffrent d'obésité doit donc être suivi de plus près.

Il n'y a par ailleurs aucune bonne raison de mettre un bébé au régime. Une diminution des calories ou même la consommation de lait écrémé avant l'âge de 2 ans peuvent entraîner des déficiences nutritionnelles, une baisse de la température corporelle ainsi qu'une baisse de la résistance immunitaire.

La meilleure façon de prévenir une prise de poids excessive chez votre bébé est de ne jamais le forcer à manger et de le stimuler à bouger davantage. D'autres mesures peuvent aussi être prises entre 1 et 2 ans, et avoir un bon effet sur les habitudes de vie de la famille tout entière.

Bien nourrir votre bébé ne signifie pas éviter le gras et le cholestérol

La phobie du cholestérol a pris de telles proportions dans les médias que plusieurs parents bien intentionnés ne savent plus quoi faire. Or, les règles de prévention des maladies cardiovasculaires qui s'appliquent aux adultes ne s'appliquent pas aux bébés.

Le lait maternel renferme naturellement beaucoup de gras et de cholestérol, même si l'alimentation de la mère n'en contient que très peu, car il répond aux besoins du bébé et lui permet de parachever le développement de son cerveau et de son système hormonal.

Lorsqu'on offre au bébé un aliment allégé comme du lait écrémé, on ne respecte plus ses besoins nutritifs, car on oublie qu'un bébé requiert plus de gras au cours des 12 premiers mois que durant toute sa vie.

De fait, la réduction importante de gras dans l'alimentation du bébé peut causer des problèmes semblables à ceux que l'on peut observer si l'on donne du lait écrémé avant l'âge de 12 mois (voir p. 14). C'est pourquoi on ne recommande pas l'adoption de lait ou de produits laitiers écrémés pendant la petite enfance. Il n'y a, par ailleurs, aucune bonne raison d'ajouter du beurre ou de l'huile sur les aliments du jeune enfant pour contrer ce type de problème. Nos enfants mangent habituellement déjà assez gras.

Bien nourrir votre bébé réduit les problèmes gastro-intestinaux

Vous pouvez prévenir les problèmes de constipation de votre bébé lorsqu'il commence à manger des aliments solides en choisissant la céréale appropriée (voir p. 199) et en augmentant sa consommation de liquides.

Vous pouvez également prévenir les problèmes de déshydratation qui surviennent lors de diarrhées aiguës et hâter le processus de guérison en réalimentant votre bébé de façon appropriée (voir p. 198).

Bien nourrir votre bébé peut prévenir l'anémie

Beaucoup trop de bébés souffrent encore d'anémie avant l'âge de 2 ans. Or, il est possible de prévenir cette déficience en fer :

- En allaitant au moins 6 mois ou, si on n'allaite pas, en offrant dès la naissance une préparation pour nourrissons enrichie de fer (voir p. 97) ;
- En offrant des aliments riches en fer dès l'âge de 6 mois (voir p. 204) ;
- En retardant l'introduction du lait de vache après 9 mois, et seulement lorsque l'enfant mange environ 200 ml (12 c. à soupe) d'aliments solides par jour ;
- En limitant le volume de lait de vache à 1 litre (32 oz) par jour, lorsque tous les groupes d'aliments font partie du menu.

Bien nourrir votre bébé prévient la carie dentaire

Vous pouvez réduire les problèmes tragiques associés à la carie rampante en évitant d'offrir un biberon au lit (qu'il soit rempli de lait, de jus ou d'eau sucrée), en évitant d'utiliser le biberon comme soulage-tout partout et en vous abstenant de tremper la suce de bébé dans le miel ou le sirop.

Vous pouvez aussi réduire le nombre de caries dentaires en limitant la consommation d'aliments sucrés, fruits secs ou bonbons, particulièrement entre les repas, et en brossant régulièrement les dents de votre bébé, dès qu'il a quelques dents.

Bien nourrir votre bébé n'est qu'un pas vers la santé

J'ai rencontré plusieurs parents qui ont offert dès la naissance les meilleurs aliments à leur bébé, mais qui laissent tomber leurs bons principes lorsque l'enfant grandit, comme si l'alimentation des 12 premiers mois donnait une garantie de santé à vie.

L'étude FITS (Feeding Infants and Toddlers Study) est la plus grande recherche effectuée sur les habitudes alimentaires des tout-petits de 4 à 24 mois. Les données recueillies en 2002 auprès de 3022 bébés de régions urbaines et rurales des États-Unis font dresser les cheveux sur la tête, du moins ceux d'une nutritionniste… !

Ainsi :

- de 9 à 11 mois, les frites arrivent au troisième rang parmi les légumes les plus consommés ;
- de 18 à 33 % des bébés ne mangent aucun légume dans une journée ;
- de 23 à 33 % des bébés ne mangent aucun fruit dans une journée ;
- de 20 à 27 % des bébés mangent des hot-dogs, des saucisses et des viandes fumées avant d'atteindre 12 mois ;
- de 20 à 25 % des bébés de 15 mois ou plus mangent des frites une fois par jour ;
- 70 % des bébés mangent un dessert sucré au moins une fois par jour ;
- à la fin de la 2e année de vie, 11 % des bébés boivent des boissons gazeuses et mangent des biscuits, des croustilles et des bonbons à la collation.

Pour que votre enfant profite à long terme des meilleurs aliments, les bonnes habitudes alimentaires de la première année de vie doivent se poursuivre ! Par ailleurs, si votre bébé n'a pu recevoir une alimentation idéale pendant sa première année, ce n'est pas irrémédiable. Offrez-lui graduellement les meilleurs aliments dans le meilleur climat possible.

Rappelez-vous que toute bonne démarche alimentaire a des effets bénéfiques dans la mesure où elle est maintenue !

La santé de votre bébé dépend beaucoup de la façon dont vous le nourrissez.

Chapitre 2

Une question de plaisir et de respect

Lorsque vous nourrissez votre bébé, vous l'initiez au plaisir de manger, en plus de lui offrir les bons aliments au bon moment. Votre bébé vit ses premières expériences alimentaires dès son plus jeune âge. Il découvre un univers de saveurs plus rapidement que vous ne le croyez. Il enregistre des sensations différentes à chaque boire, à chaque repas, entouré de ses parents, de sa gardienne ou de ses grands-parents.

Plus vous faites des découvertes alimentaires heureuses en compagnie de votre bébé, plus il aura de plaisir à savourer différents aliments. Plus vous avez de caprices ou encore des dégoûts alimentaires, moins votre enfant sera porté à essayer de nouveaux aliments. Le plaisir de manger, comme le dégoût, s'acquiert très tôt et persiste longtemps.

Les aliments, sources de souvenirs

Les saveurs que vous aimez vraiment, les repas dont vous rêvez, les aliments que vous évitez ou détestez vous rappellent souvent des moments heureux ou malheureux. Plusieurs de vos goûts et dégoûts remontent à vos jeunes années et vous font revivre des événements autant qu'ils vous rappellent des saveurs bien précises. Le gâteau au chocolat peut représenter le summum du plaisir parce qu'il était réservé aux jours de fête. Le poisson ou le foie que vous deviez obligatoirement manger a pu devenir un déplaisir parce qu'on vous l'a imposé ou parce que l'entourage n'aimait pas cet aliment. La nourriture est intimement liée à des moments heureux ou malheureux de notre existence.

L'enfant vient au monde sans préjugés, sans goûts ni dégoûts. Il a un dossier vierge. Il accumule des sensations alimentaires sans effort et sans regret. S'il goûte au yogourt comme dessert surprise, au brocoli comme légume chouchou de son meilleur ami, au poisson grillé après avoir pêché

sa petite truite, au pain de blé entier qui sort du four du boulanger, il garde d'excellents souvenirs de ces aliments.

Les aliments ne règlent pas tous les problèmes

Quand vous nourrissez votre bébé lorsqu'il a faim, vous comblez un besoin physique. Mais le bébé que vous allaitez ou nourrissez dans vos bras reçoit aussi une dose d'affection. Il associe nourriture et affection et peut éventuellement les confondre.

Si vous nourrissez votre bébé au moindre pleur ou si vous le gavez de céréales dans le but de prolonger ses heures de sommeil, il a du mal à faire la différence entre la faim et ses autres besoins : besoin d'attention, d'affection ou de distraction.

Pendant plusieurs années, le Dr Hilde Bruch, psychiatre reconnue, a étudié les troubles du comportement alimentaire comme la boulimie et l'anorexie. Elle a découvert un lien entre ces problèmes et les expériences de la petite enfance. Elle a noté que ces problèmes pouvaient survenir lorsque les aliments ne répondaient plus nécessairement à la faim, mais à d'autres besoins comme une soif d'amour inaccessible, une expression de haine, de frustration ou de colère, ou encore un faux sens du pouvoir.

Après plusieurs années de recherche, le Dr Bruch a compris qu'un enfant ne naît pas nécessairement gros mangeur ou fine bouche. Elle a remarqué qu'il apprenait à avoir faim au bon moment, qu'il apprenait à cesser de manger au bon moment et que, très jeune, il pouvait désapprendre.

Un bébé forcé de finir son biberon n'acquiert pas la maîtrise de son appétit. Un enfant contraint à terminer son assiette n'apprend pas à respecter son appétit. Il apprend à obéir. Votre bébé n'apprend pas à respecter ses besoins si vous le forcez à boire ou à manger.

Le respect de l'appétit s'apprend à deux

Vous aidez votre bébé à développer son mécanisme de la faim en ayant d'heureuses négociations avec lui.

Votre nouveau-né n'est pas aussi dépendant que vous le croyez. Il peut exprimer certains besoins dès les premières heures :

- Il pleure, tousse, avale et régurgite ;
- Il sent et il entend ;
- Il ressent la douleur ;
- Il tourne la tête du côté où on lui caresse la joue ;
- Il bouge les pieds dans tous les sens.

Lorsque vous répondez correctement aux messages de votre bébé, vous lui permettez de communiquer ses émotions et ses besoins. Vous l'aidez à devenir autonome.

Si vous nourrissez votre bébé à chaque pleur, vous n'interprétez pas nécessairement bien ses messages. S'il continue de pleurer après que vous avez vérifié sa couche, que vous l'avez changé de position ou bercé un peu, le nourrir peut répondre à un besoin de nourriture.

Vous n'avez pas nécessairement la bonne réaction à chaque pleur de votre bébé, mais vous prenez graduellement de l'expérience en répondant jour après jour aux différents messages qu'il vous envoie. Au bout de quelques semaines, vous interprétez déjà mieux ses pleurs et vous lui donnez la chance de vous dire « j'ai faim » ou « j'en ai assez ».

Le refus est un message permis

Si vous insistez pour que votre bébé boive jusqu'à la dernière goutte, vous ne lui permettez pas de vous dire qu'il n'a plus faim. Si vous ignorez son message « j'en ai assez », vous lui apprenez à trop manger. Mais si vous acceptez son message, vous l'aidez à respecter son appétit.

Si votre bébé refuse la viande ou les légumes lorsque vous commencez à lui donner des aliments solides, ne le forcez jamais. Il est normal qu'un bébé hésite devant un nouvel aliment. Les recherches originales de Leann Birch, de l'Université de l'Illinois, démontrent par ailleurs qu'il est possible de favoriser l'acceptation de certains aliments en respectant l'enfant et en utilisant des stratégies positives, par exemple offrir l'aliment sain comme récompense ou comme un aliment réservé aux grandes personnes. En agissant de la sorte, vous ne suscitez pas de rapports de force. Si vous acceptez les refus, tout en offrant de nouveau l'aliment sans jamais insister, vous continuez d'être positif et vous demeurez sur la bonne voie.

Votre bébé peut perdre l'appétit vers l'âge de 1 an. C'est fréquent, c'est normal et sa santé n'est pas en danger. Rappelez-vous qu'une perte d'appétit coïncide presque toujours avec un ralentissement de la croissance.

Lorsque vous répondez bien aux messages de votre bébé, vous ne le forcez jamais à manger et vous l'aidez à respecter son appétit.

Ce n'est pas juste une question d'aliments

Il y a quelques années, un cas d'enfants en arrêt de croissance m'avait bouleversée. Deux enfants du Rhode Island dévoraient d'énormes quantités d'aliments, mais ne grandissaient plus. Un jour, un médecin s'est rendu compte qu'ils étaient maltraités et battus. Après qu'ils furent placés en foyer d'accueil, leur croissance a fait un bond en quelques semaines. C'est le manque d'amour, et non le manque d'aliments, qui avait nui à leur croissance. Illustration extrême, mais réelle.

Sans aller aussi loin, plusieurs chercheurs ont étudié l'effet de l'environnement socioaffectif du bébé sur sa croissance physique. En Amérique latine, le Dr Cravioto et son équipe ont observé deux groupes d'enfants d'un village du Guatemala. Pendant six mois, un premier groupe d'enfants recevait chaque jour une quantité additionnelle d'aliments, alors que le groupe témoin n'en recevait pas. Les enfants qui recevaient des aliments additionnels venaient de familles plus nombreuses et recevaient moins d'attention que le groupe témoin. Leur gain de poids a été moindre et leurs problèmes de santé ont été plus nombreux que les bébés qui ne recevaient pas d'aliments additionnels. Les chercheurs ont conclu que l'addition d'aliments n'avait pu compenser le manque d'affection et de contact humain dont souffraient les enfants du premier groupe.

Une autre étude a mis en relief le lien qui existe entre l'état nutritionnel d'un bébé et l'intensité des contacts avec sa maman. Les chercheurs ont noté que plus la mère et l'enfant communiquaient par des sons et par des mots, meilleur était l'état nutritionnel du bébé.

Le rituel qui entoure les repas du bébé et l'affection qu'il reçoit s'ajoutent aux aliments qu'il mange et affectent son développement et sa croissance.

Le désir d'autonomie se manifeste très tôt

Au cours des premières années, les problèmes de comportement alimentaire ne sont pas rares. Ils font partie du développement normal de l'enfant et reflètent souvent son attitude face à la vie ! Certaines études ont même démontré qu'un jeune enfant difficile à table avait également d'autres problèmes de comportement.

Le professeur A. S. Neill, auteur du livre *Summerhill : A Radical Approach to Child Rearing*, rapporte que les problèmes de comportement alimentaire cachent souvent un message de protestation. Les caprices alimentaires deviennent une façon de proclamer son autonomie. L'enfant veut être le patron et souhaite avoir le dernier mot.

Si vous vous laissez prendre au jeu de pouvoir qui peut naître autour de la nourriture, l'heure des repas risque de devenir critique et les habitudes alimentaires en souffriront.

Si, au contraire, vous acceptez les refus sans en faire un plat, vous redonnez à votre bébé une certaine autonomie.

Lorsque les aliments sains deviennent des plaisirs

Les adultes qui n'ont pas connu toute la gamme des aliments sains et nutritifs éprouvent de la difficulté à apprécier certains aliments comme les légumineuses, les poissons frais, les légumes ou les grains entiers. Par contre, les enfants qui grandissent avec ces aliments imitent les grands et apprécient rapidement la nourriture que les adultes mangent autour d'eux.

Si vous servez régulièrement des légumes de toutes les couleurs et de toutes les formes, crus ou cuits, votre enfant les acceptera beaucoup plus facilement.

Si vous faites les louanges des asperges fraîches, des superbes pois gourmands de juillet et si vous préparez une ratatouille aux premiers froids d'automne, vous encouragez votre enfant à aimer ces beaux légumes.

Si vous cuisinez régulièrement des poissons et des crustacés, votre enfant aura du plaisir à savourer de la sole ou du saumon frais et ne se limitera pas aux bâtonnets de poissons panés et surgelés.

Si vous offrez des fruits frais bien mûrs à l'heure du dessert, votre enfant prendra l'habitude de terminer son repas sans gâteau, sans tarte ni biscuit sucré.

Si vous préparez régulièrement des repas sans viande, votre enfant acceptera assez facilement le vaste choix de mets végétariens.

Les aliments que vous cuisinez et que vous mangez ont plus d'effet que tous les messages de nutrition. Un enfant apprécie la saveur d'une orange fraîche, mais il n'a pas besoin de connaître sa valeur en vitamine C ; il peut aimer le foie grillé, sans connaître sa richesse en fer. Le plaisir passe par le goût et par le climat favorable, et non par les cours de nutrition.

Vous ne voudriez pas que votre enfant dise un jour à ses amis : « J'aimais beaucoup les épinards, jusqu'à ce que ma mère me dise que c'était bon pour moi ! »…

Le chocolat devient-il un aliment tabou ?

Vous êtes préoccupé par le fait que, tôt ou tard, votre enfant sera en contact avec des aliments sucrés, salés ou frits. Dès qu'il entre à la garderie, vous vous faites du souci pour certains aliments qu'on lui sert. Devez-vous absolument donner du chocolat à votre enfant, au cas où il en abuserait plus tard ? Devez-vous lui faire manger du fast-food pour éviter les orgies de l'adolescence ?

Les stratégies garanties se font rares. Ma réflexion sur le sujet me porte à dire qu'il n'y a aucun avantage à initier un enfant à la saveur des bonbons, du chocolat ou des fritures. Sans aller à l'autre extrême, je ne crois pas qu'il faille décréter que certains aliments sont tabous. Le fruit défendu a toujours un double attrait.

Par ailleurs, je ne crois pas qu'il soit avantageux de défendre à votre enfant de manger certains aliments quand vous n'êtes pas à la maison. Votre enfant ne veut qu'imiter les autres. Faites confiance au quotidien et à votre bon exemple.

J'ai toujours célébré l'anniversaire de mes filles avec de vrais gâteaux bien glacés et je persiste à croire qu'il y a place pour des aliments de fête dans une alimentation saine.

Je vois également l'adolescence comme une période de contestation globale au cours de laquelle plusieurs adolescents rejettent tous les bons-aliments-des-parents ou presque. C'est normal et ça passe.

Quoi que vous fassiez, vos enfants vont goûter, un jour, à des aliments riches, sucrés, frits et salés, mais leur attitude profonde, en ce qui a trait aux meilleurs aliments, reflétera toujours ce qu'ils auront appris à aimer avec vous pendant des années.

Lorsque vous répondez correctement aux messages de votre bébé, vous lui permettez de communiquer ses émotions et ses besoins. Vous l'aidez à devenir autonome.

Chapitre 3

Pourquoi choisir le lait maternel ?

Vous avez une petite idée des qualités nutritionnelles du lait maternel, mais vous ne connaissez pas tous ses atouts. Rien de surprenant, puisque des chercheurs du monde entier ne cessent d'y découvrir des éléments intéressants sur les plans nutritionnel, immunitaire et affectif. Une recherche publiée récemment relatait même l'effet de l'allaitement sur le développement intellectuel de l'enfant. Que ce soit Santé Canada, la Société canadienne de pédiatrie, Les diététistes du Canada ou l'Ordre professionnel des diététistes du Québec, le Collège canadien des médecins de famille, tous affirment que l'allaitement exclusif jusqu'à 6 mois ou plus demeure l'alimentation optimale pour tous les nourrissons.

Allaiter, c'est plus simple

Allaiter simplifie la vie, car le lait maternel est toujours prêt à servir ; il ne demande aucune préparation, il se « transporte » facilement, est toujours à la bonne température, ne contient aucun additif ni agent de conservation et reste toujours frais, même sans réfrigération. Aucun autre aliment sur terre n'est aussi pratique.

L'allaitement permet aussi d'économiser temps et argent. Vous n'avez pas besoin d'acheter de préparations pour nourrissons, de biberons ni de tétines ; pas besoin non plus de laver et de réchauffer les biberons, ni de nettoyer les tétines… Vous pouvez nourrir votre bébé n'importe où, n'importe quand. Vous pouvez même voyager avec votre bébé, en ayant toujours sous la main le meilleur aliment qui soit pour lui.

Si vous n'avez pas encore pris votre décision, laissez-moi vous faire découvrir plusieurs facettes de cet aliment.

Curieusement, j'étais plutôt tiède à l'idée de servir de garde-manger ; je n'ai jamais milité pour la Ligue La Leche et l'idée de la maternité douce ne m'attendrissait pas outre mesure. Celle du tire-lait me transformait en vache folle... C'était avant de découvrir ce lien invisible entre une mère et son nourrisson, avant de renouer avec une fonction tellement viscérale qu'elle remplace tous les autres besoins d'affection.

Josée Blanchette, Le Devoir, avril 2004

Le lait maternel, plus qu'un aliment

Le bébé naissant qui passe de la vie fœtale à la vraie vie a besoin de chaleur, d'affection, d'éléments nutritifs et de protection immunitaire, et il trouve tout cela dans le lait maternel.

Les faits sont les faits ! L'allaitement génère de la chaleur qui se communique du sein de la maman à la bouche du bébé, et vice versa. Il fournit des contacts exceptionnels dès les premiers instants de vie. Le lait maternel nourrit le bébé différemment les premières heures et les premiers jours de sa vie. Il s'adapte même aux besoins du prématuré et se transforme graduellement au cours des premières semaines de vie du bébé.

Les hormones qui stimulent la sécrétion du lait maternel aident l'utérus à retrouver sa taille préconception, jouent un rôle dans le développement de l'instinct maternel et augmentent l'attachement physique entre la mère et l'enfant. L'allaitement concrétise le sentiment de don de soi et devient une source de gratification pour la maman, qui prend graduellement confiance en sa capacité de nourrir adéquatement son bébé.

Comme vous pouvez l'imaginer, j'ai suivi attentivement la croissance de mon premier petit-fils et je l'ai vu doubler son poids de naissance en prenant pour seule nourriture le lait maternel de ma fille. J'ai été émerveillée et j'ai compris la fierté et l'attachement d'une mère devenue l'unique responsable de la croissance de son bébé.

Le lait maternel initie le bébé au monde des saveurs

Des recherches effectuées au Monnell Chemical Senses Center de Philadelphie révèlent que le lait maternel est riche en saveurs et goûte rapidement les aliments et les épices (carottes, ail, menthe, vanille) consommés par la maman. Le nourrisson est capable de détecter les changements de saveurs du lait maternel et peut changer son rythme de succion selon les différentes saveurs. Les chercheurs ont même remarqué que les bébés suçaient plus longtemps lorsque le lait goûtait l'ail ou la vanille !

L'enfant allaité est exposé à une vaste gamme de saveurs, le préparant indirectement à l'introduction des vrais aliments.

Le lait maternel est adapté aux besoins des nouveau-nés

La vie du bébé après sa naissance n'est pas de tout repos. Après un séjour douillet dans l'utérus, à une température idéale, nourri à toute heure du jour et de la nuit, votre bébé doit maintenant respirer, maintenir une température corporelle adéquate, se nourrir lui-même, digérer et éliminer les déchets, en plus de combattre les infections. Or, les principaux ingrédients du lait maternel sont merveilleusement adaptés à tous ses besoins.

Le **colostrum,** ce liquide jaunâtre sécrété naturellement les premiers jours après l'accouchement, fournit toute une variété d'anticorps. Il favorise la formation de la flore intestinale et aide à l'élimination des premières selles du bébé, le méconium. Il renferme plus de protéines, de vitamines, d'eau et de minéraux, mais moins de calories et de gras que le lait maternel après quelques semaines d'allaitement. Il répond aux besoins du bébé naissant. Aucune autre préparation ne peut remplacer cette boisson d'initiation à la vie.

Le **lait de transition,** sécrété la deuxième semaine après l'accouchement, renferme moins de protéines, plus de gras et de lactose que le colostrum, et son contenu en calories augmente graduellement pour répondre aux besoins croissants de l'enfant.

La composition du lait maternel varie aussi au cours d'un boire : au début d'un boire, le lait contient plus d'eau qu'à la fin. Lorsque votre bébé a plus soif que faim, il va boire moins longtemps à chaque sein. Lorsqu'il a plus faim que soif, il va téter plus longtemps le premier sein, jusqu'à ce qu'il obtienne le lait plus riche sécrété à la fin du boire.

Le lait maternel est même adapté aux besoins plus grands des prématurés pesant aussi peu que 2 kg (4 lb 3 oz); si le bébé n'atteint pas ce poids, un supplément est recommandé, mais cela ne remplacera jamais le lait maternel.

Le lait maternel a une valeur nutritionnelle unique

Au bout de quelques semaines, le lait maternel a les composantes principales suivantes:

Les **protéines** du lait maternel sont plus faciles à digérer que les protéines du lait de vache; elles coagulent dans l'estomac en petits flocons, plus faciles à absorber que les gros flocons des protéines du lait de vache.

Les **matières grasses** du lait maternel sont uniques, en ce sens que non seulement elles contribuent à la croissance du bébé, mais contribuent activement à la croissance des cellules du cerveau et de la rétine de l'œil. Ces acides gras appelés dans le jargon scientifique AA et DHA jouent un rôle crucial dans le développement du cerveau, dont le poids augmente de 750 g (1½ lb) durant les 12 premiers mois. L'addition de ce type de gras n'est que très récente dans les préparations commerciales pour nourrissons et n'est pas systématique.

D'autre part, même si votre menu ne contient aucune trace de **cholestérol,** le cholestérol du lait maternel est remarquablement stable parce qu'il est essentiel. Des chercheurs ont noté que des animaux nourris très tôt avec beaucoup de cholestérol étaient plus aptes à régulariser leur taux de cholestérol à l'âge adulte. Pour l'instant, les préparations pour nourrissons ne renferment pas de cholestérol.

Le **lactose**, composante qui sucre le lait, est beaucoup plus abondant dans le lait maternel que dans tout autre lait de mammifère. Il participe activement au développement du système nerveux central et facilite l'absorption du calcium. Les premières gorgées d'un boire en renferment plus que les dernières.

On a longtemps cru que le **fer** contenu dans le lait maternel était insuffisant pour répondre aux besoins du bébé. Cette inquiétude s'est estompée lorsque les chercheurs ont constaté que, même en petite quantité, ce fer était mieux absorbé que toute autre source de fer, grâce au travail d'équipe des autres ingrédients du lait maternel. De fait, la Société canadienne de pédiatrie juge que le fer du lait maternel suffit à combler les besoins d'un bébé en santé, né à terme, jusqu'à ce qu'il soit âgé de 6 mois. On comprend mieux maintenant pourquoi les bébés allaités souffrent rarement d'anémie, comparativement aux bébés nourris aux préparations non enrichies de fer ou au lait de vache.

Les **autres minéraux**, comme le calcium et le phosphore, sont présents en quantité suffisante dans le lait maternel et favorisent la croissance et le développement des dents et des os du bébé, même si on les trouve en moins grande quantité que dans le lait de vache. Les quantités de sodium et de potassium du lait maternel sont également ajustées aux besoins de bébé et respectent mieux l'immaturité du système rénal que celles que l'on trouve dans le lait de vache.

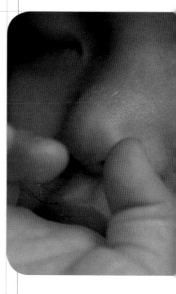

On trouve de grandes quantités de **zinc** dans le colostrum des premiers jours après la naissance. Cet élément contribue au développement global du système immunitaire et sa concentration diminue progressivement par la suite. Le zinc du lait maternel semble mieux utilisé que celui que l'on trouve dans les préparations pour nourrissons.

La **vitamine D** est présente en trop petite quantité dans le lait maternel et ne semble pas prévenir les cas de rachitisme au pays. C'est pourquoi Santé Canada a émis une nouvelle directive en 2004 visant à combler cette déficience potentielle. On recommande que tous les nourrissons nés à terme, en santé et allaités, reçoivent dès la naissance un supplément de 400 UI de vitamine D par jour.

La **vitamine C** du lait maternel varie légèrement selon l'alimentation de la mère. Les glandes mammaires peuvent aussi produire une certaine quantité de cette vitamine et répondre aux besoins du bébé.

La **vitamine A** est deux fois plus élevée dans le colostrum que dans le lait maternel de quelques semaines, mais la quantité répond adéquatement aux besoins du bébé.

Les **vitamines du complexe B** sont présentes en quantité suffisante dans le lait maternel. On a noté que la concentration de ces vitamines augmente dans le lait des mères qui mangent bien ou qui prennent un supplément de vitamines du complexe B.

Un enfant allaité au sein, sur demande, reçoit suffisamment **d'eau** dans le lait maternel. Il n'a pas besoin d'un supplément d'eau, même lorsqu'il fait chaud. Des études menées dans des pays tropicaux l'ont clairement démontré. Un bébé allaité qui a soif va boire plus souvent pour de courtes périodes et absorbera ainsi l'eau dont il a besoin.

Le lait maternel protège contre les infections

Le lait maternel protège les bébés du monde entier contre toute une gamme d'infections respiratoires et gastro-intestinales.

Au cours des premiers mois, le bébé ne possède qu'une faible résistance aux microbes de l'extérieur. Ses mécanismes de défense et son système immunitaire ne sont que partiellement développés. Un bébé sur dix contracte une infection lors de l'accouchement ou dès les premiers mois de sa vie. Pour faire face à cette grande vulnérabilité, le lait maternel fournit une quantité abondante d'agents protecteurs, surtout dans le colostrum des premiers jours.

De nombreuses recherches ont confirmé cet effet protecteur. Un nombre significatif de bébés qui ont été allaités trois mois ou plus ont moins d'infections gastro-intestinales et respiratoires que des bébés nourris avec une préparation pour nourrisson. Une autre étude a montré que des bébés allaités exclusivement pendant quatre mois ou plus avaient moins d'infections aux oreilles que des bébés qui recevaient une préparation pour nourrissons avant l'âge de 4 mois. De plus, lorsqu'un bébé allaité souffre d'une infection respiratoire ou d'une otite, il est moins malade et souffre moins de déshydratation que l'enfant nourri autrement. Une étude menée au Manitoba auprès de la communauté autochtone a démontré qu'au cours des premières années de leur vie les tout-petits qui avaient été allaités étaient hospitalisés dix fois moins souvent et passaient dix fois moins de temps à l'hôpital que ceux qui avaient été nourris avec des préparations pour nourrissons.

Même si vous n'allaitez votre bébé qu'une ou deux fois par jour, cela améliorera quand même sa résistance aux infections. Cela est d'autant plus important si votre jeune bébé fréquente la garderie, là où l'incidence des infections est très élevée.

Le lait maternel renferme plusieurs anticorps

Chaque groupe d'anticorps du lait maternel joue un rôle de défense bien spécifique, dont voici quelques exemples.

Toutes les classes **d'immunoglobulines** sont présentes dans le lait maternel et demeurent actives tant que vous allaitez. Les concentrations sont plus fortes dans le colostrum des premiers jours, mais commencent à diminuer vers la 3e semaine. Une des immunoglobulines, appelée «sIgA», n'est pas détruite par l'acidité de l'estomac et demeure intacte jusqu'à l'intestin. Une fois là, elle tapisse la muqueuse intestinale d'une substance antiseptique qui protège contre certains agents pathogènes, comme le virus de la polio et d'autres bactéries qui pénètrent dans l'organisme par la paroi de l'intestin.

Le **facteur bifidus** est 40 fois plus abondant dans le colostrum des premiers jours que dans le lait maternel de quelques semaines. Ce facteur favorise le développement d'une flore intestinale capable de limiter la multiplication de bactéries indésirables. C'est ce qui explique que la flore intestinale du bébé allaité lutte plus efficacement contre les infections intestinales. Le facteur bifidus n'est pas détruit par la congélation ni par des températures très élevées.

La **lactoferrine** est une autre protéine du lait maternel qui n'est pas détruite par l'acidité de l'estomac et qui demeure un agent puissant contre les staphylocoques et d'autres bactéries.

Plusieurs autres anticorps sont présents dans le lait maternel et fournissent au bébé une protection unique contre les infections bactériennes et virales. Aucune préparation pour nourrissons ne peut fournir un tel arsenal.

Le lait maternel protège contre les allergies

Le lait maternel peut réduire l'incidence des allergies infantiles. Juste après la naissance, le bébé a du mal à lutter contre les agents allergènes. Sa paroi intestinale est extrêmement perméable aux aliments allergènes ; ces derniers peuvent susciter toutes sortes de réactions, de l'eczéma à l'asthme. Des problèmes d'allergie sont souvent rapportés pendant la petite enfance, et semblent affecter de 2 à 10 % des bébés. Plusieurs études publiées depuis 20 ans confirment les propriétés antiallergiques du lait maternel, particulièrement chez des bébés de familles souffrant d'allergies.

J'ai entendu parler du cas d'un bébé allaité qui avait eu une réaction allergique violente au beurre d'arachide la première fois que sa mère en avait consommé après l'accouchement. C'est un cas extrêmement rare qui n'est rapporté qu'à quelques reprises dans la documentation scientifique depuis 1930. Par contre, les parents qui souffrent eux-mêmes d'allergies alimentaires graves doivent être plus vigilants. La maman a souvent avantage à éviter de manger certains aliments pendant la période d'allaitement. Cela dit, le meilleur aliment anti-allergique qui soit demeure le lait maternel.

Un lait adapté à chaque espèce animale

Le lait maternel est adapté aux besoins nutritionnels de chaque espèce animale, et sa composition varie en fonction de ces besoins. Le contenu en protéines varie selon le rythme de croissance de chacun. Plus le contenu en protéines est élevé, plus l'espèce grandit rapidement. Par exemple, un cheval double son poids de naissance en 60 jours et boit un lait renfermant 2 % de protéines ; un lapereau double son poids en 6 jours et boit du lait qui contient 12 % de protéines. Un veau double son poids en 50 jours et le lait de vache renferme 3,4 % de protéines. Un enfant double son poids avant 5 mois et le lait maternel renferme 1 % de protéines.

La concentration en protéines et en minéraux du lait d'une espèce animale joue sur la fréquence des boires en 24 heures. Plus le lait est riche en protéines et en minéraux, plus l'intervalle entre les boires est long. Ainsi, les lapines produisent un lait très condensé et ne nourrissent leurs petits qu'une fois par jour, alors que les souris produisent un lait très dilué et passent 80 % de leur temps à nourrir leurs petits. Les femmes produisent un lait un peu moins dilué que celui des souris… et doivent nourrir leur bébé plusieurs fois par jour.

Le contenu en gras du lait varie selon la grosseur de l'animal et la température de son habitat naturel. Plus l'animal est gros et plus la température ambiante est froide, plus le lait est gras. Ainsi, le lait d'éléphant renferme 20 % de gras, le lait de phoque, 43 %, et le lait de la baleine bleue, 50 %.

Le contenu en lactose du lait varie selon le rythme de croissance du cerveau après la naissance. Il est facile de comprendre que le lait humain renferme plus de lactose que tout autre lait de mammifère.

La nature a pensé à tout

Le kangourou, qui nourrit souvent deux petits d'âges différents à la fois, produit deux types de lait. Le plus jeune bébé boit le lait plus riche à l'un des mamelons, pendant que le plus âgé reçoit un lait plus dilué, adapté à ses besoins, à l'autre mamelon. Le singe hokkaido donne naissance au printemps et nourrit son petit tout l'été. À l'automne, la mère refait ses propres réserves et laisse son petit subvenir à ses besoins. Lorsque la neige apparaît et que la nourriture se fait rare, le petit reprend le lait de sa mère pour l'hiver.

L'être humain n'est pas exclu de ce merveilleux phénomène

Aucun aliment n'est parfait, mais le lait maternel est sûrement ce qu'il y a de mieux pour les nouveau-nés. Selon l'Organisation mondiale de la santé et tous les experts en santé du bébé, le lait maternel demeure l'aliment le plus nutritif et le plus valable pour le nourrisson.

En choisissant le lait maternel, vous donnez à votre bébé ce qu'il y a de mieux !

Chapitre 4

Vous ne pouvez pas allaiter?

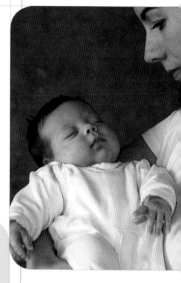

V ous avez envie d'allaiter, mais vous hésitez. Vous avez peut-être une excuse valable, mais ne passez pas à côté de cette belle expérience avant d'en avoir vérifié toutes les possibilités.

Aujourd'hui, une majorité de mamans choisissent d'allaiter. Le portrait de la situation actuelle publié par l'Institut de la statistique du Québec en 2006 révèle que 85% des mamans allaitent leur bébé à la naissance sans pour autant allaiter tout le temps; à 6 mois, 47% des mamans continuent d'offrir du lait maternel. Par ailleurs, 52% des mamans offrent exclusivement du lait maternel à leur bébé naissant sans donner aucune autre préparation, et 3% poursuivent l'allaitement exclusif pendant six mois ou plus. Ces données montrent une progression significative de l'allaitement au Québec au cours des 20 dernières années.

Vous avez de petits seins
Vous pouvez allaiter avec succès, même avec de petits seins. Soyez assurée qu'il n'y a aucun lien entre la grosseur de vos seins et le volume de lait que vous pouvez produire. De fait, les gros seins cachent plus de tissus gras, mais ne fournissent pas nécessairement plus de lait. Au cours de la grossesse et sous l'effet des hormones, les alvéoles, ces petites usines responsables de la production de lait, se préparent quel que soit le volume de vos seins.

Vous avez les mamelons invertis ou très plats
Votre mamelon n'excède pas l'extrémité de votre sein. Au lieu d'être en érection à l'extrémité de votre sein, il est très plat, ou encore il semble retenu à l'intérieur. Ce problème ne vous empêchera pas d'allaiter, car il se corrige.

Si la mise au sein est appropriée, tout peut rentrer dans l'ordre. Si la situation semble problématique, sollicitez l'aide d'une conseillère en allaitement.

Nicole, âgée de 35 ans, souhaite allaiter, mais elle ne s'y prépare pas pendant la grossesse. Elle accouche comme une chatte, mais elle se rend compte, dans l'heure qui suit la naissance, que son bébé a du mal à s'agripper à son sein. Elle a un mamelon très plat, un sein «fuyant». L'infirmière lui reproche de ne pas avoir préparé ses seins. Elle n'y peut rien et ne réussit pas à allaiter adéquatement son bébé pendant son séjour à l'hôpital. Au bout de trois jours, seule avec son bébé dans le calme de sa maison, elle y arrive enfin.

Pour Nicole, il aurait pu être bénéfique :
- d'avoir une conseillère d'allaitement dès le premier jour pour s'assurer d'une bonne mise au sein ;
- de faire des exercices d'étirement du mamelon le plus rapidement possible après la naissance.

Vous avez subi une chirurgie aux seins

On vous a fait une biopsie et on vous a retiré un kyste bénin. Ce type d'intervention n'affecte pas la montée laiteuse.

Vous avez reçu des implants mammaires pour augmenter le volume de vos seins. Il peut y avoir une perte temporaire de sensation au mamelon, mais l'allaitement demeure possible dans la majorité des cas.

Vous avez subi une chirurgie pour diminuer le volume de vos seins, mais vos seins ont pris du volume pendant la grossesse ; vous pouvez allaiter. Mais si vos seins n'ont pas pris de volume pendant la grossesse, la production de lait peut être compromise. Ayez recours à une conseillère en allaitement, car ce type de situation est de plus en plus fréquent.

Vous ne voulez pas abîmer vos seins

La grossesse fait gonfler vos seins et l'allaitement le fera davantage. Vos seins peuvent perdre un peu de tonus, particulièrement s'ils sont gros au départ ou si votre peau manque d'élasticité. Toutefois, bien soutenus dans un soutien-gorge le jour, ils peuvent s'en tirer avec un minimum de séquelles.

Vous êtes inquiète au sujet de votre poids

Vous rencontrez des femmes qui allaitent et qui ne réussissent pas à perdre de poids, mais vous avez entendu dire que l'allaitement favorise une perte de poids plus rapide. Vous ne savez plus vraiment quoi penser.

De fait, la grande majorité des femmes retiennent un surplus de poids après l'accouchement, mais elles le perdent graduellement au cours de la première année après la naissance de leur bébé, quel que soit le lait choisi. Deux femmes sur trois conservent environ 2,3 kg (5 lb) additionnels un an après la naissance.

Plus vous avez pris de poids pendant la grossesse, plus vous en perdez les six premières semaines, que vous allaitiez ou non.

Il y a quelques années, une équipe de chercheurs a observé que les mères qui allaitaient mangeaient 2000 calories par jour et perdaient environ 8 kg (18 lb) en six mois. Les mères qui donnaient en alternance du lait maternel et des préparations pour nourrissons mangeaient la même chose et perdaient 7 kg (16 lb) en six mois. Les mères qui n'allaitaient pas du tout mangeaient 500 calories de moins par jour et ne perdaient pas plus de 8 kg (18 lb). Ce qui revient à dire que la perte de poids se fait graduellement, quel que soit le lait choisi.

Vous pouvez toutefois planifier une perte de poids sage (voir p. 65) sans nuire à votre production de lait, mais évitez d'en perdre trop rapidement. N'oubliez pas que vos réserves de gras renferment des polluants (BPC, etc.). Plus vite vous perdez du gras, plus vous sécrétez des polluants dans votre lait maternel (voir p. 69). De plus, une réduction importante de calories peut réduire la quantité de lait que vous produisez.

Gisèle, 29 ans, a pris 25 kg (55 lb) pendant sa grossesse et a donné naissance à un bébé de près de 4 kg (8 ½ lb). Elle a perdu graduellement du poids les six premiers mois et a perdu presque tout l'excédent en retournant au travail et en continuant d'allaiter jusqu'à ce que son bébé ait atteint 10 ½ mois.

Sans rien brusquer, tout rentre dans l'ordre. Grâce à un menu équilibré et à une activité physique régulière, vous retrouverez votre poids entre 6 et 12 mois après la naissance de votre enfant.

Vous vous sentez mal à l'aise à l'idée d'allaiter devant d'autres personnes

Vous avez envie d'allaiter, mais vous ne voulez pas le faire en public. Vous avez un réflexe de pudeur normal et vous n'êtes pas la seule. C'est tout à fait courant dans une société encore assez timide en ce qui concerne l'allaitement.

Plus vous allaiterez, plus vous vous sentirez à l'aise, et n'oubliez pas que l'allaitement est naturel et universel. Si vous le désirez, vous pouvez facilement camoufler votre sein lorsque vous êtes au restaurant ou en public ; vous n'avez qu'à porter un châle, une blouse très ample, un cardigan qui vous recouvre juste assez, et le tour est joué.

Vous voulez conserver votre liberté

Peu importe le type de lait que vous choisissez, devenir mère change votre vie. Que vous allaitiez ou non, les soins à donner au bébé prennent plusieurs heures par jour et votre liberté est naturellement compromise pendant plusieurs mois.

Si vous décidez d'allaiter, vous pouvez quand même vous accorder des moments de liberté. Lorsque vos montées laiteuses sont bien établies, tirez votre lait et faites-en des réserves (voir p. 91 et 92). Demandez à votre partenaire, à la grand-mère ou à une amie d'offrir ces biberons de lait maternel pendant que vous savourez votre liberté bien méritée.

Votre bébé est prématuré

« La prématurité représente 7 % des naissances au Canada et elle n'est pas un obstacle à l'allaitement », souligne Santé Canada. Bien au contraire, votre lait représente la meilleure solution pour la croissance de votre petit bébé. Chaque fois que c'est possible, le bébé prématuré a avantage à recevoir votre lait, qui est différent du lait maternel d'un bébé né à terme, et qui est adapté aux besoins nutritifs d'un tout petit bébé.

Si votre bébé est trop petit et qu'il n'a pas acquis une succion suffisante, vous pouvez tirer votre lait et l'équipe médicale se chargera de le lui donner. Les éléments présents dans votre lait peuvent faire toute la différence. Plus vous devenez habile à tirer votre lait, plus il sera facile pour vous d'allaiter votre bébé lorsque son réflexe de succion sera mieux maîtrisé. Demandez de l'aide pour mener à bien cette mission délicate et consultez les documents pertinents.

Dans un hôpital pour enfants de la région de Montréal, l'équipe de néonatalogie encourage les mamans de prématurés à tirer leur lait pour fournir à leur bébé cette boisson si bien adaptée à leurs besoins. Même si la maman ne tire que 5 ml (1 c. à thé) de son lait, les infirmières le donnent au bébé, car rien n'est aussi valable. Les infirmières réussissent à convaincre des mamans qui ne voulaient pas allaiter de le faire, en les aidant à se rendre compte de l'importance de leur lait pour la santé de leur enfant. Dans plusieurs cas, ces petits bébés doivent être hospitalisés pendant un certain temps, mais les mères, après avoir reçu leur congé de l'hôpital, peuvent y revenir pour tirer leur lait dans un petit salon réservé à cette fin ou le livrer congelé à l'hôpital, à intervalles réguliers.

Dans plusieurs pays d'Amérique latine, on utilise maintenant la méthode du kangourou avec les bébés prématurés de très petit poids. Cela consiste à donner le très petit bébé à la maman pour qu'elle le porte sur elle, sous ses vêtements, 24 heures sur 24, et qu'elle puisse le nourrir aussi souvent que possible, tout en maintenant constante la température corporelle du bébé. L'un des principaux effets de cette approche a été de réduire le taux de morbidité et de mortalité et d'enrayer le problème d'abandon. J'ai eu l'occasion d'observer quelques mamans kangourous au Guatemala et j'ai été émerveillée par les résultats de cette approche sur la croissance des bébés et par la fierté des mamans qui réussissent cet exploit.

Vous attendez des jumeaux

Saviez-vous que la naissance de jumeaux représente 2,1 % de toutes les naissances au Canada? De plus en plus de mères réussissent l'allaitement de jumeaux et même de triplés. Elles réorganisent leur vie autour des bébés pendant quelques mois au moins. Consultez une conseillère en allaitement pour recevoir tout l'appui nécessaire (voir « Ressources », p. 300).

Denise, 41 ans, vient d'accoucher de jumeaux, mais elle a déjà deux petites filles, l'une de 4 ans, l'autre de 2 ans. Les allergies alimentaires font partie de son histoire familiale et elle sait que le lait maternel peut retarder les problèmes d'allergie. Elle tente d'allaiter les deux bébés à la fois, comme le recommandent certaines personnes, mais n'y trouve pas le confort souhaité. Elle opte donc pour l'allaitement de chaque bébé en alternance. La nuit, elle allaite au lit, couchée sur le côté, et elle s'endort jusqu'à ce que le bébé ait terminé. Puis elle change de côté et allaite l'autre bébé; elle change de sein à chaque boire et pour chaque bébé. Malgré quelques difficultés au cours des premières semaines, elle réussit à allaiter ses jumeaux jusqu'à l'âge de 7 mois.

Votre bébé a la jaunisse

La jaunisse n'est pas un problème rarissime puisqu'elle affecte 50 % des bébés nés à terme et 80 % des prématurés.

Ce surplus de bilirubine qui survient les premiers jours après la naissance peut être réglé par un allaitement fréquent et une exposition aux rayons du soleil. Plus les boires sont rapprochés les premiers jours, plus le bébé reçoit de colostrum qui agit comme laxatif, plus vite surviennent les premières selles et plus rapidement la bilirubine s'élimine.

Bien entendu, le bébé doit être en observation, et son taux de bilirubine doit être surveillé de près, mais les suppléments d'eau ne règlent rien, bien au contraire.

Même si le bébé doit être soumis à une séance de photothérapie, continuez de l'allaiter sur demande.

Jonathan, né à terme, pèse près de 4 kg (8 ½ lb); il a une jaunisse quelques heures après sa naissance, à cause d'une incompatibilité sanguine. Sa mère a du sang de type O positif, et son sang à lui est de type AB. L'infirmière conseille de suspendre l'allaitement, mais la maman désire le poursuivre. Un jour, après sa sortie de l'hôpital, le bébé ne boit presque plus et ne fait pas de selles. Son taux de bilirubine est plus élevé. On soumet alors le bébé à une nuit de photothérapie à l'hôpital, en compagnie de sa maman, qui continue de l'allaiter sur demande. Le lendemain matin, la bilirubine a baissé, et Jonathan rentre sain et sauf à la maison.

L'allaitement sur demande demeure le meilleur moyen de faire baisser le taux de bilirubine lorsque la jaunisse survient au cours de la première semaine suivant la naissance.

Vous craignez le découragement

Vous avez votre beau bébé dans les bras. Vous vous remettez de votre accouchement et vous pleurez toute seule, sans bruit. Vous avez les bleus sans raison. Consolez-vous, car vous n'êtes pas la seule à faire cette mini-dépression, une semaine ou deux après l'accouchement. C'est normal et c'est très fréquent. Or, cette mini-dépression survient aussi souvent chez des mamans qui n'allaitent pas que chez les autres. Elle ne dure généralement que quelques jours.

Ne confondez pas vos difficultés d'allaiter pendant les premières semaines et cette petite dépression. Les deux problèmes ne sont pas reliés. Mais hélas, ils provoquent souvent l'arrêt précoce de l'allaitement. Avant de démissionner, ne vous gênez pas pour avoir recours aux ressources du milieu : infirmière, conseillère en allaitement, amie, médecin de famille ou groupe d'entraide.

Suzanne, 25 ans, a accouché facilement d'une belle fille. L'initiation à l'allaitement a été difficile et les gerçures aux mamelons sont vite devenues très douloureuses. Les mamelons saignent, et Suzanne pleure. Elle ne sait plus quoi faire. Après avoir obtenu le soutien du CLSC pour traverser cette période critique, Suzanne a allaité pendant cinq mois. Elle conseille aux mamans de ne jamais se décourager pendant ces premières semaines difficiles.

Vous devez accoucher par césarienne

Au Québec, une femme sur cinq accouche par césarienne. La chirurgie entraîne douleur et inconfort mais n'affecte pas votre production de lait. Vous pouvez allaiter et produire autant de lait que si vous aviez accouché naturellement.

Demandez une anesthésie locale, si possible, pour que votre bébé acquière un bon réflexe de succion dès les premières heures après la naissance. N'hésitez pas à prendre des médicaments contre la douleur, mais assurez-vous qu'ils ne sont pas contre-indiqués. Si possible, planifiez de cohabiter dans votre chambre d'hôpital avec votre nouveau-né et demandez au père de s'en occuper pendant que vous vous reposez. Découvrez lentement la meilleure position pour allaiter et utilisez toute l'aide possible.

Chantal, 37 ans, subit une césarienne après 33 heures de travail. Elle met au monde une petite fille en santé de 2,5 kg (5 lb 6 oz). Elle ne peut allaiter pendant l'heure qui suit la naissance mais commence l'allaitement environ 6 heures après l'accouchement. Chantal quitte l'hôpital trois jours plus tard et poursuit l'allaitement sur demande et sans contrainte. Au cours de la deuxième semaine de vie, le bébé a gagné presque 240 g (8 oz) et le médecin constate une belle croissance tout à fait normale. La césarienne n'a nui ni à la production de lait ni au succès de l'allaitement.

Vous craignez de vous épuiser

Cela peut arriver. Accoucher, s'initier à l'allaitement et s'ajuster à une perte de sommeil représentent tout un défi. Alors, prenez soin de vous avant et après l'accouchement. Dormez un peu plus au cours du dernier mois de grossesse, mangez mieux et délaissez le ménage ainsi que les réceptions fatigantes. La première semaine avec votre bébé, vous pouvez vous sentir euphorique, mais dès la deuxième semaine, lorsque l'horaire des boires et des siestes de votre bébé s'améliore, n'hésitez pas à faire des siestes, à prendre des collations santé aussi souvent que possible et à vous détendre afin de conserver toutes vos forces physiques et émotives.

Vous avez peur de ne pas produire du lait de qualité

Vous n'aimez pas beaucoup les fruits et les légumes ; vous avez négligé les produits laitiers et vous adorez le fast-food. Vous avez l'impression que votre lait ne sera pas assez bon. Dans certains pays, les mères n'ont pas les ressources nécessaires pour bien manger et elles produisent quand même un lait maternel assez riche en protéines, en gras, en glucides et en anticorps pendant au moins trois mois ; leur lait maternel sauve des millions de vie dans le monde entier. Alors, ne vous inquiétez pas outre mesure, votre lait contiendra tous les éléments nutritifs essentiels à votre bébé.

Par contre, il n'est jamais trop tard pour améliorer votre alimentation et augmenter vos réserves personnelles. C'est beaucoup plus simple que vous ne le croyez (voir chapitre 6).

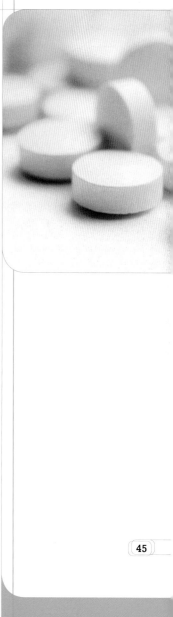

Vous souffrez d'une maladie grave

Les grandes sociétés scientifiques, comme l'Institute of Medicine de la National Academy of Sciences des États-Unis, ne recommandent pas l'allaitement si vous suivez actuellement un traitement de chimiothérapie ou de radiothérapie, ou si vous souffrez de tuberculose active.

Par ailleurs, même si vous souffrez d'une hépatite B à virus, du cytomégalovirus ou d'une autre infection traitée par antibiotiques, il n'y a pas de contre-indication à l'allaitement.

Vous prenez certains médicaments

La plupart des médicaments passent dans le lait maternel, mais ils s'y retrouvent à des doses cent fois moins fortes que la dose que vous avez avalée vous-même. Même les antibiotiques ne sont pas contre-indiqués, si l'on juge qu'ils sont nécessaires à votre santé. Mais consultez quand même votre médecin ou votre pharmacien avant de prendre quoi que ce soit.

Pour minimiser les effets d'un médicament, ne le prenez que lorsque c'est vraiment nécessaire ; prenez-le, de préférence, juste après un boire ou juste avant le long sommeil du bébé. N'hésitez surtout pas à demander à votre médecin ou à votre pharmacien si ce médicament peut causer des effets secondaires.

Vous pouvez également consulter le service IMAGE (Info-médicaments en allaitement et grossesse) de l'hôpital Sainte-Justine pour une réponse personnalisée. (Voir « Ressources », p. 300.)

Francis a 3 ½ jours ; il est complètement endormi, il ne boit plus et ne mouille plus de couches. Il a perdu 280 g (10 oz) depuis sa naissance. Sa maman, sur la recommandation du médecin, a pris deux Tylenol avec codéine toutes les 4 heures, pour se remettre des séquelles de l'accouchement, mais on ne lui a fait aucune mise en garde.

Il eut été si simple d'avertir la maman de surveiller son bébé et d'arrêter ou de diminuer la médication.

Vous fumez

Ce n'est pas l'idéal… Tentez de réduire le nombre de cigarettes et évitez de fumer avant une tétée. Fumez plutôt immédiatement après un boire, car la cigarette peut affecter la sécrétion et l'éjection de lait, ou rendre votre bébé plus irritable. Vous pouvez même nuire à son gain de poids. Évitez de fumer dans la chambre du bébé ou dans la maison pour réduire l'exposition de votre enfant au minimum. Mais allaitez quand même !

En réalité, 99 % des femmes ont la capacité d'allaiter adéquatement leur bébé. Ne ratez pas cette belle expérience.

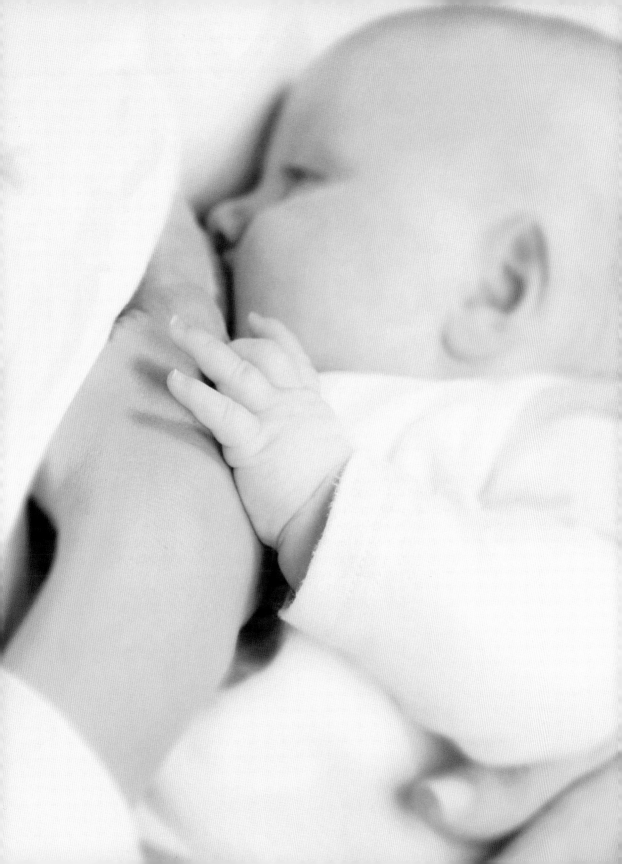

Chapitre 5

Allaiter, ça s'apprend

C'est sûr qu'au début il peut être difficile d'allaiter. « Tu as tort de ne mentionner que les beaux côtés », m'a dit ma fille, lorsqu'elle s'est initiée à l'allaitement, « tu devrais préparer les mères à affronter les difficultés de départ. » Ma fille a raison, car plusieurs mamans connaissent des problèmes au cours des premières semaines et trop de mamans démissionnent avant de récolter tous les bénéfices de l'allaitement. Pour éviter cet écueil, faites provision de bons conseils. Consultez les personnes de votre entourage les plus compétentes, avant l'accouchement si possible, sinon dès la première semaine postnatale. Vous en aurez besoin.

Recrutez les bons alliés

Assurez-vous que votre conjoint comprend bien votre décision. Sa collaboration et ses encouragements sont des ingrédients quasi essentiels à votre réussite. Ils font toute la différence.

Si vous ne bénéficiez pas de l'approbation du reste de votre famille ou de votre belle-famille, faites la sourde oreille aux remarques désobligeantes et constituez-vous une banque de personnes qui peuvent vous encourager et vous aider. Consultez une conseillère en allaitement dès les premiers jours si, au début, vous éprouvez des difficultés. Communiquez avec le CLSC et demandez l'aide d'une marraine en allaitement. Ne soyez pas timide, car vous n'êtes pas la seule à éprouver des difficultés au début… Mieux vaut recevoir les bons conseils avant de perdre vos forces.

Prenez un mois pour récupérer et pour vous adapter à votre nouvelle vie

Planifiez votre allaitement pour qu'il s'ajuste à votre vie ou, de façon plus réaliste, ajustez votre vie à l'allaitement. Éliminez le plus de stress possible,

car c'est votre pire ennemi ! Acceptez l'idée que vous ne pouvez plus maintenir un horaire de superwoman, avoir une maison impeccable, des activités sociales le soir et allaiter le jour. Apprenez à couper les coins ronds et avertissez votre entourage. Oubliez le reste du monde.

Au bout de quatre à six semaines, vous trouverez la vie de plus en plus simple ; pas de formule pour nourrissons à préparer, pas de lait à chauffer et pas de biberon à nettoyer et à trimbaler partout où vous allez. Vous pouvez sortir sans problème. Vous n'avez qu'à rechercher un petit coin paisible pour nourrir votre bébé. Certaines femmes trouvent même pratique de nourrir leur bébé dans leur voiture garée, et le tour est joué.

Préparez-vous pendant la grossesse

Achetez un répondeur ou abonnez-vous à un service d'appels, afin de ne pas vous laisser déranger par le téléphone lorsque vous allaiterez votre bébé. Aménagez un coin agréable et tranquille pour l'allaiter confortablement ; décorez-le à votre goût.

Achetez un soutien-gorge bien adapté à la grossesse et un soutien-gorge d'allaitement. Cela vous procurera un bon soutien. À l'occasion, détachez le devant des bonnets, exposez les mamelons nus sous vos vêtements et endurcissez la peau. Les mères suédoises exposent régulièrement leurs seins au soleil et portent des vêtements amples ; elles diminuent ainsi la sensibilité de leurs mamelons. Voilà une façon simple et efficace de préparer vos seins avant la naissance, à condition d'éviter les coups de soleil !

Congelez des collations et des repas, afin d'avoir congé de cuisine ou presque, pendant les premières semaines après l'accouchement.

Demandez subtilement à votre conjoint, à vos parents et à vos meilleurs amis de vous aider à l'entretien de la maison, à faire le marché, à amuser l'aîné, à lui faire faire ses devoirs et à promener le chien. Suggérez à vos parents, comme cadeau de naissance, l'aide d'une femme de ménage, un ou deux jours par semaine ou des repas de traiteur, livrés à domicile.

Choisissez un hôpital Ami des bébés

Saviez-vous qu'il existe des hôpitaux Amis des bébés ? Ces hôpitaux créés par l'Unicef et l'Organisation mondiale de la santé en 1991 visent à favoriser un environnement propice à l'allaitement maternel. Il en existe environ 20 000 à travers 134 pays. En 2006, il y a six de ces institutions au Canada, dont cinq au Québec. Un hôpital doit se conformer à 10 règles bien strictes avant d'être accrédité Ami des bébés : tout le personnel soignant doit avoir les compétences pour informer et aider les mamans à allaiter ; on ne donne au bébé aucun autre aliment ni aucune boisson sauf le lait maternel, à moins d'indication médicale ; le bébé demeure avec la mère 24 heures sur 24 et il boit sur demande. Ces lieux privilégiés permettent aux mamans de bien amorcer l'allaitement et de réduire les difficultés de parcours.

Dix conditions pour le succès de l'allaitement (établies par l'UNICEF et l'OMS en 1991)

1. Adopter une politique d'allaitement maternel formulée par écrit et systématiquement portée à la connaissance de tout le personnel soignant.
2. Donner à tout le personnel soignant les compétences nécessaires pour mettre en œuvre cette politique.
3. Informer toutes les femmes enceintes des avantages de l'allaitement au sein et de sa pratique.
4. Aider les mères à commencer à allaiter leur enfant dans la demi-heure suivant la naissance.
5. Indiquer aux mères comment pratiquer l'allaitement au sein et comment entretenir la lactation, même si elles se trouvent séparées de leur nourrisson.
6. Ne donner aux nouveau-nés aucun aliment ni aucune boisson autre que le lait maternel, sauf indication médicale.
7. Laisser l'enfant avec sa mère 24 heures par jour.
8. Encourager l'allaitement au sein à la demande de l'enfant.
9. Ne donner aux enfants nourris au sein aucune tétine artificielle ou sucette.
10. Encourager la constitution d'associations de soutien à l'allaitement maternel et leur adresser les mères dès leur sortie de l'hôpital ou de la clinique.

Les hôpitaux et centres communautaires Amis des bébés (IAB) au Canada (2006)

Hôpital Brome-Missisquoi-Perkins, Cowansville, Québec
St-Joseph's Healthcare, Hamilton, Ontario
Centre hospitalier Saint-Eustache, Québec
Maison de naissance Mimosa du Grand Littoral, Saint-Romuald, Québec
CLSC La Pommeraie, Cowansville, Québec
Centre de santé et services sociaux d'Argenteuil, Lachute, Québec

Allaitez dès la première demi-heure

Essayez d'allaiter votre bébé au cours de la première demi-heure qui suit la naissance. Durant cette période particulière, votre bébé est assez éveillé ; il découvre son univers et il répond à vos messages. Son réflexe de succion est particulièrement fort. Après avoir bu au sein, il s'endort ensuite profondément. Les premières tétées stimulent votre production de lait et un grand nombre d'études attribuent une partie du succès de l'allaitement à ce premier boire, donné très rapidement après la naissance.

Si ça ne fonctionne pas, ne démissionnez pas pour autant.

Suzanne, 34 ans, a eu un accouchement facile, mais son bébé n'a pas réussi à boire au cours de la première heure suivant sa naissance. Après plusieurs tentatives infructueuses, Suzanne n'a pu allaiter qu'après trois jours, mais elle a poursuivi son allaitement pendant plus de six mois. Il ne faut jamais se décourager !

Allaitez sur demande

À l'hôpital, cohabitez avec votre enfant si vous en avez la force et si vous êtes assurée de la bonne collaboration du personnel infirmier. Visitez l'hôpital avant l'accouchement et vérifiez si ce genre d'arrangement est possible.

Insistez pour qu'aucun supplément d'eau ou de préparation pour nourrissons ne soit donné à votre bébé et nourrissez-le sur demande, c'est-à-dire lorsqu'il pleure et qu'il semble avoir soif.

Plus votre bébé demande de lait, plus souvent il tète, plus vous produisez de lait. Les boires fréquents vous permettent aussi de vous rapprocher de votre nouveau-né sur les plans physique et émotif.

Marie, 29 ans, a éprouvé de sérieux problèmes d'initiation à l'allaitement, lors de son séjour à l'hôpital. Elle n'a pas réussi, au cours des premiers jours, à allaiter pour la peine, mais elle n'a pas voulu donner de préparation pour nourrissons à son bébé, malgré les échantillons offerts. Marie a eu peur de nuire à la santé de son enfant.

Ce n'est qu'au retour à la maison qu'elle a su répondre aux demandes de son bébé. Par la suite, elle n'a observé aucune séquelle chez ce dernier.

Considérez que les premiers jours sont des jours d'apprentissage et d'ajustement. En allaitant toutes les heures ou toutes les deux heures, vous stimulez la montée de lait et vous fournissez au bébé une bonne quantité de colostrum, qui aide à prévenir la jaunisse, un problème courant chez les nouveau-nés.

Trouvez la bonne position et la bonne prise

Assurez-vous que votre mamelon s'enfonce complètement dans le fond de la bouche de votre bébé et que les gencives, le palais et la langue du bébé exercent une pression sur l'aréole. Si votre bébé a la bouche grande ouverte, il aura la bonne prise. Placez votre bébé à l'horizontale, soutenu par des oreillers, ventre contre ventre, son visage devant votre sein et non devant votre visage. Si vous n'y arrivez pas, demandez l'aide d'une infirmière qui connaît bien l'allaitement, d'une marraine d'allaitement du CLSC ou d'une conseillère en allaitement qui peut même se rendre à l'hôpital. Souvenez-vous que la bonne position et la bonne prise constituent la clé d'un allaitement efficace et que cela vous permet d'éviter les gerçures.

Laissez votre bébé boire autant qu'il le désire

Lorsque votre bébé se désintéresse du premier sein, offrez-lui le second jusqu'à ce qu'il se désintéresse aussi de celui-là. N'interrompez jamais le bébé

pendant qu'il tète activement pour lui faire faire un rot ; attendez qu'il fasse une pause pour l'aider à rejeter les bulles d'air avalées.

Diane, 35 ans, a eu son bébé en plein été. Au bout de quelques semaines, elle s'est rendu compte que son bébé refusait de boire lorsqu'elle sortait de la piscine. Il n'aimait tout simplement pas les mamelons trop froids. La maman a réagi en réchauffant ses seins avec une débarbouillette d'eau tiède, et le bébé a retrouvé son appétit.

Vos seins sont très sensibles

La sensibilité des seins est normale les premiers jours, même dans le cas d'un deuxième ou troisième bébé. La douleur peut ressembler à une crampe à l'intérieur du sein, mais elle ne dure que quelques tétées. La douleur peut également être vive au niveau des mamelons, mais cette douleur ne dure pas non plus. N'attendez pas d'avoir des gerçures et une crevasse pour apporter une solution. Assurez-vous que votre position d'allaitement est adéquate (voir p. 53).

Allouez-vous quelques semaines pour vous sentir réellement à l'aise avec votre bébé et en arriver à un horaire d'allaitement satisfaisant. L'allaitement réussi est le fruit de bonnes négociations entre vous et votre bébé.

Ne donnez rien d'autre à votre bébé

Entre les boires, évitez d'offrir à votre bébé un biberon de préparation pour nourrissons ou d'eau sucrée. Cette pratique ne peut que diminuer son appétit et compromettre votre production de lait. Le lait maternel fournit tout le liquide nécessaire au bébé, même en été. Tout liquide supplémentaire peut diminuer la consommation de lait maternel et augmenter le risque de diarrhée dans les régions où il n'est pas recommandé de boire l'eau du robinet.

Ne vous découragez pas : le réflexe d'éjection peut se faire attendre

Vous sentez que le lait ne coule pas assez vite après que le bébé commence à téter. Cela peut vous paraître long avant que le réflexe d'éjection se manifeste. Ce réflexe correspond à la libération du lait de la glande mammaire.

Lorsque le bébé commence à téter, il stimule le système hormonal et met en branle la sécrétion du lait. Mais la synchronisation entre les premières succions du bébé et la sécrétion du lait n'est pas toujours parfaite. Elle s'atteint avec le temps, la bonne position et le travail de succion du bébé. N'oubliez pas que ce réflexe reflète aussi votre humeur. Si vous êtes pressée, tendue, embarrassée, préoccupée ou inquiète, le réflexe peut être temporairement ralenti. Isolez-vous pour retrouver le calme nécessaire ou couchez-vous avec votre bébé pour favoriser la détente et la montée laiteuse.

Vous n'avez pas assez de lait ?

Toutes les mères ont peur de ne pas produire assez de lait.

Comptez les couches mouillées. Si votre bébé mouille de six à huit couches par jour, il boit suffisamment de lait.

L'appétit de votre bébé peut varier. Il peut augmenter autour de la deuxième semaine, de la cinquième ou sixième semaine et du troisième mois. Pour répondre à ses demandes supplémentaires, allaitez plus souvent, car plus vous allaitez, plus vous produisez de lait.

Pendant les 3 premiers mois, vous devez allaiter au moins 6 fois en 24 heures. Si, de temps en temps, vous allaitez plus souvent, c'est normal, et c'est votre façon de répondre aux demandes de votre bébé.

Vous êtes capable de produire suffisamment de lait, mais vous devez prendre soin de vous, la productrice. Assurez-vous de bien manger (voir chapitre 7) pour maintenir vos propres réserves. Buvez suffisamment entre les repas et aux repas. Reposez-vous, réduisez le stress au minimum, profitez de la relation privilégiée avec votre bébé… et oubliez le volume de lait. Et vous verrez !

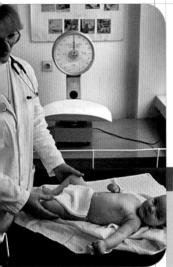

La croissance du bébé est-elle normale ?

Ne vous inquiétez pas si votre bébé perd un peu de poids au cours de sa première semaine, c'est tout à fait normal.

Par la suite, le gain de poids de votre bébé est la meilleure façon d'évaluer votre production de lait. Un bébé allaité prend environ 1 kg (2 lb) par mois au cours des trois premiers mois et 0,5 kg (1 lb) par mois durant les trois mois qui suivent.

Un exemple d'un gain de poids normal au cours des 6 premiers mois		
À la naissance	3,2 kg	(7 lb)
À 1 mois	4,1 kg	(9 lb)
À 2 mois	5,0 kg	(11 lb)
À 3 mois	5,9 kg	(13 lb)
À 4 mois	6,4 kg	(14 lb)
À 5 mois	6,8 kg	(15 lb)
À 6 mois	7,3 kg	(16 lb)

Il y a quand même une différence importante entre un arrêt de croissance et une croissance lente. Un bébé qui pleure très souvent, produit une urine très foncée, des selles peu fréquentes, boit peu et moins de 6 fois en 24 heures peut avoir un problème inquiétant. N'attendez pas pour consulter votre médecin ou la conseillère en allaitement. Par ailleurs, rassurez-vous si votre bébé mouille au moins 6 couches par jour, s'il a une urine pâle et diluée, si ses selles sont fréquentes et s'il boit au moins 6 fois ou plus par jour, pendant 15 à 20 minutes à chaque boire. Il peut avoir une croissance lente, mais il n'y a pas lieu de vous inquiéter.

Vous avez les mamelons gercés, douloureux, crevassés

La douleur est vive, mais elle ne dure pas. Ça vous fait très mal, mais ça n'affecte pas la santé de votre bébé. Toutefois, n'attendez pas pour apporter une solution. Assurez-vous que votre position d'allaitement est adéquate et que la bouche du bébé est grande ouverte pour que la prise soit aussi adéquate. (Voir p. 53).

Si le mamelon est crevassé et qu'il saigne, le bébé peut avaler quelques gouttes de sang qui passent ensuite dans sa couche. Ce n'est pas grave pour le bébé, mais soignez vite vos mamelons pour en diminuer la douleur. Réajustez votre position. Avant le boire, ramollissez la blessure avec une débarbouillette tiède. Si le sein est très gonflé, tirez un peu de lait avant d'allaiter.

Nourrissez votre bébé souvent, sur demande. Assurez-vous qu'il tète bien et qu'il avale. Lorsque le sein semble vide, ne laissez pas votre bébé continuer à téter.

Lorsque vous lavez vos seins, n'utilisez jamais de savon ; rincez-les à l'eau seulement et séchez-les bien. À la fin d'un boire, séchez les mamelons à l'air libre et assurez-vous qu'ils sont bien secs avant de refermer votre soutien-gorge.

Pour favoriser la cicatrisation, utilisez quelques gouttes de lait maternel que vous laissez sécher sur le mamelon. Vous pouvez aussi avoir recours à quelques gouttes de lanoline purifiée (qui s'achète en pharmacie) ou d'huile de lin, ou encore à un sachet de thé infusé puis refroidi, déposé sur le mamelon 5 à 10 minutes après un boire.

Josée *est en larmes. Il est trois heures du matin. Elle a des gerçures qui saignent et qui font très mal. Son bébé de 5 jours a du sang dans sa couche. Josée n'a aucune réserve de lait maternel. Elle ne sait plus quoi faire. Offrir à son bébé une préparation pour nourrissons n'est pas une bonne solution.*

La solution : ne pas s'en faire pour le sang brun découvert dans la couche ; ce sang provient des gerçures et est éliminé. Le lait lui-même n'est pas dangereux.

Prendre une douche chaude pour se détendre, prendre de l'acétaminophène (Atasol, Tylenol) si nécessaire, tirer un peu de lait pour désengorger les seins, puis reprendre l'allaitement.

Vous voulez sauter un boire de temps en temps

Vous pouvez sauter un boire de temps en temps lorsque votre production de lait est bien établie, ce qui arrive habituellement vers la 5e ou 6e semaine. Vous devez apprendre à tirer votre lait. Vous pouvez ensuite en faire provision

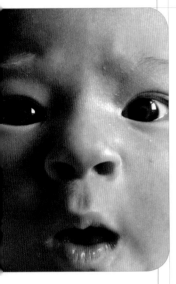

et conserver des biberons de lait maternel au congélateur aussi longtemps que vous souhaitez allaiter (voir p. 92).

Donnez vos instructions au papa, aux grands-parents ou à la gardienne et quittez la maison pour ne pas que votre bébé sente que vous êtes dans l'entourage, ce qui facilite l'acceptation du biberon.

Vous voulez tirer votre lait

Vous pouvez vous habituer à tirer votre lait dès la première semaine, ce qui peut vous aider à éviter l'engorgement et à soulager la pression dans vos seins. Vous pouvez le faire manuellement ou avec un tire-lait à pompe manuelle ou à pompe électrique.

Procurez-vous la liste des pompes, mais évitez celle qui fonctionne avec une poire (voir « Ressources » p. 300).

Pour tirer votre lait, suivez la technique décrite à la p. 91. Les premières fois, cela vous prendra jusqu'à 45 minutes pour extraire une petite quantité de lait, mais, par la suite, vous réussirez en 30, puis en 20 minutes ou même plus rapidement encore.

Vous avez les seins durs et engorgés

Vos seins sont gonflés, chauds, durs, sensibles et se vident avec grande douleur. Ce problème survient surtout lorsque les boires sont trop espacés. Revoyez votre horaire d'allaitement et nourrissez votre bébé plus souvent, sur demande.

Si vos seins sont trop gonflés avant le boire, appliquez une serviette d'eau tiède dessus et tirez un peu de lait manuellement ou avec un tire-lait, juste pour soulager la pression. Pour favoriser l'écoulement du lait, massez délicatement vos seins pour faciliter la circulation du lait vers le mamelon.

À la fin du boire, tirez le surplus de lait, si nécessaire, et appliquez un sac de glace, 15 à 20 minutes après la tétée.

Carole, *27 ans, a un bébé de quelques jours. Ses seins sont tellement durs que le bébé ne réussit pas à bien saisir tout le mamelon dans sa bouche. Elle est inquiète et souffrante. En tirant un peu de lait avant chaque boire, elle réussit à amollir le sein et à faciliter la tâche au bébé.*

Vous êtes morte de fatigue et vous faites de la fièvre

Vos symptômes s'apparentent à une mastite qui peut commencer comme un engorgement et évoluer vers une infection qui s'accompagne de fièvre. Vos seins sont chauds et certaines parties sont rouges et sensibles.

Vous devez vous reposer davantage et nourrir votre bébé plus souvent, afin de décongestionner vos seins.

Assurez-vous cependant de réchauffer votre sein 5 à 10 minutes avant le boire avec une débarbouillette d'eau tiède. Si votre bébé ne boit pas suffisamment, tirez le surplus de lait manuellement ou à l'aide d'un tire-lait, seulement pour vous soulager et non pour créer une demande additionnelle. Si la douleur est trop vive, prenez un comprimé d'acétaminophène (un analgésique qui risque moins de causer des dérangements gastro-intestinaux), 20 minutes avant le boire. Même si vous devez prendre un antibiotique pour enrayer l'infection, ne cessez pas d'allaiter.

Votre bébé a des coliques

Les bébés nourris au sein sont aussi vulnérables aux coliques que les bébés nourris avec une préparation pour nourrissons.

Les coliques commencent en général quand votre bébé a 2 ou 3 semaines et disparaissent avant qu'il ait 4 mois. Le bébé a de soudaines attaques de douleur, un ventre dur et bombé, les jambes repliées, le dos cambré, les poings fermés et le visage rouge. Les symptômes s'intensifient souvent après seize heures, et les pleurs peuvent durer plusieurs heures.

Si votre bébé semble souffrir de coliques, la cause peut être difficile à cerner. Revoyez d'abord votre technique d'allaitement :
- Assurez-vous que votre bébé est dans la bonne position lorsqu'il tète, afin de limiter la quantité d'air qu'il pourrait avaler ;
- Faites bien faire les rots après chaque boire, jour et nuit ;
- Allaitez-le aussi souvent qu'il le demande pour qu'il n'ait jamais trop faim ;
- Assurez-vous que votre bébé a bien bu au premier sein, afin qu'il soit rassasié du gras présent à la fin du boire, car un manque de gras peut susciter des pleurs de faim ;
- N'hésitez pas à le bercer et à le cajoler souvent ;
- Ayez recours aux bons soins du papa ou de la grand-mère pour le calmer, à l'occasion.

Si toutes ces attentions n'améliorent pas la situation, éliminez de votre alimentation certains aliments allergènes. Commencez par éviter les produits laitiers (lait, yogourt, fromage et crème glacée). Si vous notez un soupçon d'amélioration après 72 heures mais que votre bébé semble encore souffrir, éliminez les autres aliments allergènes (œufs, arachides, noix, blé, soya et poisson) pendant au moins 7 jours. Si l'élimination des produits laitiers ou des autres aliments allergènes améliore la situation, modifiez votre menu, tout en vous assurant qu'il est aussi nourrissant (voir « Un menu sans produits laitiers », p. 74). Sinon, reprenez votre menu habituel.

Au cours des 20 dernières années, j'ai reçu de nombreux appels de mamans aux prises avec un bébé souffrant de coliques. Je leur ai d'abord suggéré toutes les mesures non alimentaires à prendre, puis l'élimination des produits laitiers a souvent donné de bons résultats. Parfois, l'élimination complète n'est pas nécessaire, mais une diminution de la consommation suffit pour obtenir des résultats. Parfois, l'élimination d'autres aliments riches en protéines, comme le soya, le poulet et le bœuf, est nécessaire.

Ce qui ressort toutefois de mon expérience clinique, c'est que les bébés qui ont des coliques semblent réagir aux protéines consommées fréquemment par la maman pendant la grossesse et semblent bien tolérer des aliments riches en protéines qui ne faisaient pas partie de la routine alimentaire pendant la grossesse.

Bien entendu, il ne s'agit pas ici d'une vraie réaction allergique, mais d'une intolérance qui rentre habituellement dans l'ordre bien avant l'âge de 12 mois.

Vérifiez tous ces éléments avant d'avoir recours aux médicaments ou à d'autres solutions.

Vous n'avez pas trouvé de solution

Vous avez consulté les bonnes personnes et rien ne va plus. Malgré tous les efforts du monde, certains problèmes persistent et vous avez décidé de mettre fin à l'allaitement. C'est une question de survie.

Même si vous n'avez allaité que quelques semaines, vous avez transmis à votre bébé une protection immunitaire hors pair et vous avez vécu une expérience unique. Ce n'est pas un échec.

Vous prenez la meilleure décision dans les circonstances et vous continuez d'être une bonne mère. Consultez le chapitre 11 pour que le sevrage se fasse en douceur, pour vous et pour votre bébé.

Saviez-vous que… ?

Si vous êtes prestataire de l'aide sociale et que vous allaitez votre bébé, vous avez droit à une prestation spéciale de 55 $ par mois du gouvernement du Québec jusqu'à ce que votre bébé ait 12 mois. Appelez dès la naissance de votre bébé au centre local d'emploi. Ce programme est régi par le ministère de l'Emploi et de la Solidarité sociale.

De plus, depuis 2004 au Québec, les articles destinés à l'allaitement maternel sont détaxés et non soumis à la TVQ, soit l'achat d'un tire-lait, de compresses d'allaitement, de téterelles et même de soutiens-gorge d'allaitement.

Il y a une solution à la plupart des difficultés que l'on peut éprouver lors de l'allaitement. Ne démissionnez pas trop vite !

Une étude effectuée en Italie auprès de 83 bébés souffrant de coliques et exclusivement allaités donne une autre piste de solution. Durant cette étude, toutes les mères ont éliminé les produits laitiers de leur alimentation. Puis on a donné à la moitié des bébés un médicament du genre Ovol pour soulager les coliques et à l'autre moitié cinq gouttes de probiotiques par jour, 30 minutes après un boire. Après 7 jours, les pleurs des bébés recevant les probiotiques ont diminué de 21 %, comparativement à 10 % pour l'autre groupe. Après 28 jours, les pleurs ont diminué de 74 % (2 heures 16 minutes de moins de pleurs par jour), comparativement à une baisse de 26 % pour le groupe des bébés recevant le médicament. Les gouttes de probiotiques qui se vendent en pharmacie sous la marque BioGaia ont fourni aux bébés l'équivalent de 100 millions de bactéries lactiques par jour et ont eu un effet positif chez 95 % des bébés traités. (Il existe plusieurs probiotiques sur le marché, mais aucun autre n'a fait l'objet d'une étude crédible auprès de bébés allaités souffrant de coliques.)

Chapitre 6

Mieux manger pendant l'allaitement

Votre bébé grandit à vue d'œil et vous réclame à toute heure du jour et de la nuit. Certaines de vos amies ont cessé d'allaiter parce qu'elles étaient trop fatiguées ; de votre côté, vous craignez l'épuisement. Vous avez plus faim et plus soif que jamais, c'est normal. Vos besoins nutritionnels n'ont jamais été aussi élevés, même si votre production de lait est subventionnée… en partie par vos réserves de tissus gras.

Vous n'avez pas besoin de manger des tonnes d'aliments pour produire suffisamment de lait. Et pour maintenir une alimentation saine, vous n'avez pas besoin d'aliments exceptionnels, de fruits exotiques, d'avoir toujours quelque chose à grignoter, ni de préparer des recettes compliquées. L'alimentation qui vous convient est généreuse, mais n'impose aucune règle stricte.

Faites quelques provisions avant l'accouchement

À la fin de votre grossesse, vous pouvez planifier cette période particulière et faire des provisions au congélateur : quiches aux épinards ou au brocoli, pains de viande, macaronis au fromage ou sauce à spaghetti, poulet ou dinde cuite, bases de pizza de blé entier, différents pains de grains entiers, muffins au son ou carré aux dattes, par exemple.

Si vous n'y avez pas pensé avant l'accouchement, il n'est pas trop tard pour acheter des repas tout préparés au rayon des surgelés ou chez un traiteur. Vous pouvez même demander ce type de cadeau à votre entourage.

Faites aussi provision de quelques aliments d'urgence comme des amandes, des graines de tournesol ou de sésame, du fromage, des céréales de grains entiers, des haricots rouges ou des pois chiches en conserve, du lait concentré (évaporé), du saumon, du thon ou des crevettes en conserve, du beurre d'arachide naturel et de la compote de pommes.

Grâce à ces réserves, vous pourrez survivre sans inquiétude pendant au moins une semaine, sans cuisiner ou presque, en ajoutant du lait, du yogourt, des fruits et des légumes frais de la saison à vos plats préparés.

Des aliments gagnants, du matin au soir

Mangez plus souvent et donnez la priorité aux aliments faciles à préparer. Ne l'oubliez pas, vous êtes dans votre mois de récupération et d'adaptation à une nouvelle vie.

Choisissez des aliments gagnants, c'est-à-dire ceux qui fournissent à chaque bouchée beaucoup d'éléments nutritifs.

Protégez jalousement votre énergie et votre résistance globale en évitant de passer plus de trois heures sans manger. Prévoyez au moins trois repas et trois collations par jour. En mangeant plus souvent, vous brûlez plus efficacement les calories et vous pouvez perdre du poids plus facilement.

Composez chaque repas et collation avec des aliments riches en protéines et en fibres. Ces deux éléments nutritifs préviennent les hauts et les bas, tant sur le plan énergétique que sur le plan émotif. Vous trouvez des protéines dans la viande, la volaille, le poisson, les fruits de mer, les œufs, le fromage, le yogourt, le lait, les légumineuses (haricots, lentilles et pois), le tofu, les noix et les graines. Vous trouvez des fibres dans les végétaux comme les produits céréaliers de grains entiers, les noix, les légumineuses, les fruits et les légumes. Chaque repas comportera :

- une bonne source de protéines (une viande, une volaille, un poisson, des légumineuses ou un produit laitier) ;
- au moins quelques légumes et fruits (un jus, une salade et un fruit frais) ;
- quelques produits céréaliers de grains entiers (du pain de blé entier, du riz brun ou des pâtes de blé entier).

Prenez des collations le jour ou la nuit pour vous dépanner et vous soutenir. Privilégiez des aliments riches en protéines, par exemple un verre de lait ou un bol de yogourt, qui sont tout indiqués. Ne négligez pas les aliments riches en fibres comme des fruits frais, des noix, des fèves soya rôties ou un muffin au son pour prévenir des problèmes de constipation.

Changez de rythme et demandez de l'aide!

Ce n'est pas le moment d'essayer d'avoir la cuisine la plus propre en ville. Oubliez la visite et les petits repas entre amis pendant un certain temps. Visez l'essentiel : maintenir votre énergie et le bien-être de votre bébé.

Demandez à votre partenaire, à votre mère ou à une amie de faire les achats. Préparez une liste de marché type (voir p. 78) qui peut être renouvelée pendant quelques semaines. Demandez de l'aide pour la préparation des repas. Personne ne peut vous refuser de préparer les crudités de la semaine, une trempette ou encore une douzaine de muffins.

Osez demander à une amie ou à une tante de vous offrir, comme cadeau de naissance, un de vos repas préférés, un pâté chinois, une lasagne ou une casserole au thon. Demandez la même faveur à d'autres amies ou collègues de travail, en promettant la réciprocité !

Vous pouvez perdre un peu de poids tout en douceur

Toutes les mères savent qu'elles doivent manger plus pendant l'allaitement. Elles savent aussi qu'un régime amaigrissant peut affecter négativement leur production de lait. Par contre, il n'est pas nécessaire d'avaler de très grandes quantités d'aliments par jour pour produire assez de lait.

Vous voulez allaiter, mais vous aimeriez bien perdre un peu de poids sans nuire à l'allaitement. Six semaines après l'accouchement, le volume sanguin et la taille de l'utérus sont revenus à la normale. Par ailleurs, deux femmes sur trois pèsent de 3 à 7 kilos de plus qu'au moment de la conception.

La première règle d'or est de manger le menu quotidien, tel qu'il est décrit à la p. 68, et de ne rien modifier à votre alimentation de grossesse les 30 premiers jours après la naissance. Cela permet à la production de lait de bien s'établir.

Après ce temps, continuez de manger les mêmes quantités de produits laitiers, d'aliments riches en protéines, et de fruits et légumes, mais apportez quelques modifications. Choisissez du lait moins gras qu'à l'habitude (1 % au lieu de 2 %), oubliez le beurre sur le pain, remplacez le muffin par un pain pita de blé entier, remplacez les biscuits à la farine d'avoine par une plus grande portion de riz brun, utilisez un peu moins d'huile dans la cuisson et choisissez des fromages avec moins de 15 % de gras.

Cette légère coupure de gras, sans calcul de calories, peut favoriser une perte d'environ 0,5 kg (env. 1 lb) par semaine sans nuire à la production de lait. Une étude faite sur une vingtaine de mères, suivies à la clinique pédiatrique de l'Université d'Iowa, a démontré l'efficacité de cette méthode.

Vous pouvez reprendre graduellement une activité physique et perdre du poids sans nuire à la production de lait.

Linda est venue me consulter pendant qu'elle allaitait son bébé de 3 mois. Elle se sentait bien mais voulait perdre du poids. Son médecin l'avait encouragée à manger plus de 2500 calories par jour pour assurer sa production de lait. Son gain de poids pendant la grossesse avait été important et son poids continuait d'augmenter. En évaluant son menu, j'ai décelé la présence de plusieurs extras... (sucreries, desserts riches, fritures et deuxièmes portions) non requis pour sa santé et sa production de lait. Je lui ai suggéré de couper les extras mais de conserver tous les aliments essentiels; protéines à chaque repas, produits laitiers, plusieurs légumes et fruits ainsi que du pain, des céréales, du riz et des pâtes. En suivant ces conseils, Linda a réussi à perdre 0,5 kg (1 lb) par semaine et a continué d'allaiter pendant plusieurs mois.

Bien entendu, la croissance de votre bébé demeure votre priorité, et son gain de poids demeure le critère le plus valable pour l'évaluer.

Buvez raisonnablement

Une étude intéressante, faite auprès de 19 mères bien nourries, a mesuré l'effet d'un ajout de liquide sur la quantité de lait produit pendant une période de 7 jours. Les résultats démontrent qu'une augmentation de 25 % de l'apport de liquides n'augmente pas la quantité de lait produit. Buvez assez d'eau pour combler votre soif. Il n'y a pas lieu de vous forcer à boire exagérément.

La question du café

La caféine qui se trouve dans le café, le thé, le chocolat et plusieurs boissons gazeuses brunes ainsi que dans certains médicaments (voir tableau, p. 298) vous stimule, et passe dans le lait maternel. Un excès peut rendre certains bébés nerveux et irritables. Si votre bébé dort peu ou qu'il semble affecté par la caféine, limitez votre consommation à l'équivalent de 2 tasses de café par jour. Essayez de même de réduire au minimum votre consommation d'aliments et de boissons riches en caféine. Remplacez-les par des infusions de tilleul, de camomille ou encore par des cafés de céréales ou décaféinés.

Votre menu quotidien

- Environ **6 portions de produits céréaliers de grains entiers**
  une portion équivaut à une tranche de pain de blé entier
  ou 1 bol de céréales, chaudes ou froides
  ou 200 ml (env. ¾ tasse) de riz brun, cuit
  ou 250 ml (1 tasse) de pâtes alimentaires, cuites
- Au moins **6 portions de fruits et légumes**
  donnez la priorité à ceux qui contiennent beaucoup
  de vitamine C et de bêta-carotène
  et mangez au moins quelques fois par semaine
  des légumes feuillus, vert foncé
  une portion équivaut à
  125 ml (½ tasse) de légumes
  ou de fruits cuits
  ou 250 ml (1 tasse) de légumes crus
  ou 125 ml (½ tasse) de jus de fruits ou de légumes
  ou 1 fruit frais de grosseur moyenne
- Environ **4 portions de produits laitiers**
  une portion équivaut à
  250 ml (1 tasse) de lait entier, écrémé, à 1 ou 2 %
  ou 45 g (1 ½ oz) de fromage affiné
  ou 200 ml (env. ¾ tasse) de yogourt
- Environ **2 portions d'aliments riches en protéines**
  une portion équivaut à 90 g (3 oz) de viande, de volaille ou de poisson*
  ou 250 ml (1 tasse) de légumineuses cuites
  ou 120 g (4 oz) de tofu
  ou 2 gros œufs

---

* • Évitez les poissons de pêche sportive ou de lacs pollués : achigan, doré, brochet, maskinongé, truite grise, anguille du Saint-Laurent, barbotte, perchaude ;
  • Choisissez les poissons de pisciculture : truite et saumon ;
  • Privilégiez les poissons gras riches en oméga-3 (sardines, maquereau, saumon, truite, hareng, thon en conserve) ;
  • Choisissez des poissons de mer et des fruits de mer : aiglefin, flétan, goberge, morue, plie, sole, homard, crevettes et pétoncles ;
  • Limitez à un repas par mois : espadon, requin, thon frais ou congelé.

La question de l'alcool

L'alcool pris de façon régulière est à éviter. Il passe rapidement dans le lait maternel et affecte la saveur du lait en moins de 30 minutes. Quand vous buvez de l'alcool, votre bébé peut téter rapidement au début, au boire suivant, mais il finit par boire moins de lait qu'en temps normal. De plus, l'alcool ne prolonge pas ses heures de sommeil. Au contraire, l'alcool fait que le bébé s'endort plus souvent, mais pour de plus courtes périodes. De grandes quantités d'alcool inhibent même le réflexe d'écoulement du lait et dérangent votre bébé. Par contre, un verre de bière ou de vin pris à l'occasion ne cause pas vraiment de problème ; une petite quantité d'alcool peut contribuer à la détente, sans inhiber le réflexe d'écoulement du lait.

La question du gras

La qualité des gras que vous consommez affecte le type de gras présent dans votre lait maternel. Mais comme toujours, il n'est pas trop tard pour modifier les matières grasses de votre menu et pour accorder une place particulière aux plus utiles que l'on trouve dans différentes huiles, poissons et fruits de mer.

Incorporez à votre menu quotidien une bonne huile d'olive extra vierge. Utilisez cette huile dans vos vinaigrettes, sur vos légumes cuits. Vous pouvez la faire chauffer, mais faites-le à feu doux.

Encouragez l'absorption d'oméga 3, présents dans les poissons gras (saumon, truite, maquereau, sardines), et qui favorisent le développement des cellules du cerveau et de la rétine de l'œil du bébé.

Fuyez les gras hydrogénés et trans en mangeant moins de croustilles et de fritures, et en évitant la majorité des margarines, car ces gras passent dans le lait maternel et inquiètent les chercheurs.

Le lait maternel n'est pas à l'abri des polluants

Comme tous les aliments, même les plus nutritifs, le lait maternel subit les contrecoups de la pollution.

Plusieurs substances indésirables comme le DDT, les BPC (biphényles polychlorés), les dioxines et les pesticides font partie de notre environnement et de notre alimentation. Elles s'emmagasinent dans notre organisme

à notre insu et peuvent se rendre dans le lait maternel. Comme elles sont mises en réserve dans nos tissus gras, une perte de poids rapide signifie que ces polluants sont remis en circulation et qu'une dose additionnelle passe dans le lait maternel.

Les concentrations de DDT dans le lait maternel ont diminué depuis leur interdiction en Amérique du Nord, en 1960. Les BPC, utilisés dans la peinture, l'encre et les transformateurs, interdits au Canada depuis 1977, sont encore présents, puisqu'ils s'accumulent dans les tissus gras des animaux. Les poissons des eaux contaminées comme celles des Grands Lacs constituent à l'heure actuelle la principale source de BPC. Les concentrations de BPC dans le lait maternel sont encore élevées, mais elles ne menacent pas la santé du bébé, puisque l'exposition à ces substances ne dure que quelques mois, et non toute une vie.

Comme la pollution a tendance à voyager vers les deux pôles du globe, le lait le plus contaminé qui soit est celui des mères inuites qui se nourrissent de grandes quantités de poissons provenant des eaux polluées de l'Arctique. Et même dans ces cas extrêmes, le lait maternel comporte plus d'avantages que de risques pour la santé globale des bébés inuits.

Les pesticides s'accumulent plus facilement dans les aliments d'origine animale. Ainsi, les viandes, les volailles, les poissons, le beurre et les produits laitiers renferment plus de pesticides que les légumineuses (fèves, haricots et lentilles), les fruits et les légumes-racines. De fait, le lait des mères végétariennes strictes renferme moins de résidus de pesticides que le lait des autres mères.

Même si vous ne pouvez pas ignorer ce problème, les polluants ne devraient pas vous empêcher d'allaiter. Vous pouvez même en diminuer la concentration, si vous le désirez.

La question des polluants

Peut-être avez-vous déjà pris des précautions durant votre grossesse pour minimiser les polluants environnementaux (BPC, dioxines, pesticides) dans votre alimentation. Sinon, il n'est jamais trop tard pour améliorer la situation. Voici quelques mesures en ce sens :

- Évitez les poissons de pêche sportive ou de lacs pollués : achigan, doré, brochet, maskinongé, truite grise, anguille du Saint-Laurent, barbotte, esturgeon, lotte, perchaude, meunier. Choisissez les poissons de pisciculture : truite et saumon ; ainsi que les poissons de mer et les fruits de mer : aiglefin, flétan, goberge, morue, plie, sole, homard, crevettes et pétoncles. Privilégiez les poissons plus petits et plus jeunes, qui contiennent moins de résidus ;

- Ne consommez pas plus d'une fois par mois de l'espadon, du requin et du thon frais ou congelé ;
- Évitez les huiles de poissons (l'huile de foie de morue ou de flétan) ;
- Choisissez des coupes de viande maigres et enlevez tout gras visible, car les polluants se logent dans le tissu gras des animaux, tout comme chez les humains. Mangez le poulet sans la peau, même si vous le faites cuire avec la peau ;
- Choisissez des fromages maigres aussi souvent que possible, c'est-à-dire ceux qui contiennent moins de 15 % de gras ;
- Évitez les diètes sévères, car elles mobilisent les polluants mis en réserve dans vos tissus gras et en favorisent la sécrétion dans le lait maternel ;
- Choisissez des aliments de culture biologique, lorsque c'est possible, particulièrement les céréales de grains entiers, les légumes feuillus, les fruits et les huiles pressées à froid. Si vous ne pouvez pas trouver de fruits et de légumes biologiques, lavez et brossez les fruits, et lavez soigneusement les verdures.

Les aliments problèmes ?

En théorie, il n'y a aucun aliment problème, mais tous les aliments donnent un peu de saveur au lait maternel. Les légumes à saveur forte comme le chou, les oignons et l'ail modifient de façon plus prononcée le goût du lait maternel, mais peu de bébés s'y objectent. Une étude a même démontré que plusieurs bébés apprécient le goût de l'ail et qu'ils consomment plus de lait lorsque celui-ci a un goût d'ail. Mangez de tout et observez les réactions de votre bébé avant d'éliminer certains bons aliments. Bien entendu, les aliments très épicés ou salés ajoutent du goût au lait, mais la plupart des bébés s'y habituent.

Un bébé de 10 jours nourri au sein n'avait eu aucun problème, jusqu'à ce qu'il se mette à refuser le lait maternel. Il tétait bien les 2 premières minutes, puis se dégageait brusquement du sein. Après avoir consulté une conseillère en allaitement et avoir fait vérifier sa position d'allaitement, la maman s'est aperçue qu'elle avait sucé plusieurs bonbons à la menthe poivrée depuis un certain nombre de jours. Quelques heures après que la maman eut cessé de manger ces bonbons, le bébé s'est remis à téter de plus belle.

Si votre bébé présente un tel comportement, vérifiez ce que vous avez mangé et faites les modifications nécessaires.

La question des allergies

Si votre bébé a des coliques et qu'il n'a pas réagi aux autres stratégies énumérées à la p. 59, il peut être temporairement intolérant aux produits laitiers présents dans votre menu. Éliminez-les tous pendant au moins trois jours et ajustez votre menu en conséquence.

Si vous ne voyez pas d'amélioration, essayez d'éliminer une autre source de protéines, comme le bœuf, et observez les changements (voir aussi p. 60 et chapitre 16).

S'il y a des allergies alimentaires dans votre famille immédiate et que votre bébé a certaines réactions, ajoutez à votre liste d'élimination les œufs, les arachides, les noix, les poissons et les fruits de mer.

La question des médicaments

Portez une attention particulière aux médicaments, puisque toutes les drogues passent rapidement dans le lait maternel et se rendent jusqu'à votre bébé. La plupart ont peu d'effet sur le nourrisson, mais certains doivent être évités. Consultez votre médecin et votre pharmacien avant de prendre toute forme de médicament, même sans ordonnance, ou ayez recours au service personnalisé IMAGE de l'hôpital Sainte-Justine (voir « Ressources » p. 300).

Prenez l'analgésique le plus sûr, comme l'acétaminophène (Tylenol ou Atasol), plutôt que l'aspirine.

Ménagez votre bébé en prenant le médicament nécessaire juste après l'avoir nourri ou juste avant sa plus longue période de sommeil.

Observez le comportement de votre bébé. Tout changement peut supposer une réaction aux médicaments. Un bébé amorphe, qui dort beaucoup, qui ne boit pas bien, qui mouille moins de 6 couches par jour peut manifester une réaction à un médicament et doit être examiné le plus rapidement possible.

Les contraceptifs oraux pris en faible dose ne représentent pas un problème, une fois que la montée laiteuse est bien établie, mais certaines questions subsistent en ce qui concerne les effets à long terme de cette sécrétion de stéroïdes dans le lait maternel. D'autres méthodes de contraception sont recommandées, comme le condom utilisé avec une mousse contraceptive.

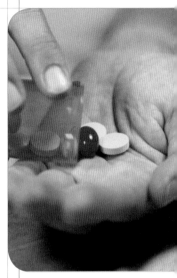

Un menu sans produits laitiers

Mangez chaque jour les aliments suivants, qui vous apportent tous les éléments nutritifs nécessaires, y compris le calcium :

- Au moins **6 portions de produits céréaliers de grains entiers** ;
- Au moins **6 portions de fruits et de légumes**, incluant une portion par jour de brocoli, de chou cavalier ou de bette à carde ;
- Au moins 750 ml (24 oz) de **boisson de soya** enrichie de calcium et de vitamine D (Edensoy, Natura...) ou 750 ml (24 oz) d'Isomil, d'Alsoy ou de Prosobee ; prenez ce lait de soya avec vos céréales, dans les soupes, les sauces, ou camouflé dans des desserts crémeux ;
- Environ **2 portions d'aliments riches en protéines** selon votre tolérance, comme la viande, la volaille, le poisson et les substituts, incluant une portion par jour de tofu ou de légumineuses ou de poisson en conserve à manger avec les arêtes ;
- Au moins **30 ml (2 c. à soupe) par jour de graines de sésame** entières, moulues, que vous parsemez sur vos céréales, soupes, légumes cuits ou que vous utilisez comme trempette pour vos fruits frais.

Si vous n'arrivez pas à manger suffisamment d'aliments riches en calcium comme les graines de sésame, le brocoli, le chou cavalier et les préparations de soya enrichies, n'hésitez pas à prendre un supplément de 1000 mg de calcium par jour et au moins 400 UI de vitamine D.

La question des suppléments de vitamines

Certains suppléments peuvent vous rendre service pendant que vous allaitez. Continuez de prendre le supplément de vitamines et de minéraux que vous preniez durant votre grossesse. Vos besoins nutritifs sont importants.

Si vous devez éliminer les produits laitiers de votre menu et que vous ne pouvez suivre les directives du menu de la p. 74, prenez un supplément de 1000 mg de calcium par jour et de 10 microgrammes (400 UI) de vitamine D.

Si vous êtes lacto-ovo-végétarienne et que vous planifiez vos menus avec des aliments gagnants, ne vous inquiétez pas. Cependant, vous avez avantage à prendre un supplément de multivitamines et de minéraux durant la période d'allaitement, de même que pendant votre grossesse.

Si vous êtes végétarienne stricte et que vous ne mangez aucun aliment d'origine animale, assurez-vous de boire au moins 4 verres, c'est-à-dire 1 litre (32 oz), de boisson de soya pour obtenir des protéines de bonne qualité et suffisamment de zinc. Choisissez une boisson de soya enrichie de calcium, de vitamine D et de vitamine B_{12}. Incorporez de 15 à 30 ml (1 à 2 c. à soupe) de mélasse verte (*blackstrap*) à votre menu pour un apport additionnel de fer. Grignotez des noix et des graines pour augmenter la quantité de calories. Afin de favoriser une croissance et un développement normal de votre bébé, assurez-vous de prendre suffisamment de vitamine B_{12} tous les jours dans une boisson de soya enrichie ou dans un supplément, car cette vitamine n'est pas biodisponible dans les aliments d'origine végétale. Vous devez avoir chaque jour :

- 1,5 mcg de vitamine B_{12} ;
- 1000 mg de calcium ;
- 10 mcg (400 UI) de vitamine D.

Lorsque vous mangez mieux, vous vous sentez mieux et vous conservez toute votre énergie pour profiter de la vie.

Chapitre 7

Menus pour « vous » remettre en forme

Vous avez porté et nourri votre bébé pendant neuf mois. Vous avez accouché, ce qui n'est pas toujours facile. Vos heures de sommeil sont écourtées. Votre corps a travaillé et puisé dans ses réserves pour le bébé. Votre horaire est bousculé et l'aide domestique est limitée. C'est le temps de « vous » dorloter pour vivre pleinement vos premiers mois de maternage.

Soignez votre alimentation, que vous allaitiez ou non

Les aliments ne peuvent jamais remplacer les heures de sommeil perdues, mais ils peuvent vous aider à refaire vos forces pendant les premières semaines critiques.

Vous voulez vous sentir en forme, mais vous ne voulez plus prendre de poids. Partez du bon pied. Inspirez-vous des sept menus quotidiens de ce chapitre. Demandez à votre entourage de collaborer. Confiez la liste d'épicerie à votre partenaire ou à une bonne amie. Procurez-vous des plats tout préparés chez le traiteur ou des repas congelés. L'important n'est pas de remonter votre cote culinaire, mais d'augmenter votre énergie.

Si vous allaitez, arrondissez les quantités indiquées aux menus des p. 81 à 87, selon votre appétit, et ajoutez autant de collations que vous le jugez nécessaire.

Si vous n'allaitez pas, mangez bien, mais oubliez les collations. Choisissez des produits laitiers allégés et réduisez votre consommation de gras pour retrouver plus rapidement votre taille.

Si vous êtes végétarienne, surveillez les protéines que vous absorbez à chaque repas et collation. Privilégiez le tofu ou les légumineuses ; mangez-en une fois par jour ou plusieurs fois par semaine pour obtenir suffisamment de fer et de magnésium.

Si vous ne prenez aucun produit laitier, consultez les recommandations de la p. 75 ainsi que le menu de la p. 74.

Dans tous les cas, si vous voulez réduire la viande pour d'autres raisons, encouragez les aliments riches en fer et favorisez-en l'absorption en prenant un fruit ou un légume riche en vitamine C à chaque repas (voir p. 292 et 295).

Une liste de marché

Pour préparer des menus qui ressemblent à ceux proposés dans ce chapitre, utilisez la liste de marché qui suit. Vous n'avez pas besoin de prendre un petit-déjeuner différent tous les matins. Choisissez celui ou ceux qui vous plaisent le plus. L'important est d'y trouver assez de protéines pour vous soutenir pendant trois ou quatre heures.

Achetez suffisamment d'aliments à grignoter pour la semaine. Il vaut mieux faire quelques réserves de fruits frais, de fruits secs et de noix, car il n'est pas toujours facile de sortir avec un jeune bébé.

Ne négligez pas les légumes crus ou cuits. Offrez-vous le luxe d'acheter des légumes lavés, prêts à manger ou à cuire, que vous trouvez dans des sacs ou au comptoir à salades. Achetez des petites salades toutes préparées (carottes, poivrons ou brocoli).

Faites un bon choix de produits céréaliers :
- flocons d'avoine ou muesli en vrac, 250 g ;
- céréales de blé filamenté ou autre grain entier, 450 g ;
- muffins mélangés, 6 à 12 (son, carottes, son et raisins, avoine et pomme) ;
- spaghetti de blé entier, 1 boîte ;
- riz brun, 1 boîte ;
- 1 sac de pains pita de blé entier ou de muffins anglais de blé entier ;
- 1 ou 2 pains (blé entier, six grains, huit grains) ;
- 1 pâte à pizza de blé entier, fraîche ou surgelée.

Choisissez de bonnes sources de protéines pour environ 14 repas :
- saumon, 1 boîte de 213 g (7,5 oz) ou thon en conserve, 1 boîte de 184 g (6,5 oz) ;

- lentilles, haricots rouges ou pois chiches en conserve, 1 boîte de 540 ml (19 oz);
- 1 ou 2 poitrines de poulet, désossées;
- bœuf haché, maigre, ou foie de veau tranché mince, 100 g (3 oz);
- filets de poisson surgelés, 200 g (6 oz), ou quelques repas de poisson surgelés, à réchauffer à la dernière minute;
- beurre d'arachide naturel ou beurre d'amande naturel, 1 pot;
- œufs frais, une demi-douzaine;
- sauce à spaghetti déjà préparée, en conserve ou au comptoir traiteur;
- hoummos (purée de pois chiches et sésame), 1 contenant de 150 g (5 oz) ou une brique de tofu de type japonais, 250 g (env. ½ lb).

N'oubliez pas les produits laitiers:
- fromage cottage ou ricotta, 250 g;
- yogourt, 500 g, nature ou aux fruits;
- quelques yop aux fruits;
- fromage mozzarella, 250 g;
- 4 litres de lait écrémé ou de lait à 1%.

Donnez de la couleur et ajoutez des vitamines à votre menu:
- oranges, à manger, 6;
- pamplemousses, 3;
- bananes, 5 à 7;
- clémentines, en saison, au moins une douzaine;
- cantaloup, 1;
- jus de fruits, surgelé;
- compote de pommes déjà préparée;
- chou lavé, prêt à manger, un sac;
- carottes lavées, prêtes à manger, un sac;
- mesclun (verdures prêtes à manger), un sac;
- épinards congelés, 1 boîte;
- poivron, rouge ou vert, 1;
- tomates fraîches ou en conserve, 450 g (1 lb);
- légumes prêts à manger, choisis au comptoir à salades: laitue, brocoli, chou-fleur, oignons verts.

Faites-vous plaisir et n'oubliez pas les collations :
- raisins secs, pruneaux, figues ou dattes ;
- amandes ou noix mélangées, non salées ;
- graines de tournesol et graines de sésame ;
- mélasse verte (*blackstrap*) pour ajouter du fer au menu ;
- levure Torula ou Engevita, pour ajouter des vitamines B dans le lait de louve.

Des collations minute pour maman

Lait de louve

250 ml (1 tasse) de lait écrémé ou de lait à 1 %, ou lait de soya enrichi
15 ml (1 c. à soupe) de levure Torula ou Engevita
10 ml (2 c. à thé) de son de blé
10 ml (2 c. à thé) de miel ou de sirop d'érable

Bien mélanger le tout et servir très froid.

Si vous souhaitez en faire des réserves, préparez un litre (4 tasses) de lait en multipliant toutes les quantités par 4. Bien agiter et conserver dans un pichet au frigo. Ce lait se conserve de 2 à 3 jours, au frigo. Agiter avant de servir.

Valeur nutritive pour 250 ml (1 tasse) : beaucoup plus de protéines, de vitamines du complexe B, de fer et de magnésium qu'un simple verre de lait.

Yop au jus de fruits

250 ml (1 tasse) de yogourt nature
30 ml (2 c. à soupe) de jus de fruits, surgelé

Choisir du jus d'orange, du jus de raisin ou du jus d'un autre fruit, surgelé. Bien mélanger le tout et servir très froid.

Valeur nutritive pour 250 ml (1 tasse) : 14 g de protéines et 50 mg de vitamine C (si on le prépare avec du jus d'orange).

Des menus pour une semaine

Jour 1

Menu avec viande

demi-pamplemousse
1 ou 2 muffins au son
petit bol de cottage ou de ricotta
lait ou café au lait

bâtonnets de carottes
soupe aux lentilles
pain de blé entier (2 tranches)
yogourt nature et fruit frais

poitrine de poulet au four
riz brun et brocoli
salade verte
pain pita de blé entier
tranches d'ananas
infusion

**Si vous allaitez,
prenez plusieurs collations.**

fruit et lait
yogourt
graines de tournesol

Jour 1

Menu lacto-ovo-végétarien

demi-pamplemousse
1 ou 2 muffins au son
petit bol de cottage ou de ricotta
lait ou café au lait

bâtonnets de carottes
soupe aux lentilles
pain de blé entier (2 tranches)
yogourt nature et fruit frais

pâtes de blé entier et fromage
brocoli vapeur
salade verte
pain pita de blé entier
tranches d'ananas
infusion

**Si vous allaitez,
prenez plusieurs collations.**

fruit et lait
yogourt
graines de tournesol

Jour 2

Menu avec viande

jus d'orange
gruau avec raisins secs et lait
pain de blé entier, grillé
lait ou café au lait

rondelles de poivron rouge
  ou vert
sandwich au saumon grillé
  ou pain pita farci au saumon
banane
verre de lait

casserole de poulet
  et riz brun
carottes et courgettes vapeur
pain de blé entier
yogourt à l'orange
infusion

**Si vous allaitez,
prenez plusieurs collations.**

muffin au son
yogourt ou lait
lait de louve*

Jour 2

Menu lacto-ovo-végétarien

jus d'orange
gruau avec raisins secs et lait
pain de blé entier, grillé
lait ou café au lait

rondelles de poivron rouge
  ou vert
muffin anglais grillé
beurre d'arachide ou fromage
banane
verre de lait

casserole de lentilles
  et riz brun
carottes et courgettes vapeur
pain de blé entier
yogourt à l'orange
infusion

**Si vous allaitez,
prenez plusieurs collations.**

muffin au son
yogourt ou lait
lait de louve*

* Voir recette, p. 80.

Jour 3

Menu avec viande

quartiers d'orange
céréales de type muesli et lait
pain de blé entier, grillé
lait ou café au lait

crudités ou jus de légumes
cubes de fromage et noix
muffin au son
quartier de cantaloup
lait

hamburger grillé
salade de chou et pommes
pain de blé entier
salade de fruits
infusion

Si vous allaitez,
prenez plusieurs collations.

lait et fruits secs
yogourt
muffin aux carottes

Jour 3

Menu lacto-ovo-végétarien

quartiers d'orange
céréales de type muesli et lait
pain de blé entier, grillé
lait ou café au lait

crudités ou jus de légumes
cubes de fromage et noix
muffin au son
quartier de cantaloup
lait

croquettes de haricots rouges
salade de chou et pommes
pain de blé entier
salade de fruits
infusion

Si vous allaitez,
prenez plusieurs collations.

lait et fruits secs
yogourt
muffin aux carottes

Jour 4

Menu avec viande

jus de pamplemousse
blé filamenté avec lait, noix et
  germe de blé
pain de blé entier, grillé
lait ou café au lait

jus de légumes
œufs brouillés
pain de blé entier
kiwi
lait

filet de poisson au four
brocoli vapeur
tomate en tranches
pain de blé entier
banane et yogourt
infusion

**Si vous allaitez,
prenez plusieurs collations.**

lait de louve*
fromage et pomme
fruits secs et noix

Jour 4

Menu lacto-ovo-végétarien

jus de pamplemousse
blé filamenté avec lait, noix et
  germe de blé
pain de blé entier, grillé
lait ou café au lait

jus de légumes
œufs brouillés
pain de blé entier
kiwi
lait

pâtes de blé entier
sauce tomate et lentilles
salade verte
pain de blé entier
banane et yogourt
infusion

**Si vous allaitez,
prenez plusieurs collations.**

lait de louve*
fromage et pomme
fruits secs et noix

* Voir recette, p. 80.

84

Jour 5

Menu avec viande

jus d'orange
œuf à la coque ou poché
pain de blé entier, grillé
lait ou café au lait

soupe minestrone (haricots rouges)
pain de blé entier
yop au jus de fruits*
lait

jus de tomate
pizza aux fruits de mer
salade verte
compote de pommes
infusion

**Si vous allaitez,
prenez plusieurs collations.**

pomme et beurre d'arachide naturel
yogourt
lait de louve*

Jour 5

Menu lacto-ovo-végétarien

jus d'orange
œuf à la coque ou poché
pain de blé entier, grillé
lait ou café au lait

soupe minestrone (haricots rouges)
pain de blé entier
yop au jus de fruits*
lait

jus de tomate
pizza végétarienne au fromage
salade verte
compote de pommes
infusion

**Si vous allaitez,
prenez plusieurs collations.**

pomme et beurre d'arachide naturel
yogourt
lait de louve*

* Voir recettes p. 80.

Jour 6

Menu avec viande

jus de pamplemousse et d'orange
blé filamenté avec lait, noix et
   germe de blé
muffin au son
lait ou café au lait

rondelles de poivron vert
sandwich grillé au fromage
   et tomate
poire fraîche
lait

quiche au brocoli
salade de laitue et d'épinards
pain de blé entier
tranche de melon d'eau
infusion

**Si vous allaitez,
prenez plusieurs collations.**

yop au jus de fruits*
lait
amandes et figues séchées ou
   fruits secs

Jour 6

Menu lacto-ovo-végétarien

jus de pamplemousse et d'orange
blé filamenté avec lait, noix et
   germe de blé
muffin au son
lait ou café au lait

rondelles de poivron vert
sandwich grillé au fromage
   et tomate
poire fraîche
lait

quiche au brocoli
salade de laitue et d'épinards
pain de blé entier
tranche de melon d'eau
infusion

**Si vous allaitez,
prenez plusieurs collations.**

yop au jus de fruits*
lait
amandes et figues séchées ou
   fruits secs

* Voir recettes, p. 80.

Jour 7

Menu avec viande

quartiers d'orange
bol de yogourt
muffin au son
lait ou café au lait

jus de légumes
salade de thon et riz brun
pain de blé entier
cantaloup
lait

poulet et légumes sautés
salade de chou chinois
pain de blé entier
compote de pommes et de poires
infusion

**Si vous allaitez,
prenez plusieurs collations.**

lait de louve*
yogourt
muffin au son

Jour 7

Menu lacto-ovo-végétarien

quartiers d'orange
bol de yogourt
muffin au son
lait ou café au lait

carottes râpées
soupe à l'orge et aux pois cassés
pain de blé entier
cantaloup
lait

tofu et légumes sautés
salade de chou chinois
pain de blé entier
compote de pommes et de poires
infusion

**Si vous allaitez,
prenez plusieurs collations.**

lait de louve*
yogourt
muffin au son

Après avoir porté et nourri votre bébé pendant neuf mois, il est normal que vous soyez fatiguée. C'est donc le moment de « vous » dorloter. Une des bonnes façons de le faire est de soigner votre alimentation.

* Voir recettes, p. 80.

Chapitre 8

Le retour au travail et l'allaitement

Vous devez retourner au travail d'ici quelques semaines ou quelques mois. Vous êtes malheureuse à l'idée de vous séparer de votre bébé. Vous aimeriez continuer à l'allaiter. Votre souhait peut se réaliser, car plusieurs mamans réussissent à relever ce défi. De fait, parmi les mères qui ont allaité leur bébé, la moitié d'entre elles continuent de l'allaiter, une fois revenues au travail. Parmi ces dernières, 6 sur 10 réussissent à allaiter environ 18 semaines après leur retour au travail.

Ce n'est pas toujours facile d'allaiter tout en travaillant, mais l'expérience en vaut la peine. Elle vous fournit une dose additionnelle d'intimité avec votre bébé et elle adoucit les heures d'absence pour vous deux.

Marie doit retourner au travail quatre mois après la naissance de Nadine. Elle veut continuer d'allaiter, car elle sait qu'un bébé allaité résiste mieux aux infections qui courent à la garderie, à cause de tous les anticorps contenus dans le lait maternel. Elle s'est organisée pour tout combiner.

Planifiez votre retour au travail

Préparez-vous mentalement et physiquement à votre nouvelle vie durant les dernières semaines de votre congé de maternité. Complétez les démarches avec la gardienne ou la garderie et recherchez la solution la moins compliquée. Votre plus grand défi est de conserver votre énergie. Apprenez à couper les coins ronds. Reposez-vous et dormez lorsque c'est possible. Ne conservez à votre agenda que les sorties essentielles. Vous aurez besoin de toutes les pauses pour faire face à la surcharge de travail.

Choisissez la formule d'allaitement qui vous convient

- L'allaitement complet consiste à ne donner que du lait maternel, au sein ou au biberon. Vous continuez d'allaiter votre bébé, le matin et le soir sur demande, et vous lui donnez des biberons de lait maternel aux autres boires. Votre bébé peut avoir besoin de 2 à 3 biberons par jour, selon son âge;

Julie est enseignante. Lorsqu'elle est retournée au travail en septembre, son bébé avait 9 mois. Elle a continué de l'allaiter, le matin; la gardienne lui donnait un biberon de lait maternel, le midi, et Julie prenait la relève, après l'école et le soir. Le week-end, elle allaitait normalement. Pour maintenir sa production de lait, Julie tirait son lait chaque midi dans la salle des professeurs et le conservait jusqu'à la fin des classes. Elle transportait le biberon dans un sac isolé et le conservait au congélateur ou au frigo, à la maison, selon le moment où elle voulait s'en servir.

- L'allaitement mixte consiste à allaiter votre bébé au réveil, au retour du bureau le soir, et la nuit, sur demande; le reste du temps, la gardienne lui donne des biberons de préparation pour nourrissons enrichie de fer;
- L'allaitement minimum consiste à allaiter seulement une fois ou deux par jour, au réveil et au coucher de votre bébé. Aux autres boires, vous ou votre gardienne lui donnez des biberons de préparation pour nourrissons enrichie de fer.

La meilleure formule est celle qui vous convient le mieux. Vous adaptez votre allaitement à votre type de travail et à votre style de vie. L'important est que vous vous sentiez à l'aise par rapport à votre choix.

Surveillez votre alimentation

La consigne de base pour réussir ce tour de force est de vous traiter aux petits oignons, de ne sauter aucun repas et d'encourager les pauses santé aussi souvent que possible. Confiez la tâche du marché et du repas du soir à la gardienne ou au papa, lorsque c'est possible. Continuez de prendre un supplément de multivitamines et minéraux pour préserver vos réserves. Revoyez les menus du chapitre 7 et faites le plein de bons aliments tous les jours!

Apprenez à tirer votre lait

Avant de retourner au travail, apprenez à bien tirer votre lait, manuellement ou à l'aide d'une pompe ou d'un tire-lait. Certaines mamans se sentent mieux lorsqu'elles tirent leur lait manuellement. Même si vos premiers essais sont décourageants, ne désespérez pas, car c'est la méthode la plus simple. Par contre, si cette méthode ne vous convient pas, vous pouvez choisir un tire-lait manuel ou électrique.

La Ligue La Leche ou les autres groupes d'entraide peuvent vous recommander toute une gamme de pompes manuelles ou électriques. Commencez par une pompe manuelle parce que c'est moins cher. Si ce type de pompe ne vous convient pas, vous pouvez louer une pompe électrique – informez-vous auprès de votre CLSC – et la ranger au bureau dans un endroit calme et sûr.

Plusieurs mamans résistent psychologiquement à l'idée de tirer leur lait. Elles ont l'impression de devenir des vaches laitières. Elles ont du mal à se détendre et attendent impatiemment le réflexe d'éjection du lait. En pensant à leur bébé ou en regardant une de ses photos, elles retrouvent, d'une certaine façon, le plaisir d'avoir leur bébé tout près d'elles et parviennent à tirer leur lait.

Au début, vous pouvez avoir besoin de 45 minutes pour tirer votre lait des deux seins, mais plus vous répétez l'opération, plus vous devenez efficace ; vous pourrez réussir en 20 ou 30 minutes, ou même moins. Ça s'apprend comme un nouveau sport ; c'est la répétition de l'exercice qui vous rend habile !

Si vous devez tirer du lait au travail, portez des vêtements amples qui ouvrent ou qui boutonnent sur le devant. Trouvez un coin calme. Tirez votre lait dans un biberon rincé à l'eau bouillante ou dans tout autre contenant préalablement rincé à l'eau bouillante. Évitez les récipients en verre, car certaines substances intéressantes du lait maternel semblent y adhérer. Si nécessaire, transvidez le lait dans un thermos bien propre ou dans un sac pour biberon jetable, double. Conservez votre lait au frais, dans un sac à lunch avec un Ice-Pak, si nécessaire. N'oubliez pas d'écrire la date sur le contenant.

*Au départ, **Joëlle** trouvait tout ce rituel bien compliqué, mais une fois qu'elle l'a intégré à son quotidien, il lui est apparu anodin, comparativement aux bénéfices qu'elle en a retiré pendant trois mois avec son bébé.*

Faites des réserves de lait maternel

Si vous avez l'intention de nourrir votre bébé exclusivement au lait maternel, commencez à tirer votre lait au moins quelques semaines avant votre retour au travail et faites des réserves. Le lait se conserve dans des biberons stérilisés ou dans les sacs jetables pour biberon.

Le lait maternel frais se conserve :
- de 6 à 10 heures à la température de la pièce ;
- de 3 à 5 jours au frigo ;
- de 3 à 4 mois au congélateur du frigo ;
- de 6 mois et plus dans un congélateur coffre.

Le lait maternel décongelé se conserve :
- 1 heure à la température de la pièce ;
- 24 heures au réfrigérateur.

Nathalie, 31 ans, est retournée au travail lorsque son bébé avait 6 mois. Tous les midis, elle tire l'équivalent d'un biberon de lait qu'elle conserve au froid jusqu'à ce qu'elle le remette à sa gardienne pour le boire du lendemain. Un jour, elle a négligé d'apporter un Ice-Pak et, en l'absence d'un frigo, elle s'est sentie obligée de jeter son lait.

Maintenant qu'elle connaît les nouvelles normes de conservation du lait maternel, elle se fait moins de souci et ne perd plus une goutte !

Si votre bébé a de 3 à 6 mois, tirez environ 90 ml (3 oz) de lait pour chaque boire. N'en tirez pas davantage pour ne pas gaspiller cette précieuse boisson. Si votre bébé a plus de 6 mois, augmentez la quantité selon les besoins de l'enfant. Il vaut mieux que la gardienne donne un deuxième biberon certains jours, plutôt que vous jetiez un peu de lait maternel à chaque biberon.

Avertissez votre gardienne de l'apparence du lait maternel

Le lait maternel n'a pas l'apparence du lait de vache ; il n'est pas homogénéisé, donc le gras se sépare. Sa couleur peut varier de bleuâtre à jaunâtre. Prévenez votre gardienne pour qu'elle se sente bien à l'aise en voyant ce lait différent.

Réchauffez le biberon

Insistez pour que la gardienne ne réchauffe pas le lait maternel au four à micro-ondes ou dans l'eau bouillante, car ce n'est pas nécessaire. Elle n'a qu'à déposer le biberon ou le sac dans un bol d'eau chaude ou à le mettre sous un filet d'eau chaude ; puis elle doit agiter le tout et vérifier la température en versant quelques gouttes de lait sur son poignet.

Initiez votre bébé au biberon

Votre bébé a l'habitude de téter votre sein et peut résister au biberon les premières fois, surtout si vous tardez à l'introduire.

Initiez-le doucement au biberon dès le deuxième mois pour qu'il devienne à l'aise et l'accepte facilement pendant votre absence. Pour le premier biberon, confiez l'heure du boire au papa ou à une gardienne et préparez cette transition quelques semaines avant le grand départ. Si votre bébé refuse le biberon, vérifiez la tétine, son débit, sa forme et si elle a un arrière-goût. Faites des essais avec d'autres tétines.

Soyez patiente et persévérante, car plusieurs bébés résistent. N'attendez surtout pas la veille de votre rentrée au travail.

Sylvie a présenté le biberon à son bébé dès la 4ᵉ semaine et a dû persister jusqu'à la 8ᵉ semaine avant qu'il l'accepte.

Planifiez un *modus vivendi* avec votre gardienne

Plusieurs possibilités s'offrent à vous pour favoriser la poursuite de l'allaite-ment :

* La gardienne peut amener votre bébé au travail ;
* Vous pouvez prendre votre repas du midi à la maison ;
* Vous pouvez retourner à la garderie le midi, si c'est tout près ;
* Vous pouvez travailler à temps partiel ;
* Vous pouvez travailler à la maison ;
* Vous pouvez tirer votre lait au travail, puis l'offrir à votre bébé, au biberon, au gobelet ou au verre.

Prévoyez une journée complète pour revoir tranquillement votre stratégie avec la gardienne ou la garderie. Planifiez même une sortie pour vérifier si tout se passe bien en votre absence.

Lors de votre retour au travail, mettez votre stratégie à l'essai et voyez comment ça va. N'hésitez pas à faire les ajustements qui s'imposent.

Planifiez avec soin le boire du retour à la maison

Consacrez vos 45 premières minutes à votre bébé. Assurez-vous qu'il ne mange rien environ deux heures avant votre retour à la maison pour éviter d'avoir un bébé rassasié et des seins engorgés.

Relaxez-vous en allaitant votre bébé. Décrochez le téléphone, si néces-saire, et demandez au papa de vous aider aux tâches domestiques. La colla-boration du père semble la moindre des choses…

Un bel exemple de réussite en milieu de travail

Il y a quelques années, les administrateurs d'un hôpital américain ont décidé de promouvoir l'allaitement auprès de leurs employées. L'administration a donc loué un tire-lait électrique et a pris les mesures nécessaires pour que les mères qui allaitaient puissent tirer leur lait dans une salle appropriée et accessible pendant les heures de travail. Cette initiative toute simple s'est révélée très efficace et a aidé plusieurs mères à poursuivre plus longtemps leur allaitement.

Votre succès à allaiter après votre retour au travail dépend de votre habileté à recruter du soutien autour de vous. Tirer votre lait peut vous sembler compliqué au début, mais lorsque vous aurez intégré cette routine dans votre quotidien, vous trouverez la chose bien anodine, comparativement aux bénéfices que votre bébé en retire. Bonne chance dans cette belle expérience de vie.

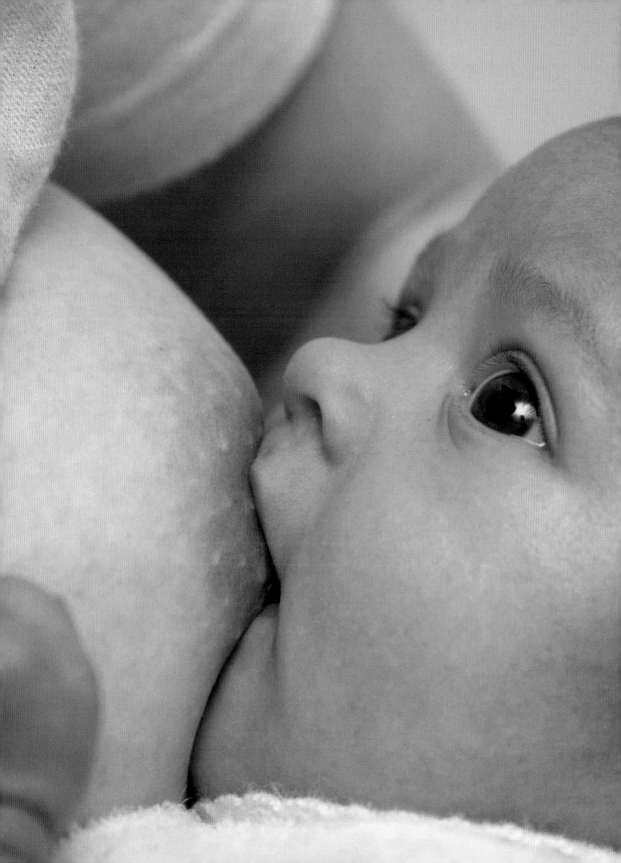

Chapitre 9

Les laits de remplacement

L e lait maternel est inimitable et offre plus au bébé que n'importe quelle préparation pour nourrissons. Cela dit, si vous ne souhaitez pas allaiter votre bébé, ou encore si vous avez allaité pendant quelques semaines ou quelques mois et que vous devez ou désirez avoir recours à un substitut du lait maternel ou un lait complémentaire approprié, voici les principales consignes à suivre.

Parmi les autres laits, seules les préparations commerciales pour nourrissons constituent un substitut acceptable au lait maternel ; préparées industriellement en conformité avec des normes internationales, elles peuvent satisfaire les besoins nutritionnels du nourrisson. La composition de ces préparations commerciales pour nourrissons change au gré des recherches sur le lait maternel, ce qui fait que les produits disponibles sur le marché il y a cinq ans ne sont plus les mêmes qu'aujourd'hui.

Par ailleurs, le lait de vache entier, partiellement ou totalement écrémé, le lait de chèvre ou les boissons de soya ne sont ni conçus ni indiqués dans l'alimentation du nourrisson.

Quel lait choisir de la naissance à 6 mois, à défaut d'allaitement exclusif ?

Les **préparations commerciales à base de lait de vache** peuvent convenir à condition d'être enrichies de fer. Voici les principales marques que l'on trouve dans le commerce :

Enfalac LactoFree avec fer, Bon Départ,
Similac Advance 1ʳᵉ étape, Enfamil A + avec fer

Ces préparations conviennent à des bébés nés à terme et en santé. Elles sont préparées à partir de lait de vache dilué et modifié afin d'imiter la composition du lait maternel. Les protéines contenues dans ces préparations

sont plus allergènes que celles du lait maternel et ne possèdent aucune propriété anti-infectieuse. Le lactose, principale source de glucides du lait maternel, est remplacé dans certaines préparations par des solides de sirop de maïs ou des maltodextrines. Le contenu en gras des préparations est généralement un mélange d'huiles de palme, de soya, de coco, de carthame et de tournesol. Depuis quelques années, certaines préparations renferment aussi du DHA, un acide gras oméga 3 présent dans le lait maternel et qui semble avoir un effet bénéfique sur l'acuité visuelle et le développement mental du bébé. Le contenu en minéraux est adapté aux besoins du nouveau-né.

Les **préparations commerciales à base de soya** conviennent dans le cas d'un bébé faisant partie d'une famille au régime végétarien strict ou intolérante au lactose, ou qui souffre de galactosémie. Ces formules sont enrichies de fer mais n'offrent aucun avantage à un bébé qui tolère bien une préparation pour nourrissons à base de lait de vache. Par ailleurs, les inquiétudes concernant le contenu en phytoestrogènes (isoflavones) des formules de soya n'ont pas été retenues par un comité d'experts américains qui a revu en 2006 toutes les études scientifiques sur le sujet et a conclu que le soya et ses phytoestrogènes n'affectent ni la croissance, ni le développement, ni le système reproducteur des humains. Voici les principales marques que l'on trouve dans le commerce:

Isomil, Enfalac, Prosobee, Alsoy 1

Contrairement aux boissons de soya vendues dans les magasins d'aliments naturels ou au supermarché comme Edensoy, Vitasoy ou SoNice, ces préparations pour nourrissons sont modifiées et enrichies de vitamines et de minéraux afin de respecter les besoins nutritionnels des bébés. Par ailleurs, un bébé qui souffre d'une allergie réelle au lait de vache ne se portera pas nécessairement mieux s'il boit une préparation à base de soya, puisque 30% des bébés intolérants au lait de vache souffrent aussi d'une intolérance au soya. Ces préparations contiennent du soya sous forme d'isolat de protéines enrichi d'une petite quantité de L-méthionine, un acide aminé que l'on trouve dans le lait maternel et les autres préparations pour nourrissons. Quant au contenu en sucres, ces formules ne contiennent pas de lactose mais un mélange d'extrait de sirop de maïs et de sucrose ou de maltodextrine de maïs. Le contenu en gras résulte d'un mélange d'huiles de coprah ou d'oléine d'huile de palme, de soya, de carthame ou de tournesol. Le contenu en vitamines et en minéraux est adapté aux besoins du bébé.

Il existe aussi des **préparations thérapeutiques pour nourrissons** conçues pour répondre aux besoins particuliers de bébés allergiques aux protéines du lait de vache ou de soya. Voici les principales marques que l'on trouve dans le commerce :

Alimentum, Enfalac Nutramigen, Enfalac Pregestimil, Neocate

À défaut de lait maternel et afin de réduire l'exposition de ces bébés fragiles à des protéines entières, les trois premières préparations sont composées de protéines de lait de vache prédigérées, filtrées et purifiées en laboratoire pour devenir ce qu'on appelle des hydrolysats de caséine. Elles sont alors plus faciles à digérer et à absorber, renferment les vitamines et les minéraux dont les bébés ont besoin, y compris du fer en quantité adéquate. Ces préparations sont considérées comme hypoallergiques par l'Académie américaine de pédiatrie et sont efficaces dans la plupart des cas d'allergies et de coliques sévères. Elles sont toutefois hypertransformées et très chères, et sont indiquées dans le cas de bébés qui ont des symptômes réels d'allergies ou des membres de leur famille qui sont allergiques au lait ou au soya. On les trouve dans les pharmacies.

La dernière préparation (Neocate) est composée d'acides aminés libres et ne contient aucune protéine de lait, ni lactose, ni sucrose, ni galactose ; elle est enrichie de fer et classifiée comme préparation hypoallergique. Elle peut aider un bébé dont les malaises subsistent malgré l'utilisation d'une formule à base d'hydrolysats de caséine. On ne trouve pas Neocate sur les tablettes des pharmacies, mais on peut l'obtenir sans ordonnance en le demandant au pharmacien.

On trouve également des **préparations pour nourrissons prématurés** qui répondent à des besoins nutritionnels particuliers :

Enfalac pour prématurés, Enfalac spécial pour prématurés, Similac Advance Special Care, Neosure Similac Advance

Ces préparations sont indiquées dans le cas de bébés prématurés qui pèsent moins de 2 kg (4 lb) et qui sont partiellement allaités ou pas allaités du tout. Elles renferment plus de calories que les préparations ordinaires. Elles contiennent aussi des sucres et des matières grasses plus faciles à assimiler. On ne trouve ces préparations que dans les hôpitaux.

En poudre, sous forme de liquide concentré, ou prête à servir ?

On peut se procurer la majorité de ces préparations sous trois formes différentes :

- Liquide concentré : ce type de préparation doit être dilué avec une part équivalente d'eau. Utiliser l'eau du robinet ou de l'eau de source : faire bouillir l'une ou l'autre un minimum de deux minutes et laisser refroidir dans un contenant stérile et fermé. Cette forme assure une plus grande stabilité de la valeur nutritive que la poudre ou les granules ;
- Poudre ou granules : les préparer selon les indications du fabricant. Toujours utiliser la bonne mesure pour la poudre et la quantité d'eau recommandée. Une étude récente a souligné plusieurs difficultés éprouvées lors de la dilution de ces préparations : difficultés à mesurer, indications difficiles à lire, informations incomplètes, mesures difficiles à manipuler ou poudre collante ;
- Préparation prête à servir : cette dernière est plus chère, mais elle ne requiert aucune dilution. Elle peut être pratique lorsque vous voyagez avec votre bébé.

Quelle quantité de préparation mettre dans le biberon ?

L'appétit des bébés varie autant que celui des adultes. C'est donc un défi de prévoir la quantité exacte de préparation à verser dans chaque biberon. Il existe toutefois quelques lignes directrices.

Au cours des premières semaines, un bébé a faim plus souvent, mais il n'avale que de petites quantités de lait à la fois. En général, les besoins du nourrisson sont satisfaits s'il boit environ 60 à 90 ml (2 à 3 oz) de préparation par 450 g (1 lb) de poids par jour. Il n'y a vraiment pas de limite supérieure de lait à donner avant l'âge de 6 mois et il n'y a aucune urgence à introduire les aliments solides, même si votre bébé vous demande plus de lait.

D'autre part, ne forcez jamais votre bébé à terminer son biberon, même s'il s'endort en cours de route. Laissez-lui le droit de vous dire « j'en ai assez ».

Le tableau qui suit vous donne un exemple de quantités à offrir à votre bébé, mais il ne constitue pas une règle fixe. Soyez flexible et adaptez la quantité aux messages de satiété de votre bébé.

Les besoins du bébé par rapport à son poids			
Poids du bébé	Besoins par jour	Contenu d'un biberon	Nombre de boires par jour
4,5 kg (10 lb)	600 à 900 ml (20 à 30 oz)	150 à 180 ml (5 à 6 oz)	5 à 7 boires

À quelle fréquence donner les boires ?

Durant la première semaine, vous pouvez nourrir votre bébé jusqu'à 10 fois par jour et même plus. Au cours de la deuxième et de la troisième semaine, de 6 à 8 boires peuvent le combler. Si votre bébé pèse moins de 2,7 kg (6 lb), nourrissez-le toutes les 3 heures, environ 7 ou 8 fois par jour. Un bébé nourri avec une préparation pour nourrissons a faim un peu moins souvent qu'un bébé allaité. Cela dit, votre bébé peut avoir des poussées de croissance et vouloir plus de lait, certains jours.

À mesure que votre bébé grossit, il n'a plus besoin du boire de la nuit et il prend environ 5 boires par jour.

À quelle température servir le boire ?

La température peut varier. Certains bébés préfèrent leur lait froid l'été et tiède l'hiver. Si votre bébé préfère le lait chaud, placez le biberon sous l'eau chaude du robinet et réchauffez-le pendant quelques minutes. Évitez de réchauffer le lait au four à micro-ondes, car la température ne se distribue pas uniformément et le liquide risque d'être brûlant par endroits. L'important est de toujours offrir le lait à la même température pour la sécurité et le confort de votre bébé.

Comment conserver la préparation pour nourrissons?

Ne jamais laisser la préparation à la température de la pièce, car cela peut favoriser la croissance de bactéries et causer des infections, y compris de la diarrhée. Conservez tout biberon de préparation pour nourrissons non utilisé au réfrigérateur et utilisez-le dans les 24 heures.

Quelle préparation pour nourrissons choisir après 6 mois?

Il existe une gamme de préparations commerciales adaptées aux besoins du bébé de plus de 6 mois; on les appelle préparations de transition:

Transition, Enfalac Prochaine Étape, Similac Advance 2, Alsoy 2

Ces préparations, dites de transition, sont conçues pour des bébés de plus de 6 mois qui ne doivent pas encore boire du lait de vache entier. Elles renferment plus de protéines, de glucides, de calcium et de fer qu'une préparation pour nouveau-nés, mais un peu moins de gras. Elles sont particulièrement riches en fer, complétant les besoins du bébé qui ne fait que commencer à manger les aliments solides. Elles permettent à certains bébés de faire la transition entre le lait maternel et le lait de vache entier.

Quand doit-on introduire le lait de vache?

Les préparations commerciales pour nourrissons dont la composition tente d'imiter le lait maternel conviennent au nouveau-né. D'autres laits conviennent mieux après 6 mois, alors que certains ne conviennent pas du tout avant l'âge de 2 ans. En lisant ce qui suit, vous comprendrez mieux les recommandations actuelles.

Le lait de vache entier, à 3,25 %, non modifié

Le lait de vache entier peut être intégré au menu du bébé de 9 à 12 mois. Avant cet âge, les protéines qui excèdent ses besoins sont difficiles à digérer, peuvent provoquer des saignements gastro-intestinaux et causer des déficiences en fer. Son contenu en acides gras essentiels (linoléique et alphalinoléique) est faible, et sa teneur en lactose est insuffisante. Le contenu en minéraux est excessif et surcharge ses reins immatures.

Lorsque votre bébé a 9 mois et qu'il mange environ 200 ml (env. ¾ tasse) d'aliments solides et variés dans la journée, dont une certaine quantité de céréales pour bébés enrichies de fer, il peut commencer à boire du lait de vache entier. Les aliments solides contrebalancent ainsi l'effet du lait et fournissent un peu de fer.

Le lait partiellement écrémé, à 1 ou à 2 %, ou totalement écrémé, à 0 %

Les laits allégés ne sont pas recommandés avant l'âge de 2 ans. Pourquoi? Parce que le lait totalement écrémé fournit trop de protéines et de minéraux, qui surchargent le système rénal immature des bébés. De plus, il ne renferme aucun acide gras essentiel, ce qui compromet le développement normal du système nerveux.

Au cours des années 1970, dans le but de prévenir les maladies cardiovasculaires ou l'obésité, plusieurs bébés ont commencé à boire du lait partiellement ou totalement écrémé avant l'âge de 6 mois. Les chercheurs qui ont vérifié l'effet d'une telle habitude ont noté que les bébés de 4 mois qui buvaient du lait écrémé en buvaient beaucoup et mangeaient beaucoup d'aliments solides, pour compenser la perte de calories. Ils prenaient du poids moins rapidement que la norme, mais ils perdaient beaucoup de tissus gras. Même s'ils ont survécu à cette diète sévère, leur résistance et leur habileté à combattre l'infection s'en sont trouvées amoindries. Le lait totalement écrémé, le lait à 1 % et à 2 % ne conviennent donc pas au bébé avant l'âge de 2 ans parce que ces types de lait stimulent le bébé à se gaver pour satisfaire ses besoins, réflexe qui comporte d'autres risques à long terme.

Le lait de chèvre entier, à 3,25 %, non modifié

Le lait de chèvre entier peut être intégré au menu du bébé de 9 à 12 mois, lorsque le bébé mange suffisamment d'aliments solides riches en fer. Ce lait est maintenant enrichi d'acide folique et de vitamine D et peut répondre aux besoins nutritionnels du bébé. Il peut s'avérer plus facile à digérer pour certains bébés, mais il n'est pas recommandé dans le cas des bébés allergiques au lait de vache.

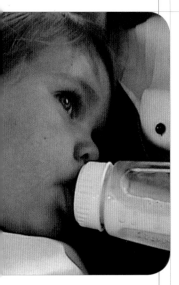

Les boissons de soya vendues pour les adultes

Malgré le fait que plusieurs boissons de soya de type SoGood, SoNice, Edensoy, SoyDream sont maintenant enrichies de calcium, de vitamine D et autres vitamines B, elles ne conviennent pas au jeune bébé avant l'âge de 2 ans, car elles ne renferment pas suffisamment de calories. De plus, elles manquent parfois de protéines et peuvent, de ce fait, compromettre la croissance de votre bébé.

Le bon lait au bon moment

Le bon lait au bon moment permet de respecter les besoins de votre bébé tout au long de la première année de vie, car le lait demeure l'aliment principal de son menu jusqu'à l'âge de 12 mois.

De la naissance à 6 mois, par ordre de préférence :
- le lait maternel ;
- une préparation pour nourrissons enrichie de fer.

De 6 à 9 mois, par ordre de préférence :
- le lait maternel ;
- une préparation de transition ;
- une préparation pour nourrissons enrichie de fer.

De 9 à 12 mois, par ordre de préférence :
- le lait maternel ;
- une préparation de transition ;
- le lait de vache ou de chèvre entier, à 3,25 %, à partir du moment où votre bébé mange environ 200 ml (env. ¾ tasse) d'aliments solides dans une journée, dont une certaine quantité de céréales enrichies de fer.

Après 12 mois :
- le lait maternel, si désiré ;
- le lait de vache ou de chèvre entier, à 3,25 % ;
- une préparation de transition, si désiré.

Quand changer de lait?

Avant de changer de lait, assurez-vous d'avoir de bonnes raisons pour le faire. Plusieurs mères interprètent les petits problèmes normaux comme étant des symptômes d'allergies et essaient tous les laits qui existent sur le marché pour tenter de résoudre le problème. Cette stratégie coûte cher et n'aide pas à trouver la solution.

Le **lait de vache concentré** (évaporé) n'est pas recommandé pour un nouveau-né. Ce type de lait renferme trop de protéines, est particulièrement pauvre en fer et en acides gras essentiels et ne respecte pas les besoins des bébés, même lorsqu'il est dilué et sucré. Toutefois, si vous ne pouvez pas vous permettre l'achat d'une préparation pour nourrissons, vous pouvez le considérer comme dernier choix. Comparativement au lait de vache entier régulier, les protéines du lait concentré (évaporé) ont subi un traitement à la chaleur, ce qui les rend plus faciles à digérer. Si vous optez pour ce type de lait, vous devez toujours le diluer. Avant l'âge de 6 mois, vous devez diluer le lait concentré (évaporé) pour en réduire la teneur trop élevée en protéines et en sodium qui peut nuire aux reins du bébé. Diluez le lait avec de l'eau bouillie pendant au moins 2 minutes, puis refroidir. Ajoutez du sucre blanc ou du dextrose afin de combler les besoins en énergie de votre bébé (voir tableau, p. 106). Le miel et le sirop de maïs ne sont pas recommandés avant l'âge de 12 mois (voir p. 146). Lorsque votre bébé a 3 mois, ajoutez 5 ml (1 c. à thé) d'huile de tournesol au biberon pour rehausser l'apport en acides gras essentiels et donnez-lui un supplément de fer, sous forme de gouttes de Fer-In-Sol, pour réduire les risques d'anémie. Donnez chaque jour 1 ml de Fer-In-Sol dans un peu d'eau ou dans un biberon de préparation. Continuez ce supplément de fer jusqu'à l'âge de 12 mois (voir p. 113).

Les proportions suggérées de lait entier concentré, selon l'âge de votre bébé

Âge (mois)	Lait entier concentré	Eau bouillie, refroidie	Sucre blanc	Volume total
1 et 2	300 ml (10 oz) +	600 ml (20 oz) +	30 ml (2 c. à soupe) =	900 ml (30 oz)
3 à 5	420 ml (14 oz) +	630 ml (21 oz) +	30 ml (2 c. à soupe) =	1050 ml (35 oz)
6	480 ml (16 oz) +	480 ml (16 oz) +	pas de sucre	= 960 ml (32 oz)

Le **lait de chèvre concentré** est comparable au lait de vache concentré (évaporé) et peut constituer un dernier choix, après le lait maternel et les préparations pour nourrissons, lorsqu'il est bien dilué. Si, pour différentes raisons, vous souhaitez offrir à votre bébé du lait de chèvre concentré, choisissez-en un qui est enrichi d'acide folique et de vitamine D et suivez les mêmes directives de dilution que pour le lait de vache concentré (évaporé) (voir tableau ci-dessus).

À partir de l'âge de 3 mois, donnez chaque jour à votre bébé 1 ml de Fer-In-Sol et 5 ml (1c. à thé) d'huile de tournesol, comme dans le cas du lait de vache concentré (évaporé).

Le bon lait au bon moment permet de bien respecter les besoins nutritionnels de votre bébé.

Chapitre 10

Les suppléments de vitamines et de minéraux

Vous avez pris des suppléments pendant votre grossesse pour combler vos besoins en fer, en acide folique et peut-être même en calcium. Vous prenez peut-être d'autres vitamines pendant les mois d'hiver. De fait, vous n'êtes pas la seule, puisqu'un adulte sur deux avale chaque jour un supplément vitaminique quelconque. Toutefois, je constate à ma clinique de nutrition que très peu de personnes savent vraiment ce dont elles ont besoin ou en quoi leur alimentation fait défaut.

Dans le cas de la majorité des bébés, les besoins en suppléments sont clairement établis.

Votre bébé est né avec des réserves

Si vous avez bien mangé pendant votre grossesse et si vous avez accouché à terme d'un bébé de poids normal, votre bébé est venu au monde avec de bonnes réserves de vitamines et de minéraux. Par ailleurs, si vous avez mal mangé pendant votre grossesse, si votre bébé est né prématurément et s'il est de petit poids, il a moins de réserves.

Le rôle des suppléments

Le rôle d'un supplément de vitamines ou de minéraux est d'aider votre bébé à combler tous ses besoins nutritionnels. Si votre bébé est allaité, il a besoin d'un supplément et vous verrez pourquoi. Si votre bébé mange peu au cours de sa deuxième année, il peut aussi avoir besoin d'un supplément. D'autres circonstances décrites dans ce chapitre peuvent imposer la prise d'un supplément. Mais attention, il ne s'agit pas de n'importe quel supplément donné n'importe comment. La masse corporelle du bébé est relativement petite. Un bébé peut s'intoxiquer s'il prend de trop fortes doses de vitamines ou de minéraux.

La vitamine D

Contrairement aux autres vitamines, la vitamine D est rarement présente dans les aliments, sauf dans les poissons gras, leurs huiles et dans quelques autres aliments. Le lait maternel ne fait pas partie des aliments riches en vitamine D. Or, la vitamine D est essentielle, car elle permet la croissance normale des os. Un manque de vitamine D cause le rachitisme, une maladie qui laisse plusieurs séquelles, dont la déformation des os. Ceux-ci deviennent mous et flexibles. Les jambes ne peuvent plus supporter le poids du corps et deviennent arquées. La déformation devient particulièrement apparente lorsque le bébé commence à marcher.

L'apport recommandé de vitamine D

- 400 UI par jour de 0 à 12 mois
- 200 UI par jour de 1 à 3 ans

Le rachitisme était un problème courant au Canada avant l'enrichissement obligatoire en vitamine D du lait de consommation au milieu des années 1960. Depuis ce temps, l'incidence de la maladie avait diminué, mais il semble que la maladie ait refait surface récemment dans certaines régions du pays. Pour évaluer la situation, la Société canadienne de pédiatrie a entrepris en 2002 un programme de surveillance visant à vérifier l'incidence de rachitisme causé par une déficience en vitamine D chez les enfants vivant au Canada. Au cours des 18 premiers mois de l'étude, les chercheurs ont dénombré 69 cas de rachitisme chez des nourrissons et des tout-petits au Canada ; 85 % des bébés atteints de rachitisme avaient été allaités et n'avaient reçu aucun supplément de vitamine D avant le diagnostic.

Fort de ce constat, Santé Canada a révisé en 2004 ses recommandations et considère comme essentielle la supplémentation de vitamine D pour tous les bébés allaités. Les recommandations se résument comme suit :

Dès la naissance

Un nourrisson né à terme et en santé, nourri au sein, doit recevoir un supplément de 10 microgrammes de vitamine D par jour (400 UI). Dans le Grand Nord, un supplément de 20 microgrammes (800 UI) par jour est recommandé.

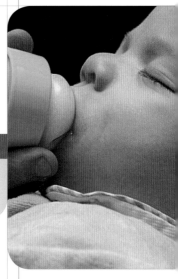

Les principaux suppléments de vitamine D

- D-Vi-Sol, vitamine D, en gouttes (1 ml fournit 400 UI)
- Tri-Vi-Sol, vitamines D, C et A, en gouttes (1 ml fournit 400 UI)

Un bébé qui est nourri avec une préparation pour nourrissons comble ses besoins, puisque toutes ces préparations sont enrichies de vitamine D. Ces bébés n'ont donc pas besoin de supplément de vitamine D.

Lorsque le bébé est sevré

Lorsque le bébé passe du lait maternel à une préparation pour nourrissons ou à du lait ordinaire, il n'a plus besoin de supplément de vitamine D. Après 12 mois, 500 ml (2 tasses) de lait fournissent 200 UI de vitamine D, ce qui correspond aux besoins du jeune enfant.

Le fer

En Amérique du Nord, la carence en fer demeure la déficience la plus fréquente chez les bébés, jusqu'à l'âge de 2 ans. Le fer est essentiel pour transporter l'oxygène dans le sang et pour assurer le développement psychomoteur de l'enfant. Au départ, un manque de fer passe presque inaperçu, mais le problème dégénère rapidement. Il s'accompagne alors d'une pâleur extrême, d'une perte d'appétit, d'un manque d'endurance à l'exercice, d'une irritabilité, d'une faible résistance à l'infection et de certains troubles de comportement. Certains cas d'anémie grave peuvent même mener à des déficits cognitifs irréversibles. Le problème apparaît avant la fin de la première année et il résulte d'un manque de fer accumulé au cours des mois précédents.

L'apport recommandé de fer

- 11 mg par jour de 0 à 12 mois
- 7 mg par jour de 1 à 3 ans

Les réserves de fer du nourrisson font partie d'un héritage reçu à la naissance. Cet héritage dépend de votre santé, de votre état nutritionnel et de la durée de la grossesse.

- Un bébé né à terme, de poids normal, a, en général, des réserves de fer pour environ quatre mois.
- Un bébé né prématurément et de petit poids – moins de 2,5 kg (5 lb) à la naissance – a des réserves de fer qui ne durent que deux mois.

Chantal est née prématurément après 8 mois de grossesse et pesait 2,5 kg (5 lb 5 oz). Elle n'a pas reçu tout le fer nécessaire au cours du 9ᵉ mois de grossesse. Si elle est nourrie exclusivement au lait maternel, elle aura besoin d'un supplément de fer vers l'âge de 2 mois.

Monica est née à terme et pesait 3,5 kg (7 lb 7 oz). Si elle est nourrie exclusivement au lait maternel jusqu'à 6 mois, elle n'aura pas besoin de suppléments de fer, à condition de commencer la consommation d'aliments solides riches en fer à partir de 6 mois.

Le contenu en fer du menu varie selon le type de lait offert au bébé.

Les bébés nés à terme et nourris exclusivement au lait maternel n'ont besoin d'aucun supplément de fer avant 6 mois. Même si le lait maternel renferme peu de fer, ce fer est très bien absorbé lorsque le bébé ne reçoit aucun autre aliment. Lorsque les solides sont introduits au menu, l'absorption du fer chute de façon significative, d'où l'importance d'attendre 6 mois avant de les offrir.

Les bébés prématurés ou de très petit poids à la naissance, nourris exclusivement au lait maternel, doivent recevoir un supplément de fer, dès l'âge de 2 mois. Choisissez un supplément de sulfate ferreux parce qu'il est bien absorbé, mais ne dépassez jamais la dose de 15 mg par jour.

Un bébé qui reçoit une préparation pour nourrissons enrichie de fer (voir chapitre 9), à base de lait de vache ou de soya, n'a besoin d'aucun supplément de fer. Un litre (4 tasses) de ces préparations fournit de 7 à 12 mg de fer sous la forme de sulfate ferreux. L'utilisation des formules enrichies de fer semble avoir réduit de façon importante l'incidence d'anémie chez les bébés non allaités.

Un bébé qui reçoit une préparation pour nourrissons non enrichie de fer doit recevoir un supplément de fer vers l'âge de 4 mois. À ce moment-là, vous pouvez lui donner une préparation pour nourrissons enrichie de fer ou un supplément de fer sous forme de sulfate ferreux.

Le bébé qui reçoit du lait concentré (évaporé), dilué et sucré (voir p. 105), doit recevoir un supplément de fer, dès l'âge de 3 mois.

Les principaux suppléments de fer

- Gouttes Fer-In-Sol (sulfate ferreux)
  (1 ml fournit 15 mg de fer élémentaire)

Le fer ajouté aux préparations commerciales pour nourrissons ou les gouttes de sulfate ferreux (Fer-In-Sol) peuvent causer des effets secondaires comme des crampes, de la constipation et des gaz, mais ce n'est pas fréquent. Par contre, le fer colore les selles, qui deviennent brunâtres, verdâtres ou noires.

Toutefois, si votre bébé a certains de ces problèmes gastro-intestinaux lors de l'introduction de la préparation enrichie de fer, donnez-lui en alternance un biberon de préparation enrichie de fer et un biberon de préparation sans fer, jusqu'à ce que les signes d'inconfort disparaissent.

Lorsque le bébé mange

Lorsque votre bébé mange chaque jour suffisamment d'aliments riches en fer, il n'a plus besoin d'un supplément de fer. Une consommation quotidienne de 90 ml (⅓ tasse) à 125 ml (½ tasse) de céréales pour bébés enrichies de fer suffit pour répondre à ses besoins (voir tableau, p. 118).

La vitamine B$_{12}$

La documentation scientifique rapporte quelques cas tragiques de bébés qui ont souffert de problèmes neurologiques graves, à cause d'une déficience en vitamine B$_{12}$, avant l'âge de 12 mois. Il s'agissait de bébés allaités par des mères végétariennes strictes ou végétaliennes.

L'apport recommandé de vitamine B$_{12}$

- 0,4 microgramme par jour de 0 à 6 mois
- 0,5 microgramme de 7 à 12 mois
- 0,9 microgramme de 1 à 3 ans

Ces mères n'avaient mangé aucun aliment de source animale (ni viande, ni œufs, ni poisson, ni produits laitiers) pendant la grossesse et l'allaitement. Leur lait maternel manquait de vitamine B$_{12}$ et ne pouvait pas répondre aux besoins du nourrisson.

La vitamine B$_{12}$ se retrouve exclusivement dans des aliments d'origine animale comme les produits laitiers, la viande, la volaille, les poissons, les œufs et particulièrement le foie. Chez des adultes qui deviennent des végétariens stricts après avoir été omnivores pendant des années, une déficience en vitamine B$_{12}$ peut prendre des années à faire surface, car les réserves accumulées de B$_{12}$ peuvent durer jusqu'à huit ans. Dans le cas d'un bébé né d'une mère végétarienne stricte, il vient au monde sans aucune réserve et peut très rapidement souffrir d'une déficience au cours des douze premiers mois.

La vitamine B$_{12}$ joue un rôle primordial dans la croissance et la division des cellules. Elle travaille avec l'acide folique, une autre vitamine du complexe B, à la production des globules rouges. Une déficience entraîne une dégénérescence progressive des fibres nerveuses et cause plusieurs troubles neurologiques. Chez le nourrisson, une telle déficience peut être fatale.

De leur côté, les mères lacto-végétariennes et lacto-ovo-végétariennes qui consomment régulièrement des produits laitiers n'ont pas à s'inquiéter de ce type de problème.

Dès la naissance

Si vous êtes végétarienne stricte et que vous n'avez pris aucun supplément de vitamine B_{12} pendant votre grossesse, donnez-en un à votre bébé dès la naissance, soit l'équivalent de 0,4 microgramme par jour.

Les principaux suppléments de vitamine B_{12}

- Nuborn de NuLife (multivitamine liquide)
- Floradix Kindervital (multivitamine et minéraux liquides)

Le fluor

De nombreuses recherches ont démontré que le fluor pouvait réduire de moitié l'incidence des caries dentaires. Le fluor agit avant l'apparition des dents et améliore la qualité de l'émail. Après l'apparition des dents, il limite la dégradation de l'émail.

L'apport recommandé de fluor

- 0,01 mg par jour de 0 à 6 mois
- 0,5 mg par jour de 7 à 12 mois

Le lait maternel renferme très peu de fluor, même si la mère prend un supplément ou boit de l'eau fluorée. Les préparations commerciales pour nourrissons, prêtes à servir, sont préparées avec de l'eau non fluorée et leur contenu en fluor est moins de 3 parties par million.

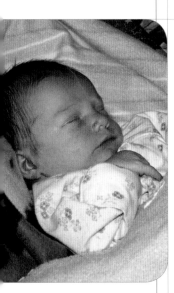

L'Association dentaire canadienne publiait en 2005 des données fort pertinentes sur la question, dont voici un résumé :

- La fluoration de l'eau des municipalités demeure une méthode sûre, efficace et économique pour prévenir la carie dentaire dans tous les groupes d'âge ;
- L'utilisation de dentifrices et de rince-bouche fluorés peut être utile pour prévenir la carie ;
- Pour les enfants de moins de 6 ans, il est recommandé de les surveiller, afin d'éviter que l'enfant n'avale une quantité excessive de dentifrice ; on suggère d'utiliser une petite quantité de dentifrice, de la taille d'un pois ;
- Chez les moins de 3 ans, il est recommandé qu'un adulte brosse les dents de l'enfant en n'utilisant qu'une trace de dentifrice seulement ;
- Un supplément de fluor est généralement contre-indiqué avant l'irruption de la première dent permanente ;
- Vous pouvez aussi prévenir les caries dès les premiers mois en ne laissant jamais votre bébé s'endormir au lit avec un biberon de lait ou de jus dans la bouche. Lorsque votre bébé a quelques dents, établissez un rituel autour du brossage des dents, à l'heure du coucher.

L'utilisation des suppléments varie selon les circonstances

Si votre bébé est né à terme, de poids normal et qu'il est allaité, il doit recevoir un supplément de 400 UI de vitamine D dès la naissance.

Si vous êtes végétarienne stricte et si vous ne prenez aucun supplément de vitamine B_{12}, votre bébé doit recevoir 0,4 microgramme de vitamine B_{12} par jour, dès la naissance.

Si votre bébé est né prématurément ou s'il est de petit poids, et s'il est exclusivement allaité, il doit recevoir un supplément de fer sous forme de sulfate ferreux qui ne dépasse pas 15 mg par jour, dès l'âge de 2 mois.

Les préparations commerciales pour nourrissons, enrichies de fer, renferment toutes les vitamines et tous les minéraux nécessaires à votre bébé. Il n'est donc pas nécessaire de lui offrir un supplément. Par contre, si votre bébé reçoit une préparation pour nourrissons qui n'est pas enrichie de fer, il a besoin de fer additionnel dès l'âge de 4 mois. Ce fer peut provenir d'un supplément de sulfate ferreux (Fer-In-Sol).

Le lait concentré (évaporé), dilué et sucré est faible en fer. Le bébé a besoin d'un supplément de fer sous forme de sulfate ferreux (Fer-In-Sol), dès l'âge de 3 mois.

Lorsque votre bébé mange de tout

Même si votre bébé mange des aliments solides, sa principale source d'éléments nutritifs au cours des 12 premiers mois demeure le lait, quel qu'il soit.

S'il mange des céréales pour bébés, de la viande ou des légumineuses, il augmente lentement le contenu en fer de son menu. Sa consommation de fruits et de légumes lui fournit d'autres vitamines et minéraux. Si son appétit est bon et qu'il mange les aliments de base chaque jour, il n'a besoin d'aucun supplément (sauf dans le cas d'un enfant végétarien, voir chapitre 19).

Après 12 mois, lorsque votre bébé mange moins, sa consommation de fruits, de légumes et de viande peut diminuer de façon importante. Il peut même faire la grève de la faim. Dans les cas de grèves chroniques, un supplément de vitamines et de minéraux pour enfants peut devenir un complément utile. La forme liquide est facile à donner et à absorber.

Les principaux suppléments liquides de vitamines ou de minéraux

- Poly-Vi-Sol (Infamil)
- Floradix Kindervital (Salus Haus)
- Pediatri-Vite (Seroyal)

Les suppléments pour enfants

Quantité	D-Vi-Sol[1]	Tri-Vi-Sol[1]	Poly-Vi-Sol[1]	Fer-In-Sol[1]	Pediatri-Vite[2]	Floradix Kindervital[3]	Nuborm[4] (liquide)
	1 ml	1 ml	1 ml	1 ml	5 ml	5 ml	1 ml
Vitamine A	—	1500 UI	1500 UI	—	1666 UI	1250 UI	—
Bêta-carotène	—	—	—	—	—	—	1000 UI
Vitamine D	400 UI	400 UI	400 UI	—	—	100 UI	—
Vitamine D$_3$	—	—	—	—	166 UI	—	50 UI
Vitamine E	—	—	—	—	10 UI	6,25 UI	4 UI
Vitamine C	—	30 mg	30 mg	—	50 mg	—	35 mg
Vitamine B$_1$	—	—	0,5 mg	—	0,8 mg	0,375 mg	0,3 mg
Vitamine B$_2$	—	—	0,6 mg	—	0,8 mg	0,375 mg	0,4 mg
Vitamine B$_3$	—	—	4 mg	—	3,3 mg	—	6 mg
Vitamine B$_6$	—	—	—	—	1,0 mg	0,375 mg	0,4 mg
Vitamine B$_{12}$	—	—	—	—	8,3 mcg	1,5 mcg	0,5 mcg
Fer	—	—	—	15 mg de fer élémentaire	3,3 mg	—	—
Acide folique	—	—	—	—	66 mcg	—	0,2 mg
Acide pantothénique	—	—	—	—	1,65 mg	—	2 mg
Biotine	—	—	—	—	66,5 mg	—	—

Quantité	D-Vi-Sol[1]	Tri-Vi-Sol[1]	Poly-Vi-Sol[1]	Fer-In-Sol[1]	Pediatri-Vite[2]	Floradix Kindervital[3]	Nuborn[4] (liquide)
	1 ml	1 ml	1 ml	1 ml	5 ml	5 ml	1 ml
Calcium	—	—	—	—	25 mg	50,1 mg	—
Choline	—	—	—	—	10 mg	—	4,5 mg
Chrome	—	—	—	—	33 mcg	—	—
Cuivre	—	—	—	—	0,5 mg	—	—
Inositol	—	—	—	—	0,8 mg	—	5 mg
Iode	—	—	—	—	25 mcg	—	—
Magnésium	—	—	—	—	4,17 mg	7,25 mg	—
Manganèse	—	—	—	—	0,8 mg	—	—
Molybdène	—	—	—	—	83 mcg	—	—
PABA	—	—	—	—	—	—	1 mg
Potassium	—	—	—	—	8,3 mg	—	—
Sélénium	—	—	—	—	33 mcg	—	—
Vanadium	—	—	—	—	83 mcg	—	—
Zinc	—	—	—	—	3,3 mg	—	—

1. Ces suppléments sont fabriqués par Enfamil.
2. Ces suppléments sont fabriqués par Seroyal.
3. Ces suppléments sont fabriqués par Salus-Haus.
4. Ces suppléments sont fabriqués par Nu-Life.

Attention aux excès

Une surdose de vitamines ou de minéraux peut se produire si vous n'y prenez garde. Un jeune enfant peut s'intoxiquer avec de fortes doses de vitamines.

Par exemple, la vitamine D, qui prévient le rachitisme à une dose de 10 microgrammes (400 UI) par jour, peut retarder la croissance d'un nourrisson lorsque la dose dépasse 25 microgrammes (1000 UI) par jour avant l'âge de 1 an.

Un excès de vitamine A, prise sous forme de rétinol, à des doses de 10 000 à 40 000 microgrammes (50 000 à 200 000 UI) par jour, peut causer de la confusion, des douleurs aux jambes, des vomissements et de la déshydratation. La dose normale recommandée est de 400 microgrammes (1400 UI) par jour. Le bêta-carotène, qui est le précurseur de la vitamine A, est moins toxique, mais peut donner une coloration orangée à la peau des bébés, lorsqu'il est pris en excès. Par exemple, un bébé qui mange beaucoup de carottes ou qui boit beaucoup de jus de carotte peut devenir orangé ; ce symptôme ne comporte aucun danger et disparaît graduellement lorsque la consommation de carottes diminue.

Le fluor, pris en grande quantité, peut tacher les dents de façon irréversible. Avant de donner un supplément de fluor à votre enfant, consultez votre dentiste et votre CLSC : assurez-vous que l'eau de votre région n'en contient pas.

Attention aux comprimés de fer

Au cours des années 1990, cinq bébés de 11 à 18 mois sont décédés dans la seule région de Los Angeles, à la suite de l'ingestion d'une trentaine de comprimés de fer pour adultes. Dans la plupart des cas, la bouteille était mal fermée et traînait sur la table. Selon les centres antipoison des États-Unis, les suppléments de fer sont la cause la plus fréquente de décès par empoisonnement chez les jeunes enfants. Une étude menée en Ontario souligne également les risques d'intoxication associés aux suppléments de fer et note une augmentation des cas lors de la naissance d'un deuxième bébé ; lorsque la maman a les mains pleines et que les suppléments sont à la portée du jeune enfant, le problème survient. Pour éviter de tels désastres, ne laissez jamais des comprimés de vitamines ou de fer à la portée des enfants. Cachez-les dans des armoires non accessibles.

Le bon supplément au bon moment peut faire la différence, selon le lait consommé par votre bébé et son appétit.

Chapitre 11

Comment sevrer votre bébé

L e sevrage constitue une étape importante dans votre vie et dans celle de votre bébé. C'est un processus tout à fait normal qui survient tôt ou tard dans la vie d'un bébé, mais ce n'est pas toujours une étape facile. Il ne s'agit pas simplement d'un passage du lait maternel au biberon ou au gobelet. Il s'agit d'une transition qui peut vous déchirer sur le plan émotif, tout en dérangeant la belle routine de votre bébé.

Dites-vous que, lorsque vous sevrez votre bébé, vous vous détachez de lui d'une certaine façon, mais vous lui permettez de vivre toute une gamme d'aventures alimentaires nouvelles.

Votre bébé vit d'autres types de changements alimentaires au cours des 12 premiers mois. Chacun de ces changements constitue, en quelque sorte, un sevrage ou un passage vers de nouveaux aliments, de nouvelles textures et de nouvelles expériences.

Il existe plusieurs façons de sevrer votre bébé

Vous devez partir en voyage de façon inattendue ou encore vous tombez malade et vous devez mettre un terme à l'allaitement assez rapidement. C'est possible, mais ce sera plus difficile à vivre sur les plans physique et émotif que si vous échelonnez le sevrage sur plusieurs semaines.

Vous vous êtes fixé un échéancier dès la naissance de votre bébé et vous avez planifié le sevrage à une étape bien déterminée. Vous pouvez planifier le début du sevrage et l'étirer dans le temps pour adoucir la transition.

Vous aimez de plus en plus allaiter votre bébé ou vous vous sentez presque coupable de couper ce lien avec lui. Vous reportez le sevrage de semaine en semaine et vous n'êtes pas capable de dire non à votre bébé.

Ce sont trois situations fort différentes qui entraînent l'étape du sevrage, mais qui ne mettent pas en danger la santé de votre bébé. La

meilleure approche sera celle qui respecte vos possibilités et votre état de santé.

Le bon moment

Il n'existe pas de moment idéal pour sevrer son bébé. D'un point de vue nutritionnel, un bébé né à terme et de poids normal peut se développer tout à fait normalement en ne buvant que du lait maternel jusqu'à l'âge de 6 mois. Après 6 mois, le lait maternel ne suffit plus, car il ne contient plus assez de fer. Vers l'âge de 12 mois, il ne contient plus assez de protéines. L'addition d'aliments ou de suppléments devient donc nécessaire à partir de 6 mois.

Du côté maternel, les éléments qui jouent en faveur du sevrage sont la fatigue, qui peut même aller jusqu'à l'épuisement, la douleur causée par un bébé qui mord ou par des seins devenus très lourds, l'appétit excessif du bébé ou l'obligation de retourner au travail. Toutes ces raisons vont vous aider à prendre la décision et à amorcer votre démarche. Par ailleurs, certains bébés se désintéressent graduellement du sein et trouvent le biberon plus facile à manœuvrer.

La décision peut donc venir de vous, de votre bébé ou de circonstances extérieures. Attendez d'être prête mentalement et allez-y en douceur.

L'initiation au biberon

Si vous allaitez votre bébé mais que vous prévoyez retourner au travail d'ici quelques mois, ou si vous souhaitez simplement une plus grande pause entre deux boires certains jours, introduisez le biberon ou le gobelet assez tôt dans la vie de votre bébé pour le familiariser avec cette autre façon de boire.

Dès que vos montées de lait sont bien établies, lorsque votre bébé a environ 5 ou 6 semaines ou encore avant qu'il ait 3 mois, initiez-le au biberon. Si vous attendez 3 ou 4 mois, votre bébé risque de faire la grève, ce qui rendra la période de transition plus difficile.

À l'aide d'un tire-lait ou manuellement, tirez votre lait et offrez-lui ce lait au biberon ou au gobelet. De cette façon, votre bébé reconnaît la saveur de votre lait et vous pouvez maintenir une bonne production de lait. Choisissez une tétine qui imite bien la forme des mamelons et dont le débit se rapproche du débit de votre sein, quitte à lui ajouter quelques trous.

Lorsque votre bébé sent votre présence, il ne s'attend pas à recevoir un biberon et peut très bien le refuser. Pour faciliter l'adaptation, quittez la pièce durant
le boire. Demandez au père, à la gardienne ou à une autre personne de donner
les premiers biberons, car, dans vos bras, le bébé peut facilement le refuser.

*Nathalie, 35 ans, a un bébé de 4 mois. Elle doit subir une chirurgie importante d'ici
deux mois. Pour sevrer son bébé en douceur, elle a décidé d'introduire graduellement un biberon, dès le quatrième mois. Son bébé a d'abord refusé le biberon, mais
il a fini par l'accepter. Nathalie n'avait pas le choix ; elle était vraiment décidée.*

Un biberon peut faciliter la transition

Si vous désirez alterner entre le lait maternel et une préparation pour nourrissons enrichie de fer, assurez-vous que vos montées de lait sont bien établies. N'oubliez jamais que vos réserves de lait s'ajustent en fonction de la
demande de votre bébé et que plus vous allaitez souvent, plus vous produisez
de lait. Si vous éliminez un boire au sein trop rapidement, vous aggravez le
problème de production de lait au lieu de l'aider.

Quelques règles de base

• Si votre bébé ne prend pas assez de poids (voir p. 56), allaitez-le plus souvent
pendant 2 ou 3 jours.
• Si le fait de donner des boires au sein plus fréquemment ne semble pas
améliorer la situation, offrez un peu de préparation pour nourrissons immédiatement après que votre bébé a bu aux deux seins.

Un sevrage en douceur

Si vous planifiez alterner entre le lait maternel et la préparation pour nourrissons avant l'âge de 6 mois, offrez toujours le sein aux boires du matin et

du soir, pour éviter l'engorgement et parce que ce sont des temps forts dans votre relation avec votre bébé.

Remplacez graduellement un boire au sein par un biberon de préparation pour nourrissons.

Lorsque votre bébé semble bien s'adapter à la substitution et que votre production de lait semble s'adapter également, remplacez un autre boire au sein par un biberon de préparation pour nourrissons, ce qui diminuera graduellement votre production de lait.

Plus vous sevrez lentement, mieux vous vous sentirez, vous et votre bébé. Mais malgré toute la bonne volonté du monde, le sevrage ne se fait pas toujours en douceur.

Marie, 36 ans, a un bébé de 9 mois qui a voyagé avec elle dans de nombreux pays et qui s'est habitué à dormir tout près d'elle. Le bébé est devenu un oiseau de nuit et boit 75 % de sa ration quotidienne pendant la nuit. La valeur nutritive de son menu n'est pas en danger, mais les réserves d'énergie de la maman sont épuisées.

Au bout de plusieurs semaines d'essai, Marie a finalement accepté d'entendre son bébé pleurer pendant quelques nuits. Elle a instauré de nouveaux rituels et le bébé a appris à s'endormir tout seul. Le processus a été long, mais tout le monde s'en est finalement bien sorti.

Un sevrage précoce ou précipité

Si vous devez arrêter subitement d'allaiter, votre corps s'adaptera lentement au changement, car vous continuerez de produire du lait pendant plus d'un mois. Vous pouvez vous soulager temporairement en tirant un peu de lait, mais pas trop, car en tirant du lait vous maintenez votre production de lait. Vous avez donc intérêt à ne pas tirer de lait trop souvent afin d'en réduire la production.

Lorsque vous cessez brusquement d'allaiter, vous pouvez subir certains inconforts, avoir les seins engorgés, avoir des frissons et même de la fièvre. Ne vous inquiétez pas outre mesure, puisque cette réaction peut durer 3 ou 4 jours. Vous pouvez aussi vous sentir dépressive, mais ce n'est que passager. Un sevrage précoce n'est pas un échec, mais une séparation précipitée.

Qui décide du moment où il faut commencer le sevrage?

Dans la plupart des cas, c'est vous qui décidez du moment où vous voulez commencer à sevrer votre bébé. C'est naturel et tout à fait acceptable. Les professionnels de la santé des quatre coins du monde encouragent les mères à allaiter au moins six mois, mais personne n'émet de limite maximale. Vous êtes la mieux placée pour décider. Si vous allaitez trois mois, félicitez-vous pour cette réussite. Vous décidez de poursuivre jusqu'à 12 mois? Ce choix vous appartient. Chaque jour d'allaitement rapporte beaucoup.

Certains bébés prennent d'eux-mêmes l'initiative du sevrage et démontrent de moins en moins d'intérêt pour le sein. Cela peut arriver durant la première année, à environ 4 ou 5 mois, à 7 mois ou de 9 à 12 mois. Pour répondre aux messages de votre bébé, vous pouvez planifier un sevrage en douceur.

D'autres bébés peuvent refuser temporairement le sein lors de vos premières menstruations, lorsque vous mangez des aliments qui changent le goût du lait, lorsque vous adoptez un nouveau savon ou un nouveau parfum, ou lorsque vous êtes tendue. Des bébés peuvent aussi refuser le sein quand ils percent leurs dents. Vous pouvez désamorcer ces grèves en améliorant votre stratégie d'allaitement, mais n'insistez surtout pas. Si les messages de votre bébé persistent, commencez à introduire les biberons de préparation pour nourrissons enrichie de fer.

L'introduction du gobelet ou de la tasse

L'introduction de la tasse peut se faire assez facilement. Certains bébés passent directement du sein à la tasse vers l'âge de 7 ou 8 mois, parfois même avant. Une fois que bébé a commencé à manger des aliments solides, offrez-lui une tasse munie d'un bec spécial. À la fin du repas ou dans l'après-midi, offrez-lui du lait à la tasse. Les bébés aiment entendre le son de leurs nouvelles dents qui dansent sur le bord de la tasse et, avec le temps, ils prennent plaisir à avaler de plus en plus de liquide.

Considérez le sevrage comme une période de transition et tentez de vivre cette période le plus en douceur possible.

Le biberon n'est pas un compagnon de vie

American Academy of Pediatrics recommande aux parents d'entreprendre le processus de sevrage du biberon vers l'âge de 9 mois et de le compléter vers le premier anniversaire. L'utilisation prolongée du biberon entre 1 et 2 ans n'est pas recommandée. Un biberon à l'heure du coucher peut causer des problèmes importants de caries lorsqu'on laisse le bébé s'endormir, le biberon dans la bouche. Le problème de caries peut devenir tellement grave qu'il peut nécessiter l'extraction de dents avant l'âge de 24 mois. Une solution de compromis pourrait être d'abandonner graduellement le biberon le jour et de maintenir un biberon au coucher pour compléter la quantité de lait. Par contre, ne laissez jamais votre bébé s'endormir avec son biberon.

L'introduction des solides et des textures

L'introduction des aliments solides est une étape très importante qui justifie tout un chapitre (voir chapitre 12). Vous pouvez facilement commencer l'introduction des solides sans interrompre l'allaitement. Mais attention de ne pas prolonger indûment la période des purées, car votre bébé peut devenir paresseux et refuser de nouvelles textures. Vous avez peut-être déjà entendu parler d'enfants de 2 ans qui ne mangent que des purées. Ne courez pas ce risque.

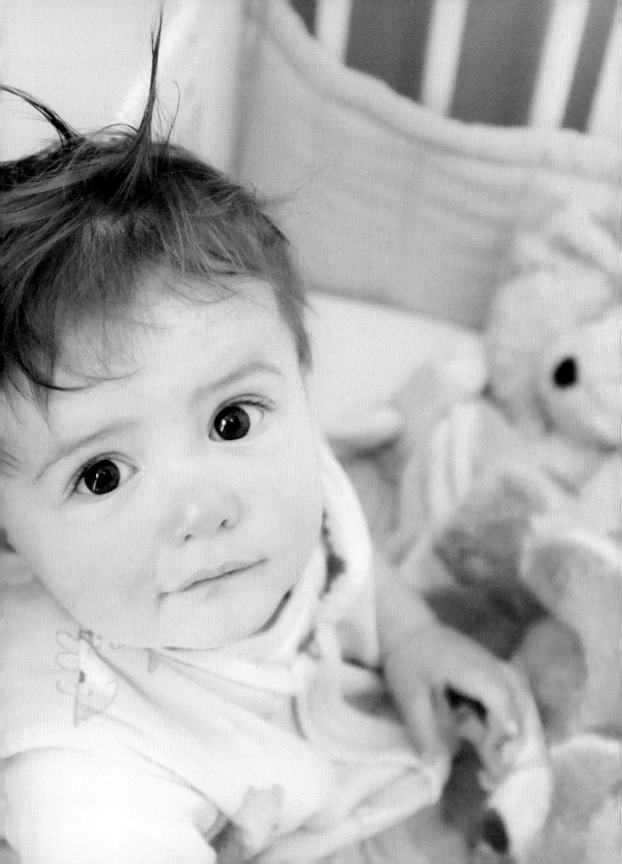

Chapitre 12

L'introduction des aliments solides

V ous avez hâte d'offrir des solides à votre bébé. Vous voulez savoir quand commencer, comment, pourquoi et combien en donner. Votre bébé a toujours faim. Il ne fait pas encore ses nuits. Votre voisine a donné des solides à son bébé de 2 mois et elle a vu une différence. Vous n'êtes plus certaine. De grâce, ne précipitez rien avant l'âge de 6 mois.

Au début du siècle, les bébés ne mangeaient aucun aliment solide avant 12 mois. Au cours des années 1950, quelques chercheurs ont donné de la viande à des bébés de 6 semaines. Certains livres parlent des solides vers la quatrième semaine. Qui a raison?

Au Québec, en 2006, 15 % des bébés commencent à manger des solides à 3 mois, 39 % à 4 mois et 26 % à 5 mois. Seulement 8 % attendent jusqu'à 6 mois.

Selon le comité de nutrition de la Société canadienne de pédiatrie, en collaboration avec les Diététistes du Canada et Santé Canada, c'est vers l'âge de 6 mois que les nourrissons sont prêts pour le passage aux aliments solides. Impossible de contester l'avis d'un tel groupe d'experts. Ce chapitre vous aide à mieux comprendre les raisons qui étayent cette recommandation.

Les aliments solides ne remplacent pas le lait

Les aliments solides sont introduits dans l'alimentation du bébé pour combler des besoins grandissants, et non pour remplacer le lait maternel ou la préparation pour nourrissons enrichie de fer. Ils sont ajoutés au menu du bébé pour lui fournir des éléments nutritifs qui commencent à faire défaut dans son menu lacté comme les calories, le manganèse, le fer, la vitamine B_6, la niacine, le zinc, la vitamine E, le magnésium, le phosphore, la biotine et la thiamine.

Lorsque vous introduisez des solides trop tôt, votre bébé diminue sa consommation de lait maternel ou de préparation pour nourrissons. Pour

en avoir le cœur net, quelques chercheurs ont comparé la valeur nutritive des deux types d'alimentation ; le lait en exclusivité et le lait accompagné d'aliments solides. Ils n'ont décelé aucun avantage nutritionnel à l'addition des aliments solides avant l'âge de 6 mois. De fait, les aliments solides fournissent moins d'éléments nutritifs que le lait, pour la même quantité de calories.

Michel a été allaité pendant 7 semaines. Comme il avait toujours faim, le médecin a recommandé l'addition de céréales à 3 semaines, l'abandon du lait maternel et l'adoption d'une préparation pour nourrissons à 8 semaines ainsi que des biberons d'eau sucrée entre les boires pour ne pas lui donner trop de lait. À 10 semaines, le bébé semble affamé tout le temps, pleure une partie de la nuit, a des crampes et doit même prendre un laxatif pour soulager une constipation très douloureuse.

Après m'avoir consultée, la maman abandonne les biberons d'eau sucrée et les céréales. Elle ne donne que la préparation pour nourrissons, mais sur demande. La consommation du bébé passe rapidement de 700 ml à 1 litre (23 à 32 oz) par jour. Le bébé commence à mieux dormir et à avoir moins de problèmes de constipation.

L'arrêt de l'allaitement, les biberons d'eau sucrée et l'addition des solides n'ont sûrement pas aidé ce bébé à bien dormir et à être mieux nourri.

Une quantité maximale de lait par jour ?

Pour satisfaire un bébé affamé de moins de 6 mois, il vaut mieux augmenter le nombre de boires, plutôt que de donner des aliments solides. Jusqu'à l'âge de 6 mois, il est normal de donner au moins cinq boires par jour. Vous pouvez donner jusqu'à 1,2 litre (40 oz) par jour de préparation pour nourrissons, sans aucune crainte de suralimenter votre bébé ; il se développera normalement sans manger d'aliments solides. En d'autres mots, vous ne pouvez jamais donner trop de lait avant 6 mois, qu'il s'agisse de lait maternel ou de préparation pour nourrissons.

Les aliments solides n'affectent pas la croissance du bébé

Une équipe de chercheurs a voulu vérifier l'effet de l'introduction précoce des aliments solides sur la croissance et la composition corporelle du bébé à 12 mois. Ils ont observé 165 bébés pendant 1 an et ont comparé les bébés ayant commencé à manger des solides à 3 mois à des bébés ayant commencé à 6 mois. Ils n'ont noté aucune différence sur la croissance et la composition corporelle des deux groupes.

Les aliments solides ne font pas dormir

Plusieurs parents pensent que les céréales données le soir peuvent apporter une bonne nuit de sommeil. Dommage, car les aliments solides n'allongent pas les heures continues de sommeil. Cette hypothèse tient du rêve! Une étude effectuée à Cleveland a, en effet, démontré que des bébés qui mangeaient des céréales dès l'âge de 5 semaines ne dormaient pas plus longtemps que les bébés nourris exclusivement au lait jusqu'à 4 mois.

Les chercheurs ont noté qu'à 12 semaines un bébé dormait environ 6 heures de suite et qu'à 20 semaines il dormait 8 heures de suite, peu importe son alimentation. Une autre étude, menée en Angleterre, arrive à des observations semblables. Cette étude précise toutefois que 10 % des bébés ne font pas leurs nuits à 6 mois, quelle que soit leur alimentation.

Le sommeil prolongé dépend avant tout du développement neurologique du bébé et semble peu relié au type d'aliments consommés. Il peut même arriver que l'introduction des solides perturbe le sommeil d'un enfant allaité exclusivement jusqu'à 6 mois.

Le bébé doit pouvoir avaler les aliments solides

Avant l'âge de 3 ou 4 mois, un bébé a très peu de salive et sa langue n'arrive pas à pousser les aliments au fond de sa bouche. Il peut téter très facilement, mais il n'est pas capable d'avaler des solides.

Lorsque vous lui donnez des aliments solides avant le temps, vous gavez votre bébé en quelque sorte, forçant les aliments à descendre au fond de sa bouche. Vers la 18e semaine, même s'il réussit difficilement à avaler les

solides, sa capacité augmente graduellement et sa coordination neuromus-culaire est meilleure ; à 6 mois, le réflexe est amélioré.

Les aliments solides doivent être digérés adéquatement

À la naissance, le bébé a la capacité de digérer très peu d'aliments, sauf le lait maternel ou les préparations pour nourrissons. Il ne possède pas encore toute la gamme des enzymes digestives. Avant l'âge de 3 mois, il n'a pas ce qu'il faut pour digérer efficacement les céréales et les autres féculents. Avant l'âge de 6 mois, il absorbe très difficilement les différents gras. Un bébé gavé trop tôt d'aliments solides éprouve beaucoup de difficultés à les digérer et ne peut les assimiler correctement. C'est pourquoi l'on retrouve dans ses selles une grande quantité d'aliments non digérés.

Les aliments solides surchargent le système rénal

Les reins immatures d'un bébé naissant supportent très mal les excès de protéines et de minéraux. Certains aliments comme le lait de vache entier (à 3,25 %), la viande et les jaunes d'œufs, offerts trop tôt, peuvent surcharger les reins très sensibles des bébés.

Les aliments solides augmentent les risques d'allergies

Le système immunitaire des jeunes bébés est très fragile. La production nor-male d'anticorps augmente graduellement au cours de la première année et atteint un sommet vers l'âge de 7 mois. Dès que votre bébé possède une certaine quantité d'anticorps pour protéger sa paroi intestinale, il court moins de risques de souffrir d'allergies alimentaires. Pour les bébés qui ont des aller-gies dans leur histoire familiale, l'introduction lente et graduelle des aliments solides après 6 mois demeure une des bonnes mesures préventives.

L'introduction lente des solides respecte les besoins du bébé

Avant l'âge de 6 mois, le lait maternel ou la préparation pour nourrissons fournit tous les éléments nutritifs nécessaires à un bébé né à terme et en santé. Après cet âge, les besoins en zinc, en fer, en protéines et en énergie augmentent à un point tel que le lait seul ne suffit plus. C'est alors que les aliments solides commencent à jouer un rôle dans son alimentation.

Le bébé devient capable de vous dire «j'en ai assez»

Un bébé de 5 ou 6 mois maîtrise mieux les mouvements de sa tête et de son cou comparativement à un bébé de 3 ou 4 mois. Il peut s'asseoir sans soutien et peut manifester sa faim en penchant sa tête vers l'avant. Il peut aussi vous dire qu'il en a assez en penchant sa tête vers l'arrière ou en la tournant de côté. Ses gestes deviennent des messages clairs qui vous permettent de respecter son appétit.

L'équilibre qui s'installe graduellement entre ses besoins alimentaires et votre façon de le nourrir devient la base de bonnes habitudes alimentaires :

- Vous reconnaissez les capacités de manger de votre bébé ;
- Vous alternez entre assister votre bébé et l'encourager à se nourrir seul ;
- Vous permettez à votre bébé d'engager et de contrôler l'interaction autour des aliments ;
- Vous réagissez rapidement et adéquatement à ses signaux de faim et de satiété.

Votre bébé est prêt pour les aliments solides

Même si plusieurs s'entendent sur une période idéale vers l'âge de 6 mois, il n'y a pas de règle absolue. Chaque bébé a son propre rythme de croissance et ses propres besoins. Vos meilleurs indices sont le comportement et la croissance de votre bébé à vous.

Assurez-vous que les pleurs et les cris de votre bébé sont vraiment reliés à son appétit, et non à l'ennui ou à un autre problème de parcours. Éliminez toutes les autres causes d'inconfort comme une couche souillée, une mauvaise position, la soif ou un besoin d'affection avant d'avoir recours aux premiers aliments solides.

Les conditions suivantes coïncident habituellement avec le moment propice pour intégrer des aliments solides :

- Votre bébé est allaité sur demande ; il boit de 8 à 10 boires en 24 heures ; il semble vider les deux seins à chaque boire et il est toujours affamé ; **ou**
- Votre bébé est nourri avec une préparation pour nourrissons ; il en boit au moins 1,2 litre (40 oz) par jour, vide tous ses biberons et semble encore affamé.

Comment offrir les aliments solides

- Tout en respectant les signaux de faim de votre bébé, tentez d'instaurer un horaire régulier de repas ;
- Mettez votre bébé dans sa chaise haute, soutenu par des coussins au besoin ;
- Assoyez-vous en face de votre bébé ;
- Tenez la cuillère à environ 12 pouces de son visage ;
- Attendez que votre bébé vous regarde et qu'il ouvre la bouche ;
- Respectez son rythme lent ou rapide ;
- Ne soyez pas surpris par ses réactions à une cuillère ;
- Parlez-lui sans trop l'exciter ;
- Cessez de le nourrir lorsqu'il vous envoie des signaux de satiété, en tournant la tête ou en la penchant vers l'arrière ou encore en serrant les lèvres.

N'attendez pas après 7 mois

Même si votre bébé de 6 mois n'a pas encore de dents, il est prêt à mastiquer des aliments solides. Si vous attendez que votre bébé ait 9 ou 10 mois, il peut refuser les aliments plus consistants et résister aux nouvelles textures. Pour les mêmes raisons, ne servez des aliments en purée que pendant quelques semaines. Selon l'âge de l'introduction des premiers solides, vous pouvez introduire des aliments avec texture dès l'âge de 6 ou 7 mois. Certains bébés sont prêts, d'autres pas.

Par quel aliment solide commencer ?

Lorsque votre bébé a 5 ou 6 mois, il peut digérer et absorber une gamme d'aliments, contrairement à ce qu'il pouvait faire à 2 ou 3 mois.

Le premier aliment solide à offrir à votre bébé pourrait être la viande, le tofu ou les céréales, à condition que cet aliment soit riche en fer, en calories et en protéines. Les recommandations varient.

Pour ma part, je recommande de suivre la séquence traditionnelle d'introduction et de débuter par les céréales pour bébés enrichies de fer. Suivent l'introduction des légumes, des fruits et finalement les aliments riches en protéines comme la viande et le tofu.

Le rituel à respecter

Tout au long de l'introduction des solides, il est important de respecter certaines règles d'or :

Le rituel à respecter lors de l'introduction des solides

- Offrez l'aliment solide après un boire les premiers mois pour ne pas nuire à la consommation de lait maternel ou de préparation pour nourrissons ;
- Offrez toujours l'aliment à la cuillère, et non au biberon, pour apprendre au bébé à utiliser ses mâchoires et à mastiquer ;
- Commencez par 5 ml (1 c. à thé) la première journée et augmentez graduellement ;
- Introduisez toujours un seul aliment à la fois et évitez les aliments mélangés, au début ;
- Redonnez le même aliment nouveau, 3, 5 ou même 7 jours de suite, avant d'en introduire un autre, pour mieux détecter les causes d'allergies, s'il y a lieu ;
- Ne forcez jamais votre bébé à tout manger, même si vous devez jeter un peu de nourriture après le repas ;
- Ne laissez jamais votre bébé manger seul ;
- Évitez de nourrir votre bébé en voiture, car il risque de s'étouffer.

Commencez par les céréales

Les céréales spécialement préparées pour bébés sont faciles à digérer et à assimiler. Certaines sont particulièrement riches en fer. Les céréales pour adultes, de grains entiers ou enrichies, ne fournissent pas autant de fer (voir chapitre 14 pour rituel d'intégration, et encadré, p. 185).

L'horaire des repas vers 6 mois (si votre bébé a commencé à manger les aliments solides)	
Au lever	lait maternel ou préparation pour nourrissons enrichie de fer
Déjeuner	lait maternel ou préparation pour nourrissons enrichie de fer céréales pour bébés
Dîner	lait maternel ou préparation pour nourrissons enrichie de fer
Souper	lait maternel ou préparation pour nourrissons enrichie de fer céréales pour bébés
En soirée	lait maternel ou préparation pour nourrissons
La nuit	si nécessaire, lait maternel ou préparation pour nourrissons enrichie de fer

N'arrêtez pas trop tôt de donner des céréales à votre enfant. Même si la texture et le goût vous paraissent monotones, continuez à donner des céréales enrichies de fer à votre enfant après l'âge de 1 an pour maintenir une consommation adéquate de fer. Vous pouvez varier les céréales (voir chapitre 14), les incorporer aux recettes de muffins ou de crêpes, ou encore les mélanger à des purées de fruits ou à du yogourt.

Les légumes arrivent en deuxième

De deux à trois semaines après l'introduction des céréales, ajoutez des purées de légumes au menu. Les bébés les apprécient plus facilement lorsqu'ils goûtent aux légumes avant de goûter aux fruits. Ils y trouvent des vitamines, des minéraux, des fibres, mais très peu de calories. Ils en apprécient les couleurs dans leur assiette.

- Introduisez un légume à la fois et attendez 3, 5 ou 7 jours avant d'en offrir un nouveau ;
- Commencez par les légumes jaunes : courges, carottes et patate sucrée ; continuez avec les légumes verts, comme les courgettes, les asperges et les pois verts ; offrez le brocoli et le chou-fleur en dernier parce qu'ils peuvent donner des gaz ;

- Offrez la betterave, le navet et les épinards après 9 mois, à cause de leur contenu en nitrates ;
- Vérifiez la température des aliments avec le bout des lèvres, afin de vous assurer que la chaleur n'est pas trop intense ;
- Offrez un légume unique avant d'offrir des légumes mélangés ;
- Offrez les légumes cuits, en purée maison ou en petits pots ;
- Utilisez toujours la petite cuillère pour que le bébé apprenne à mastiquer ;
- Servez les légumes au repas du midi, après le boire de 7 à 9 mois, pour ne pas nuire à la consommation de lait ;
- N'ajoutez ni sel, ni sucre, ni gras ;
- Réchauffez une petite quantité de légumes dans un bol en verre, au bain-marie ou au four à micro-ondes ; mélangez bien et vérifiez la température avant de servir (les aliments réchauffés au four à micro-ondes n'ont pas une température uniforme et peuvent avoir des parties brûlantes et des parties tièdes) ;
- Jetez les restants ;
- Commencez par 5 ml (1 c. à thé) le premier jour ; augmentez graduellement jusqu'à 150 ml (10 c. à soupe) vers l'âge de 1 an : ce n'est pas une quantité maximale, mais cela représente une consommation moyenne par jour.

Si votre bébé refuse de manger un nouveau légume mais semble avoir encore faim, n'insistez pas et offrez-lui un autre légume qu'il apprécie déjà.

*Lorsque **Émilie**, âgée de 7 mois, a refusé catégoriquement les asperges, sa maman ne savait pas comment compenser pour retrouver un bon légume vert. J'ai suggéré de lui offrir des pois verts qu'Émilie aimait déjà et de réintroduire les asperges dans quelques jours. Le tout s'est passé sans heurts et l'acceptation des asperges n'a été décalée que d'une semaine ou deux.*

Les fruits arrivent en troisième

De deux à trois semaines après l'introduction des légumes, vous pouvez commencer à donner des fruits à votre bébé. Ceux-ci ajoutent une saveur sucrée, en plus de fournir des vitamines, des minéraux et des fibres.

- Offrez un fruit à la fois avant d'introduire les fruits mélangés ;
- N'ajoutez jamais de sucre et attendez plus tard avant d'ajouter des épices ;
- Utilisez toujours la cuillère ;
- Préparez des purées de fruits maison ou offrez des fruits en petits pots (voir p. 165 à 168 et p. 190) ;
- Faites cuire les fruits, à l'exception de l'avocat, de la banane, de la mangue, de la papaye, du cantaloup, du melon d'eau, des bleuets ou de l'ananas que vous pouvez réduire en purée au mélangeur et servir sans cuisson ;
- Évitez les petits fruits avec des graines ou des pépins, comme les framboises, les fraises et les raisins, jusqu'à ce que votre bébé ait 2 ans ; vous pouvez quand même réduire les fraises ou les framboises en purée, les tamiser et les offrir avec d'autres fruits ou du yogourt, vers l'âge de 1 an ;
- S'il y a des allergies dans votre famille immédiate, évitez les jus d'agrumes (citron, orange et pamplemousse), certains fruits tropicaux, comme la mangue et l'ananas, ou encore l'acide citrique ajouté à certaines purées de fruits, jusqu'à l'âge de 1 an ;
- Évitez les desserts pleins de sucre que l'on trouve sur le marché.

L'horaire des repas de 6 à 7 mois (ou un mois après l'introduction du premier aliment solide)

Au lever	lait maternel ou préparation pour nourrissons enrichie de fer
Déjeuner	lait maternel ou préparation pour nourrissons enrichie de fer céréales pour bébés
Dîner	lait maternel ou préparation pour nourrissons enrichie de fer purée de légumes
Souper	lait maternel ou préparation pour nourrissons enrichie de fer céréales pour bébés purée de fruits
En soirée	lait maternel ou préparation pour nourrissons enrichie de fer

Les jus de fruits au gobelet

Les bébés raffolent du jus de fruits ; ils peuvent facilement en boire à l'excès et ruiner le reste du menu.

- Introduisez les jus de fruits lorsque votre bébé peut boire au gobelet ou au verre ;
- N'offrez pas le jus dans un biberon, car vous ne voulez pas que votre bébé s'amuse et conserve longtemps de petites quantités de jus dans sa bouche, ce qui peut stimuler la formation de caries, même si l'enfant n'a pas de dents ;
- Diluez le jus avec une part égale d'eau de source ou d'eau du robinet ;
- Servez les jus frais, plutôt que très froids ;
- Limitez la consommation de jus de fruits à 125 ml (4 oz) par jour ;
- Commencez par le jus de pomme ou le jus de raisin, afin de réduire les risques d'allergies ; offrez ensuite de l'orange ou du pamplemousse fraîchement pressé ou du jus surgelé, reconstitué et tamisé ;
- Évitez les cristaux à saveur de fruits, les boissons et les punchs, qui renferment peu ou pas de fruits, mais trop de sucre, de colorants et autres additifs.

Les aliments riches en protéines arrivent en quatrième

La viande, la volaille, le poisson, le tofu et les légumineuses en purée peuvent être introduits graduellement de deux à trois semaines après les fruits, lorsque votre bébé a 7 ou 8 mois. Ce groupe d'aliments fournit des protéines, du fer, du zinc et des quantités variables de gras, selon l'aliment. Une portion par jour suffit.

- Commencez par le poulet, la dinde, le poisson ou le tofu soyeux, écrasé ;
- Offrez ensuite du bœuf, du veau, du porc, du foie ou de l'agneau ;
- Évitez les viandes fumées et transformées, comme le jambon et le bacon, qui renferment du sel et des nitrites ;
- Choisissez les poissons de pisciculture (truite ou saumon) ou les poissons de mer (aiglefin, flétan, morue, plie et sole), qui contiennent moins de polluants que les autres ; évitez les poissons de pêche sportive comme le brochet, l'achigan, le maskinongé, le doré et la truite grise à cause de leur teneur élevée en mercure ;

- Introduisez un nouvel aliment tous les 3, 5 ou 7 jours ;
- Vérifiez la température des aliments avec le bout des lèvres, afin de vous assurer que la chaleur n'est pas trop intense ;
- Offrez ces aliments sous forme de purées maison ou de petits pots que l'on trouve sur le marché (voir chapitres 13 et 15) ;
- Au début, servez 5 ml (1 c. à thé) de ces aliments sans les mélanger aux légumes ;
- Offrez ces aliments au repas du midi, de préférence, parce qu'ils peuvent nécessiter une digestion plus longue ;
- N'ajoutez ni sel ni épices ;
- Augmentez graduellement la quantité jusqu'à 90 ml (6 c. à soupe) par jour à l'âge de 1 an ;
- Évitez les fruits de mer comme les crevettes, le homard, les huîtres, les moules et les pétoncles, parce qu'ils peuvent occasionner des réactions allergiques avant l'âge de 1 an ;
- S'il y a des allergies dans votre famille immédiate, retardez l'introduction de tous les poissons jusqu'à l'âge de 1 an, ou même plus tard ;
- Ne forcez jamais votre bébé à manger !

Mes petits-enfants se sont initiés aux aliments riches en protéines en commençant par le tofu soyeux. Ils ont mangé cet aliment avec grand appétit pendant plusieurs mois, d'abord nature, puis mélangé avec une purée de légumes. Le tofu est un aliment prêt à servir, qui ne requiert aucune cuisson, qui s'écrase facilement à la fourchette et qui a une saveur très douce. C'est beau, bon, pas cher, très vite préparé, et les bébés n'ont pas encore de préjugés défavorables !

L'horaire des repas de 7 à 9 mois

Au lever	lait maternel ou préparation pour nourrissons
Déjeuner	lait maternel ou préparation pour nourrissons[1] céréales pour bébés purée de fruits
Dîner	lait maternel ou préparation pour nourrissons purée de viande ou tofu ou légumineuses avec jaune d'œuf purée de légumes fruit écrasé à la fourchette ou en purée
Collation	croûtes de pain ou morceaux de fruits[2] eau
Souper	lait maternel ou préparation pour nourrissons céréales pour bébés purée de fruits ou de légumes fromage cottage ou yogourt
La nuit	lait maternel ou préparation pour nourrissons[3]

Note : Le lait entier, à 3,25 %, est incorporé au menu lorsque le bébé a plus de 9 mois et qu'il mange environ 200 ml (env. 1 tasse) d'aliments variés par jour.

1. Donné après les solides, lorsque le bébé mange bien.
2. Si le bébé a faim.
3. Au besoin, si le bébé a faim.

Que faire lorsque votre bébé refuse de manger des solides ?

Il n'est pas rare d'entendre certaines mamans me raconter le refus systématique de leur bébé de manger tout aliment solide. Ma recommandation est de persévérer dans l'offre mais de ne jamais insister. Certains bébés vont préférer grignoter eux-mêmes des céréales sèches du genre Nutrios déposées sur le plateau de la chaise haute. D'autres vont accepter les aliments offerts par

le papa au lieu de la maman. D'autres vont éventuellement «picorer» de petits morceaux d'aliments dans l'assiette des parents. L'important est de ne jamais forcer l'enfant. L'appétit finira par gagner les petits récalcitrants. Si la grève persiste plusieurs semaines, un supplément de fer peut s'avérer utile pour remplacer les aliments riches en fer. Certains bébés peuvent également bénéficier de traitements en ergothérapie lorsque le problème semble sans issue.

Le jaune d'œuf et l'œuf complet

Une fois que votre enfant mange régulièrement des céréales, des légumes, des fruits et des aliments riches en protéines, vous pouvez intégrer d'autres aliments comme le jaune d'œuf. Celui-ci fournit des protéines, des vitamines, des minéraux et des acides gras essentiels, mais il n'est plus considéré comme une bonne source de fer. Ce n'est pas un aliment irremplaçable au menu de votre bébé, mais il peut faire partie du repas du midi, quelques fois par semaine.

- Servez le jaune d'œuf cuit dur et tamisé, en petite quantité, de 10 à 15 ml (2 à 3 c. à thé) pour commencer, dans une purée de légumes ou de viande ;
- Commencez par 5 ml (1 c. à thé) par jour et augmentez graduellement jusqu'à 3 jaunes d'œufs par semaine ;
- Conservez les restes au réfrigérateur environ 3 jours ; servez-les aux autres membres de la famille dans des salades ou des sandwiches ;
- N'offrez jamais le jaune d'œuf cru ni l'œuf complet cru pour éviter les problèmes d'intoxication à la salmonelle.

Ne donnez jamais à votre enfant des œufs entiers avant l'âge de 11 mois, car le blanc d'œuf peut causer des allergies. Lorsque le système immunitaire de votre bébé est mieux développé, vous pouvez lui donner un œuf poché ou cuit dur, 3 ou 4 fois par semaine. L'œuf est facile à digérer et se sert très bien au repas du soir, au milieu de légumes colorés. Quand l'œuf entier fait partie du menu, il n'y a plus de raison de servir le jaune d'œuf seul.

Le yogourt et les fromages frais

Le yogourt fournit des quantités intéressantes de calcium et de vitamines, des protéines et des cultures lactiques qui sont utiles au bon fonctionnement de l'intestin. Vous pouvez l'ajouter au menu lorsque votre bébé mange des céréales, des légumes, des fruits et des aliments riches en protéines.

- Commencez par le yogourt nature, fait de lait entier;
- Si vous en avez envie, préparez du yogourt maison, dont la saveur est moins acide;
- Évitez les yogourts aux fruits ou les yogourts glacés, qui contiennent beaucoup de sucre, mais peu de fruits;
- Lorsque votre bébé apprécie le goût du yogourt, vous pouvez y ajouter de la purée de fruits ou un peu de banane écrasée, pour lui donner une nouvelle saveur;
- 125 ml (4 oz) de yogourt peuvent remplacer 125 ml (4 oz) de lait entier, à 3,25 %;
- Les fromages frais, préparés avec du lait entier (comme le cottage ou la ricotta), renferment de bonnes quantités de protéines et peuvent être incorporés au menu du bébé au même moment que le yogourt. Mélangés avec une purée de légumes ou de fruits, ils peuvent constituer une base de repas;
- Les fromages frais sucrés (du genre Minigo ou Petit Danone) ne contiennent pas les bactéries lactiques d'un vrai yogourt, mais renferment plus de sucre. Ils peuvent servir de desserts, à l'occasion.

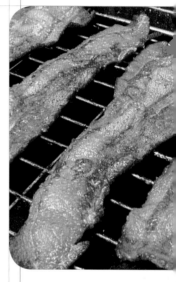

Les aliments à éviter

Les aliments qui renferment de grandes quantités de gras cuit, de sel, de sucre, de colorants ou d'additifs ne sont pas recommandés pour personne, mais encore moins pour un bébé:

- Les viandes transformées comme le bacon, les saucisses fumées, les pâtés, les viandes fumées, les charcuteries et les viandes en conserve;
- Les crèmes-desserts (puddings), les gelées que l'on trouve sur le marché (Jell-o), les gâteaux, les biscuits sucrés, les bonbons et le chocolat;
- Les aliments frits et les pommes de terre frites;
- Les boissons gazeuses, riches en sucre;
- Les boissons aux fruits et les popsicles que l'on trouve sur le marché;
- Les aliments diètes, sucrés avec des substituts de sucre, car votre bébé a besoin de calories, et nous connaissons mal l'effet de telles substances sur la santé de l'enfant;

- Les aliments réduits en gras ou allégés, préparés avec des substituts de gras, car votre bébé a besoin de gras pour se développer normalement;
- Le miel et le sirop de maïs, à cause des risques de botulisme jusqu'à l'âge de 12 mois.

Les aliments avec lesquels votre bébé peut s'étouffer

Les aliments avec lesquels un jeune enfant peut s'étouffer, soit à cause de leur forme ou de leur texture, sont à éviter, sauf si vous prenez certaines précautions:

- Les fruits crus avec la pelure: pelez-les et taillez-les en petits morceaux;
- Les légumes crus: pelez-les et faites-les cuire quelques minutes pour les amollir;
- Les raisins frais sans pépins; coupez-les en deux ou trois morceaux dans le sens de la longueur;
- Le maïs éclaté, les croustilles et les petits bonbons sont à éviter jusqu'à l'âge de 3 ou 4 ans;
- Quant aux noix et aux graines, vous pouvez les réduire en poudre et les mettre, par exemple, dans du yogourt avant de les offrir à votre bébé;
- Les saucisses fumées (même celles au tofu): coupez-les en deux dans le sens de la longueur, puis en petits morceaux.

Les aliments de dentition

Les aliments qui soulagent la percée des dents peuvent être utiles dès l'âge de 6 mois. Choisissez les aliments appropriés à cette période:

- Un morceau de toast Melba, de pain de blé entier grillé et coupé en lanières ou une croûte de pain;
- Des glaçons d'eau ou une sucette d'eau glacée, tout simplement;
- Un anneau de dentition, refroidi au congélateur;
- Des bâtonnets de légumes précuits de 2 à 3 minutes.

Par contre, évitez les crudités (carottes ou céleri, par exemple) avec lesquelles votre bébé peut s'étouffer.

Évitez les biscuits de dentition, qui renferment trop de sucre.

L'introduction des aliments solides est une étape très agréable pour votre bébé. Elle lui permet de découvrir toute une gamme de saveurs et de textures différentes.

146

Chapitre 13

Les purées maison

Vous désirez offrir à votre bébé ce qu'il y a de mieux. Vous voulez lui donner des aliments frais, non additionnés de sucre, de tapioca ou d'autres féculents ou additifs. Vous avez entendu parler de la méthode des purées au congélateur. Alors, voilà une solution simple et savoureuse. Vos purées maison, faites d'aliments frais du marché, ont toujours meilleur goût et fournissent plus d'éléments nutritifs qu'un petit pot que l'on achète.

Pour la préparation, il existe plusieurs options : choisissez celle qui convient le mieux à votre horaire de travail. Vous pouvez utiliser la méthode du «mélangeur-congélateur», faire des réserves et éliminer la préparation de dernière minute. Vous pouvez faire cuire des aliments pour la journée et les réduire en purée ou encore préparer de petites quantités juste avant le repas, pour plus de saveur. Dans les trois cas, vous devez suivre les mêmes règles en ce qui concerne le choix des aliments et les grandes règles de préparation. Si vous prévoyez préparer vos purées à temps partiel, offrez d'abord une purée maison à votre bébé pour qu'il s'habitue aux saveurs des aliments frais. Vous pouvez ensuite servir des petits pots ou purées congelées commerciales.

Les atouts des purées maison

Avec les purées maison, vous augmentez la valeur nutritive du menu de votre bébé et vous avez le contrôle de la qualité. Vous pouvez faire connaître à votre bébé toute une gamme d'aliments non disponibles en petits pots ou en purées congelées vendues dans le commerce.

Du côté des légumes, vous n'avez pas besoin de vous limiter aux carottes, aux patates douces ou aux haricots verts. Faites goûter à votre bébé les courgettes, les pois verts, les asperges, les courges et même la laitue. Une de mes lectrices a même préparé avec succès une purée d'aubergine. Préparez du

brocoli et du chou-fleur en purée, si riches en vitamine C, en calcium et en acide folique. Vous avez même la possibilité de préparer des purées avec des légumes de culture biologique, si vous voulez minimiser la présence de résidus de pesticides.

Les purées de fruits se préparent en un rien de temps. Certains fruits doivent être précuits, comme la pomme et la poire. Vous pouvez aussi préparer des purées de fruits crus avec l'ananas frais, le melon, la papaye, les bleuets et la mangue, ou simplement écraser à la fourchette la banane ou l'avocat.

Les purées de volaille sont simples à préparer avec des poitrines de poulet (de grain, si désiré), désossées et sans la peau. Les purées de poisson se font comme par magie avec des filets de poisson frais ; elles regorgent de protéines faciles à digérer et d'acides gras oméga-3, que l'on appelle les bons gras.

Les purées maison ont une saveur incomparable. Le temps de cuisson étant limité, le goût très frais de ces purées varie selon les saisons. La majorité des bébés les adorent ; ne démissionnez pas après un refus. Les experts notent qu'il faut parfois de 10 à 15 essais avant qu'un bébé adopte un aliment nouveau.

Les purées maison ont aussi une couleur plus attrayante, non seulement pour votre bébé, mais pour vous, qui le nourrissez. Le vert tendre des asperges et des courgettes ainsi que l'orangé des carottes ou des papayes sont des plaisirs pour les yeux.

Les purées maison ne contiennent que l'aliment, sans agent épaississant, et vous donnent la possibilité d'offrir des textures variées.

Les purées maison sont moins chères

Les purées maison permettent d'économiser, car elles coûtent environ la moitié du prix des purées pour bébés que l'on trouve dans le commerce. En saison, vous faites des économies encore plus substantielles en utilisant les primeurs du marché.

C'est vous qui contrôlez la qualité des purées

Si vous respectez les directives qui suivent, vos purées maison seront meilleures que les petits pots, à tout point de vue. Choisissez des aliments de première qualité, car la qualité finale des purées dépend largement de la qualité des aliments choisis. Cette règle s'applique à toutes les recettes, mais demeure encore plus importante pour les aliments d'un bébé.

Le choix des aliments est plus vaste

Choisissez de préférence des fruits et des légumes en saison, mûris à point, mais encore fermes. N'achetez que les fruits et les légumes qui ont l'air très frais. Comme solution de remplacement, utilisez des fruits congelés sans sucre ou des légumes congelés sans sel, sans sauce ni assaisonnement.

Si vous voulez minimiser la présence de résidus de pesticides, vous pouvez choisir des fruits et des légumes de culture biologique. Les bébés sont plus sensibles aux polluants et aux contaminants de l'environnement, à cause de leur très petite taille. Comparativement aux adultes, ils emmagasinent plus d'aliments par kilogramme de poids et donc plus de contaminants. Si vous ne pouvez pas vous procurer d'aliments de culture biologique ou s'ils sont trop chers, lavez très soigneusement les fruits et les légumes frais et pelez-les avant la cuisson.

Oubliez les fruits et les légumes en conserve, car ils ne conviennent pas pour faire des purées. Bien que certains fruits et légumes soient offerts sans sucre ni sel ajouté, le traitement thermique qu'ils ont subi lors de la mise en conserve a réduit leur contenu en vitamines et en minéraux. Lorsqu'on prépare des purées maison, le principal objectif est d'obtenir un produit plus sain et plus nutritif, et non le contraire.

Les viandes fraîches ou surgelées, plus particulièrement les coupes maigres, les volailles fraîches ou surgelées, de grains ou ordinaires, conviennent aux bébés. Aucune viande fumée ni transformée ne leur convient.

Le poisson frais ou surgelé sans sel, ni sauce ni panure est également un bon choix. Pour minimiser la présence de polluants, évitez les poissons de pêche sportive ou de lacs pollués : doré, brochet, maskinongé, achigan et truite grise. Choisissez des poissons de mer de pisciculture, si c'est possible : truite, saumon, aiglefin, flétan, goberge, morue, plie, sole. Plus les poissons sont jeunes et petits, moins ils renferment de contaminants. Les poissons en conserve renferment trop de sodium et ne sont pas recommandés avant l'âge de 12 mois ; même restriction pour les fruits de mer frais, congelés ou en conserve, à cause des possibilités d'allergies.

Une méthode qui a fait ses preuves

Depuis plus de trente ans, des milliers de parents utilisent cette méthode simple pour préparer leurs purées maison.

Quelques règles d'hygiène

Pour réduire les risques de contamination des aliments et pour protéger votre bébé contre des infections inutiles, vous devez prendre certaines mesures bien simples :

- Lavez-vous les mains avant de manipuler les aliments qui servent à la préparation des purées ;
- Utilisez des ustensiles et des contenants bien propres ;
- Lorsque les aliments sont cuits et réduits en purée, couvrez-les avec un papier ciré et réfrigérez-les immédiatement. Ne laissez jamais les aliments cuits à la température de la pièce ;
- Lorsque vous préparez de petites quantités à la fois, conservez-les au réfrigérateur pendant 3 jours, au maximum ;
- Ne recongelez pas une purée qui a été décongelée.

Procurez-vous les outils dont vous avez besoin

Un mélangeur ou un robot culinaire facilite le travail, mais vous pouvez utiliser un mélangeur manuel pour préparer de petites quantités à la fois. Dès que votre bébé aura environ 7 ou 8 mois, les purées seront moins lisses et la fourchette remplacera le mélangeur pour certains aliments. Vous avez aussi besoin de casseroles, de tasses et de cuillères à mesurer, de bacs à glaçons, de sacs à congélation avec attaches, d'étiquettes et de petits moules à muffins.

Faites cuire les aliments rapidement

Les aliments cuits sont plus faciles à digérer, mais les aliments trop cuits perdent leur contenu en vitamines et en minéraux. Faites cuire les légumes frais à la vapeur ou au four à micro-ondes. Ces deux méthodes n'exigent qu'une petite quantité d'eau et qu'une cuisson de courte durée ; elles sont reconnues pour minimiser les pertes d'éléments nutritifs. Faites cuire les légumes congelés sans les décongeler. Faites bien cuire la viande, le poisson et la volaille dans très peu de liquide. Faites pocher les fruits pelés quelques minutes dans une petite quantité d'eau ou de jus de fruits, sur la cuisinière ou au four à micro-ondes. La papaye, la mangue, l'ananas frais et les melons peuvent être réduits en purée sans cuisson. La banane et l'avocat peuvent simplement être écrasés à la fourchette.

Préparez de petites quantités à la fois, car de grandes quantités surchargent le mélangeur et nuisent à la qualité du produit fini. Limitez-vous à une quantité de 375 à 500 ml (1 ½ à 2 tasses) d'aliments à la fois. Pour la viande et la volaille, limitez la quantité à 250 ml (1 tasse).

N'ajoutez ni sel ni sucre

Jusqu'à l'âge de 12 mois, les bébés n'ont pas besoin d'assaisonnements pour être heureux ! Ils apprécient le goût naturel des légumes et ne refusent aucun fruit nature. L'ajout de sel au cours des premiers mois peut surcharger les reins du bébé, alors que l'ajout de sucre cultive le besoin de sucreries.

Ni le miel ni le sirop de maïs ne sont recommandés avant l'âge de 12 mois, en raison des risques d'intoxication, qui peut causer le botulisme, maladie grave causée par la toxine *clostridium botulinum*.

N'ajoutez donc aucun sel dans l'eau de cuisson des légumes et n'ajoutez aucun sucre aux fruits avant de les mettre en purée. Si vous désirez offrir les mêmes aliments aux autres membres de la famille, ajoutez le sel ou le sucre après avoir mis de côté la portion de votre bébé.

Versez la purée dans des bacs à glaçons

Versez la purée dans des bacs à glaçons et réfrigérez immédiatement. Chaque glaçon renferme environ 60 ml (4 c. à soupe) de purée. Congelez les purées après les avoir fait refroidir au réfrigérateur.

Une maman m'a suggéré de remplir les glaçons à moitié, lors de l'introduction d'un nouvel aliment, afin de minimiser les pertes. Excellente idée !

Couvrez les bacs à glaçons d'une pellicule d'emballage et placez-les dans la partie la plus froide du congélateur, loin de la porte. Laissez-les ainsi de 8 à 12 heures.

Lorsque les purées sont bien congelées, retirez-les des bacs à glaçons et déposez-les dans des sacs à congélation, un seul type d'aliments par sac. À l'aide d'une paille, retirez l'air du sac et scellez. Identifiez chaque sac en inscrivant le type d'aliment et la date de préparation. Rangez rapidement les sacs au congélateur.

Si vous ne préparez que de petites quantités à la fois, conservez-les au réfrigérateur dans un contenant bien fermé, de 2 à 3 jours.

La conservation des purées au congélateur[1]

Légumes	6 à 8 mois
Fruits	6 à 8 mois
Viande et volaille cuite	1 à 2 mois
Poisson cuit	1 à 2 mois
Repas de viande et de légumes	1 à 2 mois
Purées préparées avec du lait	4 à 6 semaines
Légumineuses ou tofu	2 à 3 mois

1. Le premier chiffre correspond au temps de congélation maximal recommandé, si on met les purées au congélateur du réfrigérateur, et le deuxième, si on met les purées au congélateur-coffre.

Réchauffez les purées à la dernière minute

Juste avant le repas, retirez du congélateur le nombre de glaçons nécessaires et déposez-les dans un contenant ou un bol en verre. Réchauffez les glaçons quelques minutes dans l'eau bouillante ou 30 secondes au four à micro-ondes.

Évitez de surchauffer. Mélangez bien avec une cuillère pour distribuer la chaleur. Avant de servir, vérifiez toujours la température en versant quelques gouttes du mélange sur le bout de votre langue ou sur le dessus de votre main.

Prévoyez des réserves pour 4 à 6 semaines seulement

Il n'est pas nécessaire de faire des réserves de purées de carottes ou de pommes pour 6 mois. Vous introduisez les purées de légumes et de fruits au menu de votre bébé vers l'âge de 6 ou 7 mois, mais vous n'avez besoin de cette consistance très lisse que pendant 4 à 6 semaines. Vers l'âge de 7 ou 8 mois, dès qu'il a goûté à la majorité des légumes et des fruits, votre bébé peut mastiquer plus facilement et accepter les aliments écrasés à la fourchette ou en purée plus consistante, même s'il n'a pas de dents.

Si vous n'y prenez garde, votre bébé peut s'abonner aux purées. Or, dès l'âge de 9 mois, il est prêt à manger des aliments mélangés et des aliments écrasés à la fourchette, et à goûter à des saveurs plus relevées.

Des recettes
Légumes

Purée d'asperges
Un délice du printemps !

0,5 kg (env. 1 lb) d'asperges fraîches en saison
eau

- Casser les bouts coriaces des asperges. Laver les tiges et les pointes d'asperges. Les tailler en morceaux de 5 cm (2 po).
- Les faire cuire à la vapeur de 10 à 15 minutes ou jusqu'à ce qu'elles soient tendres.
- Ou, au four à micro-ondes, placer les morceaux d'asperges dans un contenant en verre, ajouter 60 ml (¼ tasse) d'eau et couvrir. Faire cuire à haute intensité de 6 à 9 minutes. Remuer avec une fourchette, à mi-cuisson.
- Laisser refroidir 3 minutes.
- Placer la moitié des asperges dans le mélangeur avec un peu d'eau de cuisson. Réduire en purée. Répéter l'opération avec le reste des asperges.
- Verser dans un bac à glaçons et congeler.

Rendement : 325 ml (1 ⅓ tasse)
Conservation : 6 à 8 mois

Purée de betteraves

Attendez que votre bébé ait au moins 9 mois pour lui offrir des betteraves, à cause du contenu élevé en nitrates. La même recommandation s'applique aux épinards et au navet. Servez les betteraves avec deux bavettes : une pour bébé et une pour vous !

0,5 kg (env. 1 lb) de jeunes betteraves
eau

- Brosser les betteraves avec une brosse à légumes. Couper les tiges à 5 cm (2 po) de la betterave. Ne pas peler les betteraves et les laisser entières.
- Les faire cuire dans l'eau bouillante environ 45 minutes.
- Ou les faire cuire au four à micro-ondes, dans un plat en pyrex avec 30 ml (2 c. à soupe) d'eau et couvrir. Laisser cuire environ 12 minutes à haute intensité.
- Laisser refroidir 3 minutes avant de manipuler.
- Peler les betteraves cuites et les trancher.
- Les déposer dans le mélangeur avec 60 à 80 ml (¼ à ⅓ tasse) d'eau fraîche, comme dans le cas des carottes, réduire en purée.
- Verser dans un bac à glaçons et congeler.

Rendement : 325 ml (1 ⅓ tasse)
Conservation : 6 à 8 mois

Purée de brocoli

Le brocoli bien frais a une saveur presque sucrée. Il est particulièrement riche en vitamine C, en bêta-carotène, en fer, en calcium et en acide folique. Vous pouvez aussi acheter du brocoli pourpre que l'on trouve l'été et qui donne une purée d'un vert plus tendre.

1 pied de brocoli frais, environ 750 g (1 lb)
eau

- Couper les tiges et les mettre de côté. Conserver seulement les fleurs pour la purée du bébé. Utiliser les queues pour un repas au wok, sautées à la chinoise, ou pour le reste de la famille.
- Faire cuire le brocoli à la vapeur de 10 à 15 minutes ou jusqu'à ce qu'il soit tendre et d'un vert éclatant.
- Ou faire cuire au four à micro-ondes, dans un plat en pyrex ; verser 30 ml (2 c. à soupe) d'eau et couvrir. Faire cuire à puissance maximale pendant 7 à 10 minutes. Remuer avec une fourchette, à mi-cuisson.
- Laisser refroidir 3 minutes avant de verser le brocoli au mélangeur.
- Placer la moitié des fleurs de brocoli dans le mélangeur et ajouter 60 ml (¼ tasse) d'eau de cuisson ou autre. Réduire en purée.
- Répéter l'opération avec le reste du brocoli.
- Verser dans un bac à glaçons et congeler.

Rendement : 325 ml (1 ⅓ tasse)
Conservation : 6 à 8 mois

Purée de carottes

Les bébés adorent la couleur et la saveur des carottes. Choisissez, si possible, des carottes de culture biologique, pour réduire le contenu en nitrates. Jetez l'eau de cuisson et utilisez de l'eau fraîche pour les réduire en purée.

1 kg (2 lb) de carottes fraîches
eau

- Couper les extrémités des carottes. Bien brosser les carottes et les peler. Les couper en morceaux de 2,5 cm (1 po).
- Les faire cuire à la vapeur de 15 à 20 minutes ou jusqu'à ce qu'elles soient tendres.
- Ou les faire cuire au four à micro-ondes, dans un plat en pyrex, en ajoutant de 15 à 30 ml (1 à 2 c. à soupe) d'eau. Faire cuire à puissance maximale de 15 à 18 minutes. Remuer avec une fourchette, à mi-cuisson.
- Les laisser refroidir légèrement pendant 3 minutes avant de les verser dans le mélangeur.
- Placer 375 ml (1 ½ tasse) de carottes dans le mélangeur et ajouter 80 ml (⅓ tasse) d'eau fraîche. Réduire en purée. Répéter l'opération avec le reste des carottes.
- Verser dans 2 bacs à glaçons et congeler.

Rendement : 750 ml (3 tasses)
Conservation : 6 à 8 mois

Purée de chou-fleur

Le chou-fleur est très riche en vitamine C, comme les autres membres de la famille des choux. Il apporte une nouvelle saveur au menu de votre bébé et il ajoute une couleur différente dans son assiette.

1 petit chou-fleur
eau
125 ml (½ tasse) de lait maternel ou de préparation pour nourrissons

- Séparer le chou-fleur en petites fleurs. Retirer toutes les parties vertes. Bien laver.
- Le faire cuire à la vapeur de 15 à 20 minutes ou jusqu'à ce qu'il soit tendre.
- Ou faire cuire au four à micro-ondes, dans un plat en pyrex couvert. Faire cuire à puissance maximale, de 9 à 11 minutes. Remuer avec une fourchette, à mi-cuisson.
- Laisser refroidir légèrement pendant 3 minutes avant de mettre dans le mélangeur. Placer 375 ml (1 ½ tasse) de fleurettes dans le mélangeur et ajouter 250 ml (1 tasse) d'eau et 60 ml (¼ tasse) de lait.
- Réduire en purée. Répéter l'opération avec le reste des ingrédients.
- Verser dans 2 bacs à glaçons et congeler.

Rendement : 500 à 750 ml (2 à 3 tasses) (selon la grosseur du chou-fleur)
Conservation : 4 à 6 semaines

Purée de courge d'hiver

Les courges d'hiver (courgeron, courge musquée ou citrouille) contiennent beaucoup de bêta-carotène et on peut se les procurer de l'automne au printemps. La courge spaghetti n'est pas aussi riche en bêta-carotène, mais peut ajouter au menu une saveur différente.

1 courge d'hiver (courgeron ou courge musquée)
eau

- Brosser et laver la courge.
- La couper en deux, puis retirer les graines. Déposer les deux moitiés sur une tôle à biscuits, la surface coupée sur la tôle. Faire cuire au four à 180 °C (350 °F) environ 45 minutes ou jusqu'à ce que la courge soit très tendre.
- Ou, au four à micro-ondes, couper la courge en deux et en retirer les graines. Déposer la surface coupée dans un plat en verre peu profond. Faire cuire à haute intensité, de 12 à 16 minutes, ou jusqu'à ce que la courge soit tendre.
- Laisser refroidir légèrement pendant 3 minutes avant de mettre dans le mélangeur.
- Placer la chair dans le mélangeur avec 60 ml (¼ tasse) d'eau.
- Réduire en purée.
- Verser dans un bac à glaçons et congeler.

Rendement : 325 ml (1 ⅓ tasse) (ou plus selon la grosseur de la courge)
Conservation : 6 à 8 mois

Purée de courgettes

La courgette (zucchini) a une saveur douce et sucrée. On peut la trouver en été et en automne, et elle donne une purée d'un vert très tendre. Les bébés en raffolent !

7 à 8 petites courgettes, environ 750 g (1 ½ lb)
eau

- Laver les courgettes et bien les brosser, mais ne pas les peler. Tailler les extrémités. Couper en morceaux de 1,5 cm (½ po).
- Les faire cuire à la vapeur, de 10 à 12 minutes, ou jusqu'à ce qu'elles soient tendres.
- Ou, au four à micro-ondes, placer les courgettes dans un plat en pyrex avec quelques cuillerées d'eau. Couvrir. Faire cuire à haute intensité, de 11 à 13 minutes. Faire pivoter le plat, à mi-cuisson.
- Laisser refroidir légèrement pendant 3 minutes avant de mettre dans le mélangeur.
- Placer la moitié des courgettes dans le mélangeur sans ajouter d'eau. Réduire en purée.
- Répéter l'opération avec le reste des courgettes.
- Verser dans 2 bacs à glaçons et congeler.

Rendement : 500 à 750 ml (2 à 3 tasses)
Conservation : 6 à 8 mois

Purée de haricots verts

Plus jeunes sont les haricots, plus savoureuse est la purée. Les petits haricots jaunes ou verts surgelés peuvent aussi être utilisés.

750 g (1 ½ lb) de haricots verts, jeunes et tendres
eau

- Casser le bout des haricots puis les couper en trois morceaux.
- Les faire cuire à la vapeur, de 10 à 15 minutes, ou jusqu'à ce qu'ils soient bien tendres.
- Ou les faire cuire au four à micro-ondes, dans un plat en pyrex et ajouter 60 ml (¼ tasse) d'eau et couvrir. Cuire à haute intensité pendant 15 à 19 minutes. Remuer avec une fourchette, à mi-cuisson.
- Les laisser refroidir légèrement pendant 3 minutes avant de mettre dans le mélangeur.
- Placer la moitié des haricots dans le mélangeur avec 80 ml (⅓ tasse) d'eau. Réduire en purée.
- Répéter l'opération avec le reste des haricots.
- Verser dans 2 bacs à glaçons et congeler.

Rendement : 500 à 750 ml (2 à 3 tasses)
Conservation : 6 à 8 mois

Purée de pois verts

Très verte, très riche en fer et bien sucrée.

500 ml (2 tasses) de pois verts frais, soit 1 kg (2 lb) de pois dans leur gousse, à l'achat
ou
500 ml (2 tasses) de pois verts, surgelés
eau

- Écosser et laver les pois.
- Les faire cuire à la vapeur pendant 12 à 15 minutes ou jusqu'à ce qu'ils soient bien tendres.
- Ou, au four à micro-ondes, placer les pois dans un plat en pyrex ; ajouter 60 ml (¼ tasse) d'eau et couvrir. Faire cuire à haute intensité, de 8 à 11 minutes. Remuer avec une fourchette, à mi-cuisson. Laisser refroidir légèrement pendant 3 minutes avant de mettre dans le mélangeur.
- Placer dans le mélangeur avec 60 ml (¼ tasse) d'eau de cuisson. Réduire en purée.
- Verser dans un bac à glaçons et congeler.

Rendement : 325 ml (1 ⅓ tasse)
Conservation : 6 à 8 mois

Fruits

Compote de pommes

Si vous cuisez les pommes avec la pelure, les pommes de culture biologique sont un meilleur choix. Le temps de cuisson varie, selon le type de pomme utilisé. Les pommes McIntosh, en saison, donnent une purée rosée et sucrée, et prennent moins de temps à cuire que les pommes d'hiver. Lorsque votre bébé a plus de 12 mois, assaisonnez d'un peu de cannelle.

8 à 10 pommes
eau

• Laver les pommes et bien les brosser, mais ne pas les peler. En retirer le cœur.
• Les couper en quartiers et les trancher.
• Faire cuire dans 125 ml (½ tasse) d'eau. Amener à ébullition, réduire la température et laisser mijoter 20 minutes ou jusqu'à ce que les pommes soient tendres.
• Ou, au four à micro-ondes, placer les pommes dans un plat en pyrex, ajouter 125 ml (½ tasse) d'eau et couvrir. Faire cuire à haute intensité, de 12 à 15 minutes, ou jusqu'à ce qu'elles soient tendres.
• Laisser refroidir 5 minutes.
• Placer 500 ml (2 tasses) de pommes dans le mélangeur. Les réduire en purée jusqu'à ce que la pelure ait complètement disparu. Si le mélangeur n'est pas assez puissant pour réduire la pelure en purée, passer le mélange au tamis ou peler les pommes avant de les cuire.
• Répéter l'opération avec le resle des pommes.
• Verser dans 2 bacs à glaçons et congeler.

Rendement : 500 à 750 ml (2 à 3 tasses)
Conservation : 6 à 8 mois

Purée de pêches

Les pêches fraîches sont un luxe saisonnier. Les nectarines sont plus faciles à trouver et peuvent les remplacer, tout au cours de l'année. Lorsque votre bébé a plus de 8 mois, écrasez les pêches fraîches, crues, à la fourchette, tout simplement.

1 litre (4 tasses) de pêches fraîches,
pelées, dénoyautées et tranchées
eau

- Faire cuire les pêches dans environ 125 ml (½ tasse) d'eau. Amener à ébullition, réduire la chaleur et laisser mijoter, de 15 à 20 minutes, ou jusqu'à ce qu'elles soient tendres.
- Ou, au four à micro-ondes, placer les pêches dans un plat en pyrex, ajouter 125 ml (½ tasse) d'eau et couvrir. Faire cuire à intensité moyenne, de 7 à 8 minutes.
- Laisser refroidir 5 minutes avant de mettre dans le mélangeur.
- Placer la moitié des pêches dans le mélangeur et ajouter 15 ml (1 c. à soupe) d'eau de cuisson. Réduire en purée.
- Répéter l'opération avec le reste des pêches.
- Verser dans 2 bacs à glaçons et congeler.

Rendement : 325 à 500 ml (1 ⅓ à 2 tasses)
Conservation : 6 à 8 mois

Purée de poires

Chaque type de poire a une saveur propre. Vous pouvez décider de préparer la moitié de la recette avec des poires Bartlett et l'autre moitié avec des poires rouges Anjou. Lorsque votre bébé aura goûté à tous les fruits, faites cuire les poires dans du jus de pomme ou préparez une purée de pommes-poires en utilisant les deux fruits dans la même recette. Les poires pochées peuvent être écrasées à la fourchette, un peu plus tard.

9 à 11 poires moyennes
eau

- Peler les poires, les couper en quartiers et en retirer le cœur.
- Faire cuire dans 125 ml (½ tasse) d'eau. Laisser mijoter de 20 à 30 minutes ou jusqu'à ce qu'elles soient tendres.
- Ou, au four à micro-ondes, placer les poires dans un plat en pyrex, ajouter 125 ml (½ tasse) d'eau et couvrir. Faire cuire à intensité moyenne, de 10 à 15 minutes.
- Laisser refroidir 5 minutes avant de mettre dans le mélangeur.
- Placer la moitié des poires dans le mélangeur et ajouter 30 ml (2 c. à soupe) d'eau de cuisson. Réduire en purée.
- Répéter l'opération avec le reste des poires.
- Verser dans 2 bacs à glaçons et congeler.

Rendement : 500 à 750 ml (2 à 3 tasses)
Conservation : 6 à 8 mois

Purée de pruneaux

Les pruneaux sont sucrés, riches en fer et riches en fibres. Ils sont très appré-
ciés des bébés ! Lorsque votre bébé a goûté à tous les fruits, variez son menu
en mélangeant une part de purée de pruneaux avec une part de compote de
pommes ou de poires. La purée de pruneaux peut aussi réduire les problèmes
de constipation du bébé.

375 ml (1 ½ tasse) de pruneaux secs, dénoyautés
500 ml (2 tasses) d'eau chaude
250 ml (1 tasse) d'eau froide

- Faire tremper les pruneaux dans l'eau chaude de 5 à 15 minutes, puis les
  égoutter. Placer les pruneaux et l'eau froide dans une casserole, puis amener
  à ébullition. Réduire le feu et laisser mijoter 20 minutes.
- Retirer du feu et laisser refroidir 5 minutes.
- Placer la moitié des pruneaux dans le mélangeur et ajouter 80 ml (⅓ tasse) d'eau
  de cuisson. Réduire en purée. Répéter l'opération avec le reste des pruneaux.
- Verser dans un bac à glaçons et congeler.

Rendement : 500 ml (2 tasses)
Conservation : 6 à 8 mois

Viande, volaille, poisson, légumineuses et tofu

Purée de bœuf

Vous pouvez remplacer le bœuf par du veau et faire une purée de veau.
Les légumes ajoutés pendant la cuisson jouent un rôle sur le plan de la saveur.

0,5 kg (env. 1 lb) de bœuf tendre, maigre, taillé en morceaux de 2,5 cm (1 po)
eau
1 branche de céleri, hachée
3 carottes, pelées et coupées en morceaux
2 pommes de terre moyennes, pelées et coupées en quartiers
15 ml (1 c. à soupe) d'oignon émincé

- Placer le bœuf et 560 ml (2 ¼ tasses) d'eau dans une casserole, puis laisser mijoter pendant 45 minutes.
- Ajouter le céleri, les carottes, les pommes de terre et l'oignon. Laisser cuire environ 35 minutes ou jusqu'à ce que les légumes soient tendres.
- Retirer du feu et laisser refroidir quelques minutes.
- Séparer les légumes de la viande. Placer 200 ml (env. 1 tasse) de viande dans le mélangeur et ajouter 80 ml (⅓ tasse) d'eau de cuisson. Réduire en purée jusqu'à consistance lisse. Répéter l'opération avec le reste du bœuf.
- Verser dans un bac à glaçons et congeler.

Un conseil : Réduire les légumes en purée avec le reste de l'eau de cuisson et les incorporer dans un potage ou une sauce pour les autres membres de la famille.

Rendement : 300 ml (1 ¼ tasse)
Conservation : 1 à 2 mois

Purée de foie

Le foie est un aliment très riche en fer. Vous pouvez utiliser différentes sortes de foie, mais le foie de veau et les foies de poulet ont une saveur plus délicate que les autres foies. Choisissez des foies de poulet de grain, de préférence.

5 ou 6 foies de poulet de grain
ou
150 g (5 oz) de foie de veau
bouillon de poulet maison, non salé
ou
bouillon de légumes, non salé

- Tailler les foies et en retirer les membranes blanches. Les faire cuire dans une casserole avec 250 ml (1 tasse) de bouillon. Faire mijoter doucement environ 10 minutes ou jusqu'à ce que les foies soient gris-brun à l'intérieur.
- Placer les foies dans le mélangeur et ajouter un peu d'eau de cuisson. Réduire en purée jusqu'à consistance lisse. Répéter l'opération avec le reste des foies.
- Verser dans un bac à glaçons et congeler.

Rendement: 170 ml (⅔ tasse)
Conservation: 1 à 2 mois

Purée de poulet

On recommande d'utiliser le poulet de grain. Si vous souhaitez varier le menu et faire quelques économies, surveillez les spéciaux de la semaine et utilisez des poitrines de dinde, plutôt que des poitrines de poulet. Si vous avez du lapin ou un autre gibier d'élevage, vous pouvez également en préparer pour votre bébé.

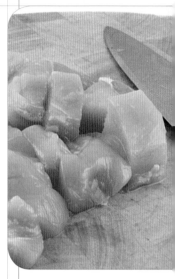

2 poitrines de poulet désossées, sans la peau
eau ou bouillon de légumes, non salé

- Faire cuire les poitrines de poulet à la vapeur pendant environ 10 à 12 minutes ou jusqu'à ce que la chair du poulet soit bien blanche, sans être dure. Les retirer du feu et les tailler en gros morceaux.
- Placer 125 ml (½ tasse) de poulet dans le mélangeur et ajouter 80 ml (⅓ tasse) d'eau de cuisson. Réduire en purée jusqu'à consistance très lisse. Ajouter du liquide, si nécessaire. Répéter avec le reste du poulet.
- Verser dans un bac à glaçons et congeler.

Rendement : 250 à 300 ml (1 à 1 ¼ tasse)
Conservation : 1 à 2 mois

Purée de poisson

Les bébés aiment le goût et la texture du poisson, et les parents en apprécient la rapidité de la préparation ! Le poisson est une excellente source de protéines et d'acides gras oméga-3. Évitez les poissons de pêche sportive ou de lacs pollués : doré, brochet et perchaude. Choisissez des filets de poisson de pisciculture, truite ou saumon, ou des poissons de mer comme l'aiglefin, le flétan, la goberge, la morue, la plie et la sole, pour diminuer la quantité de polluants.

250 g (env. ½ lb) de filets de poisson
125 ml (½ tasse) de préparation pour nourrissons ou de lait entier
(ne pas utiliser de lait à 2 %, à 1 % ou écrémé avant l'âge de 2 ans)

- Il faut s'assurer qu'il ne reste aucune arête, en glissant les doigts sur le filet de poisson cru.
- Placer 60 ml (¼ tasse) de lait dans une casserole et le faire chauffer doucement. Ajouter les filets. Les couvrir et les faire pocher à basse température, de 5 à 10 minutes, ou jusqu'à ce que les filets se défassent facilement avec une fourchette.
- Les retirer du feu et les laisser refroidir légèrement.
- Placer la moitié du poisson et du lait de cuisson dans le mélangeur. Réduire en purée jusqu'à consistance lisse.
- Répéter l'opération avec le reste du poisson.
- Verser dans un bac à glaçons et congeler.

Un conseil : Lorsque votre bébé a goûté à tous les aliments de base, vous pouvez assaisonner l'eau de cuisson avec 30 ml (2 c. à soupe) d'oignon émincé.

Rendement : 250 ml (1 tasse)
Conservation : 4 à 6 semaines

Purée de légumineuses

Les légumineuses sont faciles à digérer, mais elles peuvent donner des gaz. Faites quelques essais avec de petites quantités, avant d'en offrir tout un plat.

250 ml (1 tasse) de lentilles ou de pois cassés
ou
250 ml (1 tasse) de haricots rouges ou blancs, préalablement trempés
eau

- Dans une casserole, recouvrir les légumineuses d'une bonne quantité d'eau et les faire cuire environ une heure. Lorsque les légumineuses sont très tendres et qu'elles s'écrasent à la fourchette, les retirer du feu, les laisser refroidir quelques minutes, puis les égoutter.
- Verser la moitié des légumineuses cuites dans le mélangeur avec environ 500 ml (2 tasses) d'eau fraîche. Réduire le tout en purée.
- Recommencer l'opération avec le reste des légumineuses et de l'eau.
- Verser la purée dans des bacs à glaçons.

Rendement : 500 à 750 ml (2 à 3 tasses)
Conservation : 2 à 3 mois

Purée de tofu

C'est la plus simple de toutes les purées, puisque le tofu ne requiert aucune préparation ni cuisson ! Le tofu a fait le bonheur de mes petits-enfants pendant quelques mois, à cause de sa saveur douce et de sa texture si facile à avaler. Vous pouvez graduellement mélanger le tofu écrasé avec une purée de légumes ou même de fruits.

30 à 60 g (1 à 2 oz) de tofu soyeux (Sunrise ou Mori-Nu), si vous pouvez vous le procurer, parce que la texture est plus veloutée et la saveur, plus douce

- Écraser le morceau de tofu dans un plat et servir.

Rendement : un repas
Conservation : se mange à mesure (le tofu dont le contenant est ouvert se conserve dans l'eau, au frigo, pendant 7 à 10 jours)

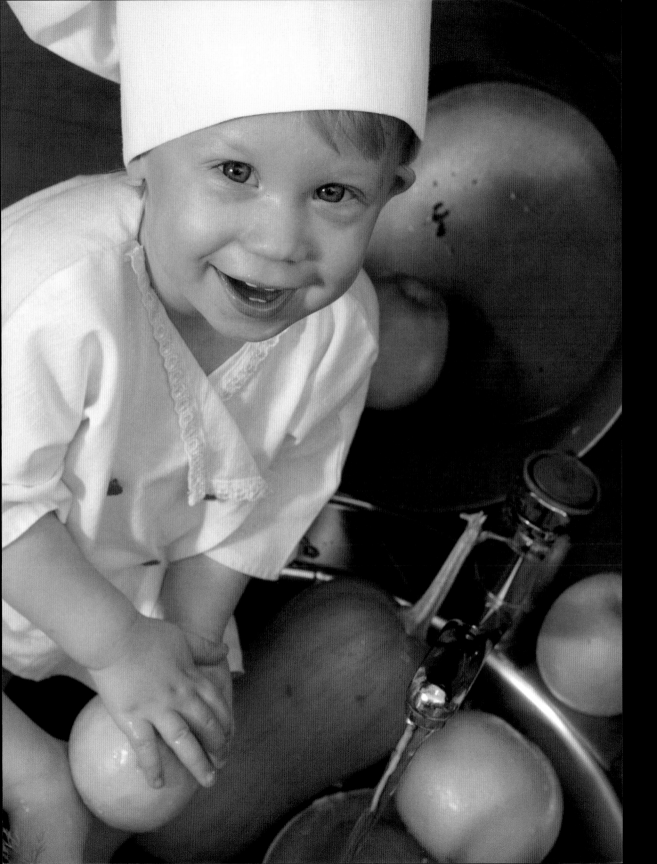

Chapitre 14

Les céréales pour bébés

L es céréales pour bébés sont quasi incontournables dans l'alimentation du nourrisson dès l'âge de 6 mois, et ce, jusqu'à 2 ans. Mais pas n'importe quel type de céréales. Celles que l'on souhaite offrir sont enrichies de fer et adaptées aux capacités digestives du bébé, d'où leur appellation «céréales pour bébés». Elles deviennent le premier aliment solide de son menu, parce qu'elles fournissent une dose exceptionnelle de fer, élément nutritif essentiel pour son développement normal. De fait, un bébé de 6 à 12 mois doit recevoir 11 mg de fer par jour et un bébé de 12 à 24 mois doit en recevoir 7 mg par jour. Aucun autre aliment solide ne peut lui fournir autant de fer sur une base quotidienne (voir tableau, p. 204).

Il existe plusieurs céréales pour bébés; certaines sont utiles, d'autres, totalement inutiles. Pour compliquer les choses, certaines ne sont plus disponibles sur le marché (Pablum, Bienfaits de la terre), tandis que d'autres changent de composition. Pour choisir la bonne céréale au bon moment, voici la gamme des produits offerts aux bébés avant et après 12 mois. Cette liste reflète les disponibilités du marché à l'automne 2006.

La première étape: les céréales à grain unique

Les céréales à grain unique pour bébés ne sont composées que d'un seul grain par boîte: le riz, l'avoine ou l'orge. Le blé ne fait pas partie de cette liste, car il est davantage allergène. Certaines céréales pour bébés sont à base de grains entiers bio, d'autres à base de grains raffinés. Toutes sont précuites pour gélatiniser les amidons et faciliter la digestion. Toutes sont enrichies de fer, mais leur teneur varie d'une compagnie à l'autre. Certaines renferment un prébiotique sous forme d'oligofructose ou d'inuline, substance qui stimule la croissance de bonnes bactéries dans l'intestin du

bébé, tout en ajoutant une saveur sucrée à la céréale. D'autres céréales sont offertes déjà mélangées à une préparation pour nourrissons ; il suffit d'y ajouter de l'eau et de servir. Il est à noter que le shortening d'huile végétale (source de gras trans) ne fait plus partie de la liste des ingrédients dans l'ensemble des céréales vérifiées. Voir le tableau de la p. 138 pour savoir dans quel ordre introduire les céréales à grain unique dans le menu de votre bébé.

Parmi les céréales à grain unique, vous trouvez :
- des céréales de grains entiers bio : riz brun, avoine et orge (Healthy Times) ;
- des céréales raffinées : riz, orge, avoine (Heinz, Nestlé) ;
- des céréales raffinées avec préparation pour nourrissons (Milupa, Nestlé, Heinz).

Ces céréales pour débutant permettent d'associer les réactions du bébé à un ingrédient unique. Les offrir à votre bébé vers l'âge de 6 mois. À noter que les compagnies alimentaires n'ont pas encore adapté leur message aux nouvelles consignes du gouvernement, qui recommande d'introduire les premiers aliments solides à partir de 6 mois. Une introduction précoce des céréales nuit à l'absorption du fer contenu dans le lait maternel et ne présente aucun avantage.

Lesquelles choisir ?

Toujours vérifier le contenu en fer de la céréale que vous comptez acheter ; celle-ci doit combler de 60 à 100 % des besoins quotidiens du bébé pour une consommation quotidienne de 6 ou 7 cuillères à soupe.
- **Premier choix :** la céréale de grains entiers bio, lorsqu'elle est disponible, car elle renferme la bonne dose de fer, plus de fibres, de magnésium et de chrome que la céréale raffinée et ne contient aucun résidu de pesticides ni d'insecticides ;
- **Deuxième choix :** la céréale raffinée sans préparation pour nourrissons ;
- **Troisième choix :** la céréale raffinée avec préparation pour nourrissons lorsqu'il n'y a pas d'antécédents familiaux d'allergie, car ces céréales renferment du lait de vache.

La deuxième étape : les céréales multigrains

Ces céréales dites mixtes, mélangées ou multigrains renferment un mélange de quelques grains comme l'avoine, le riz et l'orge. On peut les offrir une fois que le bébé assimile bien les céréales à grain unique. Certaines sont faites avec des grains entiers bio, d'autres à partir de farines raffinées. Elles sont également précuites pour faciliter la digestion et enrichies de fer. Certaines renferment des fruits en plus de la préparation pour nourrissons. Ce type de céréales est recommandé à l'âge de 7 à 8 mois.

Parmi ces céréales multigrains, vous trouvez :

- des céréales à grains entiers bio : un mélange de riz brun, d'avoine et d'orge (Healthy Times) ;
- des céréales mélangées raffinées (Life, Heinz) ;
- des céréales mélangées avec préparation pour nourrissons (Milupa, Nestlé, Heinz) ;
- des céréales mélangées avec un ou des fruits, plus une préparation pour nourrissons (Milupa, Nestlé).

Lesquelles choisir ?

Toujours vérifier le contenu en fer de la céréale que vous désirez : celle-ci doit combler de 60 à 100 % des besoins quotidiens du bébé, dans la portion indiquée.

- **Premier choix :** le mélange de grains entiers bio, lorsqu'il est disponible, parce qu'il renferme plus de fibres et ne contient ni blé ni soya, deux aliments potentiellement allergènes pour un bébé. Ces céréales contiennent moins d'un gramme de sucre par portion et ne renferment aucune saveur ajoutée. De plus, elles ne coûtent pas plus cher que les céréales raffinées ;
- **Deuxième choix :** un mélange de céréales raffinées qui ne renferme pas de blé, car celui-ci est potentiellement allergène.

Les céréales multigrains avec fruits offrent peu d'intérêt, car la présence du fruit déshydraté, en purée ou en jus, ne contribue nullement à augmenter les valeurs en vitamine A et C du menu du bébé.

Dans le cas d'un bébé ayant des antécédents familiaux d'allergies, les céréales multigrains auxquelles on a ajouté une préparation pour nourrissons et des fruits ne sont pas indiquées.

Les autres céréales pour bébés

Elles sont légion et sont identifiées comme des céréales de troisième ou de quatrième étape, adaptées aux besoins d'un bébé à partir de 8 ou 12 mois.

On a ajouté à ces céréales pour bébés une série d'ingrédients comme du yogourt, des miettes de biscuits, des légumes et des fruits déshydratés ; certaines listes d'ingrédients sont interminables. Le contenu en fer demeure intéressant, mais le contenu en sucre augmente pour atteindre de 14 à 16 grammes pour la portion quotidienne, ce qui est l'équivalent de 3 c. à thé de sucre.

Lorsque le bébé mange quelques fruits et légumes, il vaut mieux ajouter un peu de purée de légumes ou de fruits à une céréale multigrain sans saveur ajoutée que d'investir dans les mélanges proposés par l'industrie. De cette façon, vous offrez la véritable valeur alimentaire des légumes ou des fruits que vous y ajoutez et vous augmentez la teneur en vitamines A ou C du menu du bébé.

Lesquelles choisir ?

Ces mélanges ne sont pas, selon moi, bénéfiques pour le bébé. Ils fournissent du fer, mais leur contenu élevé en sucre n'aide pas les bébés à apprécier la vraie saveur des fruits, des légumes et des grains entiers.

Les biscuits de céréales

Les bébés se lassent des céréales, disent les mamans. Par contre, les besoins en fer des bébés ne font pas relâche. Les parents ne devraient pas se laisser leurrer par les biscuits enrichis pour bébés sur le marché, car ces derniers ne constituent pas une alternative valable aux céréales pour bébés.

Certains de ces biscuits existent depuis plusieurs décennies, d'autres sont nouvellement arrivés sur le marché :

- Les biscuits Farley (Heinz) contiennent de la farine de blé enrichie, du sucre, de l'huile de palme, des vitamines et de la poudre de banane, dans le cas des biscuits à la banane. Ils sont enrichis de fer, de vitamines du complexe B et de calcium ;

- Les biscuits Tout-petits (Heinz) renferment de la farine de blé, du sucre, du lait écrémé en poudre, de l'huile de palme, des protéines de lait et certains assaisonnements, comme de l'extrait de malt, de la vanilline (vanille synthétique) et de la saveur de beurre ; ils sont enrichis de vitamines et de fer ;
- Les biscuits Hugga Bear (Healthy Times) contiennent deux farines biologiques (blé et graham), du jus de canne et de l'huile de carthame ou de tournesol ;
- Les galettes de riz MUM MUM renferment du riz, un peu de sucre et des assaisonnements sous forme de poudre de légumes.

Lesquels choisir ?

Les biscuits enrichis pour bébés ne remplacent pas les céréales pour bébés. Les deux premiers types de biscuits fournissent un peu de fer (chaque biscuit Farley comble 40 % des besoins quotidiens en fer et chaque biscuit Tout-petits, 12 %) et des vitamines du complexe B.

Les Hugga Bear et les MUM MUM ne sont pas enrichis de fer ni de vitamines du complexe B. Leur contenu en sucre est moins important que celui de certaines céréales mélangées avec fruits et leur contenu en fibres est négligeable. Ils peuvent ajouter une nouvelle texture aux aliments d'un bébé affamé, et encore !

Quelques céréales croustillantes pour bébés à partir de 12 mois

Les bébés de 11 ou 12 mois aiment jouer avec de petits morceaux d'aliments et croquer à l'occasion !

Il existe maintenant une gamme de céréales croustillantes adaptées aux besoins nutritifs du bébé. Parmi celles-ci, mentionnons :

- des céréales sèches à base de farine d'avoine et de maïs légèrement sucrées avec du sucre et enrichies de fer, de vitamines du complexe B et de calcium (Nutrios de Heinz) ;
- des céréales croustillantes faites de flocons d'avoine, de maïs et de riz, de sucre, de poudre de lait et de fruits séchés (les Heinz Tout-petits). Elles

sont enrichies de fer, de vitamines du complexe B et de calcium; elles sont plus sucrées que les Nutrios, mais moins sucrées que certaines céréales mélangées avec fruits;
- des céréales d'avoine entière, d'amidon de maïs modifié, d'amidon de maïs, de sucre et enrichies de calcium (Cheerios de General Mills);
- des céréales faites à partir d'avoine entière bio, de riz brun bio et de maïs bio, sucrées avec du jus de canne bio, enrichies de calcium mais non de fer (Teddy Puffs de Healthy Times).

Lesquelles choisir ?
- **Premier choix:** la céréale de farine d'avoine et de maïs enrichie de fer (Nutrios); il faut toutefois en manger un bol (250 ml) pour combler 100 % des besoins en fer du tout-petit;
- **Deuxième choix:** les céréales croustillantes aux fruits séchés, enrichies de fer (Heinz Tout-petits); 45 ml (3 c. à soupe) suffisent pour obtenir 100 % du fer dans la portion quotidienne;
- **Troisième choix:** les céréales d'avoine (Cheerios), moins riches en fer, mais aussi moins sucrées que les précédentes; 125 ml (½ tasse) fournissent 30 % du fer nécessaire.

Malheureusement, les céréales de grains entiers bio (Teddy Puffs) ne fournissent que 6 % des besoins en fer du bébé.

D'autres céréales sèches prêtes à servir, pour adultes
Parmi la gamme des céréales sèches prêtes à servir pour adultes, on trouve :
- des céréales raffinées, peu sucrées et enrichies de fer et de vitamines du complexe B (Corn Flakes, Rice Krispies);
- des céréales de son de blé riches en fibres, enrichies de fer et de vitamines du complexe B (Bran Flakes, Bran Buds);
- des céréales de grains entiers, non sucrées, riches en fibres mais non enrichies de fer ni de vitamines du complexe B (Shredded Wheat, Grape Nuts).

Lesquelles choisir ?

- Une céréale pour adultes n'est pas adaptée aux besoins du jeune enfant. Si vous manquez de céréales pour bébés, une céréale enrichie de fer pour adultes peut aider temporairement ;
- Une céréale de son de blé enrichie de fer peut ajouter quelques grammes de fibres alimentaires au menu d'un bébé à partir de 12 mois ;
- Les céréales de grains entiers non sucrées et non enrichies de fer peuvent s'insérer au menu à l'occasion mais pas de façon quotidienne ; elles peuvent servir de grignotage.

Toujours lire les étiquettes pour connaître la valeur nutritive de la céréale choisie, car là comme ailleurs la composition peut varier.

Des céréales à cuire, pour adultes

Comme dans le cas des céréales sèches pour adultes, ces céréales ne sont pas adaptées aux besoins de l'enfant.

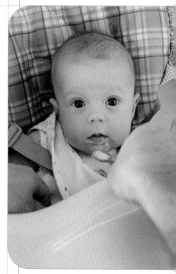

Lesquelles choisir ?

- La crème de blé et les flocons d'avoine en sachet sont enrichis de fer. Ils peuvent dépanner après 12 mois ;
- La crème de riz brun n'est pas enrichie de fer ; elle ne peut être très utile sauf pour un bébé allergique au gluten ; ce bébé devra toutefois recevoir un supplément de fer pour compenser.

Toujours lire les étiquettes afin de connaître la valeur nutritive de la céréale choisie.

Des grains entiers, fraîchement moulus

Les adeptes de la fameuse crème Budwig du Dr Kousmine savent qu'il est possible d'acheter du millet, du quinoa ou de l'amarante, de moudre ces grains entiers dans un petit moulin afin d'en obtenir une farine. Pour un jeune enfant, la céréale fraîchement moulue peut être cuite de 5 à 10 minutes dans un peu d'eau. Ces trois céréales entières sont naturellement riches en fer.

En résumé

Dès l'âge de 6 mois et jusqu'à 12 mois, votre bébé a besoin de 11 mg de fer par jour ; de 1 à 2 ans, les besoins sont de 7 mg par jour. Voilà tout un défi !

Le lait maternel, le lait de vache ou le lait de chèvre lui en fournissent très peu. D'autres aliments riches en fer comme le foie, la viande, les légumineuses et les légumes très verts n'en fournissent pas assez, car le bébé ne peut en manger que de petites quantités à la fois. Un manque de fer peut survenir avant l'âge de 2 ans et les séquelles d'une telle déficience sont sérieuses sur le développement tant physique que mental (voir tableau p. 204).

N'arrêtez pas trop tôt de donner des céréales riches en fer à votre enfant, car celles-ci l'aident à combler ses besoins jusqu'à l'âge de 24 mois.

S'il refuse d'en manger, camouflez-en une certaine quantité dans des recettes de muffins ou de crêpes, dans une compote de fruits ou un yogourt. (Voir « Index des recettes », p. 324.) Ne sous-estimez jamais l'apport des céréales riches en fer dans le menu global de votre bébé.

Le guide d'introduction des céréales

Lorsque votre bébé a 6 mois ou presque :

- Commencez par une céréale à grain unique comme le riz, puisqu'elle présente peu de risques d'allergies ;
- Mélangez 5 ml (1 c. à thé) de céréales pour bébés avec du lait maternel ou de la préparation pour nourrissons, afin d'obtenir la consistance d'une soupe épaisse ;
- Offrez les céréales à la cuillère après le boire ; cette stratégie aide à maintenir une consommation suffisante de lait ;
- Commencez par offrir les céréales au repas du matin, après le boire. Au bout de quelques jours, offrez la même céréale au souper, après le boire ;
- Offrez toujours les céréales à votre bébé à la cuillère, et non au biberon, afin qu'il apprenne à mastiquer ;
- Conservez la même céréale pendant 3 ou 4 jours ; après ce délai, introduisez-en une nouvelle, par exemple de l'orge ou de l'avoine ;
- S'il y a des intolérances alimentaires dans vos antécédents familiaux, attendez 7 jours avant d'introduire une nouvelle céréale, et n'offrez des céréales avec du blé à votre bébé qu'après 12 mois ;
- N'ajoutez jamais de sucre, ni de miel ni de sirop ;
- Lorsque vous avez essayé la plupart des céréales à grain unique, vous pouvez introduire les céréales mixtes vers l'âge de 7 mois ;
- Augmentez graduellement les quantités de céréales sèches pour atteindre environ 200 ml (¾ tasse) par jour vers l'âge de 1 an. Ne vous inquiétez pas si votre bébé n'en mange pas autant ;
- Observez les réactions de votre bébé et faites des modifications, au besoin ;
- Jetez les céréales qui restent et qui ont été en contact avec la cuillère et la salive du bébé.

Chapitre 15

Les petits pots et les purées congelées pour bébés

Vous vous demandez si les petits pots pour bébés sont des aliments intéressants pour la santé de votre enfant. C'est une bonne question à laquelle il n'est pas toujours facile de répondre !

On peut se procurer les petits pots d'aliments pour bébés depuis les années 1930. Leur composition a beaucoup varié au cours des années en fonction des recherches en nutrition et des réactions des consommateurs. Comme vous pouvez vous en douter, les petits pots d'aujourd'hui sont fort différents de ceux que l'on trouvait au début du siècle. En remontant dans leur histoire, on note plusieurs changements, dont voici les plus marquants :

- Pour calmer les inquiétudes concernant les résidus de plomb dans les conserves de métal, les petits pots de verre ont remplacé les contenants de métal pour les aliments de bébés au milieu des années 1960 ;
- Pour répondre aux critiques assez sévères de la part d'associations de consommateurs, les fabricants ont retiré en 1969 le MSG (le glutamate monosodique) de tous les aliments pour bébés. Cet additif rehaussait la saveur des aliments, mais n'était plus jugé utile ;
- Pour mettre fin au débat qui entourait l'introduction précoce du sel et l'effet de ce sel sur d'éventuels problèmes d'hypertension, les fabricants ont retiré le sel de tous les petits pots, en 1977 ;
- Vers la même époque, pour calmer les nutritionnistes qui critiquaient le sucre ajouté aux purées dès les premiers mois, les fabricants ont cessé d'ajouter du sucre dans quelques purées de fruits, mais ont maintenu une bonne dose de sucre dans l'ensemble des desserts pour bébés ;
- Durant les années 1980, pour neutraliser la controverse autour des nitrites dans les viandes fumées, les fabricants ont remplacé le jambon et le bacon

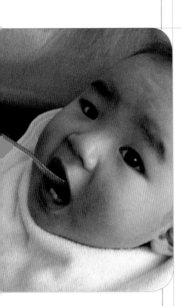

classiques par des viandes sans nitrite. Pour réussir à conserver le jambon dans certains petits pots, les fabricants chauffent maintenant les viandes fumées suffisamment longtemps pour détruire toute trace de bactéries pouvant causer le botulisme ;

- En 2001, à la suite de pressions des consommateurs, la compagnie Heinz a retiré tous les ingrédients génétiquement modifiés (OGM) de ses petits pots ;

- Tout récemment, la controverse autour des gras trans n'a pas épargné les aliments pour bébés. Ainsi, les fabricants ont remplacé les huiles végétales hydrogénées par de l'huile de soya ou de tournesol dans un certain nombre d'aliments.

Comme vous le constatez, les aliments pour bébés ont subi d'importantes transformations depuis 40 ans et se sont améliorés au gré des pressions des consommateurs. Le marché des aliments pour bébés a également changé. Le départ du Canada de la compagnie Gerber a laissé à la compagnie H. J. Heinz le quasi-monopole des aliments pour bébés, qu'il s'agisse des céréales Heinz, des biscuits Farley, des petits pots bio Bienfaits de la terre ainsi que des petits pots réguliers. Par ailleurs, au moins deux jeunes compagnies québécoises ont percé le marché et offrent une gamme intéressante de purées congelées (La mère poule et Bedon Mignon). Comme il s'agit des premiers aliments solides à intégrer au menu d'un bébé, la qualité globale du produit demeure excessivement importante.

Une série d'analyses effectuées pour la revue *Protégez-vous* a évalué le contenu en bactéries, en nitrates, en vitamines et en minéraux de quatre purées commerciales, de quatre purées maison et de quatre purées congelées ; les résultats publiés en 2006 concluent que les purées Heinz remportent la palme, suivies de près par les purées maison. À mon avis, l'analyse de seulement quatre aliments en purée différents (carottes, patates douces, poulet et pommes) ne fournit pas une vue d'ensemble des aliments pour bébés mais peut réconforter certains parents qui n'ont ni le temps ni l'envie de faire des purées maison.

Pour mieux connaître une partie des produits vendus, voici ce que révèle une revue du marché faite en 2005.

Les purées de légumes en petits pots ou congelées

Les purées de légumes en petits pots identifiées «pour débutant» renferment une seule sorte de légume et de l'eau. La variété de légumes offerte est limitée : carottes, courges, haricots verts, haricots jaunes, pois et patates douces (Heinz). Les purées de légumes de culture biologique existent, mais la gamme de légumes est encore plus limitée (Bienfaits de la terre). La gamme des purées congelées «pour débutant» n'est guère plus vaste mais offre quelques légumes intéressants : brocoli, pois, courgettes, fèves jaunes, patates douces et courges Butternut (La mère poule).

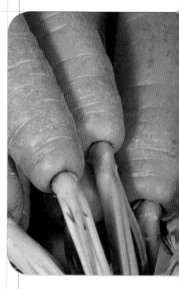

Les purées de légumes mixtes se composent de quelques légumes de base additionnés de pommes de terre ou de riz, qui diluent la valeur nutritive du légume (Heinz). Elles renferment donc moins de vitamine C, moins de thiamine, moins de riboflavine et moins de niacine que les purées de légumes pour débutant ou encore que les purées maison.

Lesquelles choisir ?

Si vous devez avoir recours à ce type de produit, choisissez toujours les purées de légumes identifiées «pour débutant» parce qu'elles ne contiennent que des légumes. De toute façon, le bébé ne consomme des purées très lisses que pendant quelques semaines, puisqu'elles sont rapidement remplacées par des légumes avec plus de texture.

Un bébé âgé de plus de 7 mois s'en tire beaucoup mieux avec des légumes frais, cuits à la dernière minute, écrasés à la fourchette et sans addition de sel. De cette façon, il apprend à savourer différents légumes frais, qui n'ont rien en commun avec leurs cousins en conserve ou encore congelés. Il apprend aussi graduellement à mastiquer, grâce aux diverses textures que vous pouvez lui offrir. Un bébé initié aux saveurs des courgettes, des asperges ou du brocoli acquiert un goût pour ces légumes plus rapidement qu'un bébé nourri exclusivement aux purées de carottes, de courges et de patates douces.

Les purées de légumes en petits pots ou congelées permettent sûrement d'économiser du temps, mais la mince variété de légumes offerts demeure une faiblesse majeure.

Les purées de fruits et les desserts aux fruits

La gamme de purées composées d'un seul fruit est limitée, tandis que celle des desserts aux fruits pour bébés est absolument étourdissante.

Les purées de fruits en petits pots sans sucre ajouté sont identifiées «pour débutant». Nous n'avons trouvé que des pommes, des bananes, des pêches et des poires additionnées d'acide ascorbique ou vitamine C (Heinz). Par contre, nous avons compté six purées de fruits congelés, y compris une purée de cantaloup et une de mangue (La mère poule).

Par ailleurs, les purées de fruits desserts en petits pots (Heinz) renferment un ou plusieurs féculents, comme l'amidon de maïs, le tapioca, la farine de riz ou la farine de blé, sans oublier le sucre. De fait, l'eau se retrouve souvent comme premier ingrédient. Ces purées desserts sont des produits plus riches en calories et moins riches en vitamines.

Quant aux yogourts aux fruits pour bébés, ce sont des yogourts dont la culture bactérienne est inactivée par traitement thermique, ce qui signifie qu'ils n'ont aucun effet sur la flore intestinale du bébé, comparativement à d'autres yogourts. Ils renferment, entre autres, de la poudre de lait écrémé, du sucre, de l'amidon de maïs. Si on le compare à la même quantité de yogourt nature additionné de 30 ml (2 c. à soupe) de banane en purée, le yogourt en petit pot fournit deux fois moins de protéines, trois fois moins de vitamine A et de riboflavine, cinq fois moins de potassium et deux fois et demie moins de calcium.

Lesquels choisir?

Les purées de fruits pour débutant constituent votre meilleur choix (Heinz ou La mère poule) au moment de l'introduction des fruits.

Un bébé âgé de plus de 7 mois s'en tire beaucoup mieux avec un fruit mûr, légèrement poché, si nécessaire, et non sucré. Si vous souhaitez augmenter la teneur en vitamine C, ajoutez un peu de jus de pomme enrichi de vitamine C lorsque vous le réduisez en purée.

Les fruits mixtes et les purées desserts peuvent être offerts à l'occasion, mais ne présentent aucun intérêt nutritionnel.

Quant au yogourt, le bébé s'habitue facilement à la saveur du vrai yogourt nature fait de lait entier lorsqu'il n'a pas goûté au yogourt sucré. En lui offrant du vrai yogourt, vous lui donnez les bénéfices d'une culture bactérienne active pour l'intestin, une valeur nutritive ajoutée et faites une économie de sucre.

Les jus de fruits

Les jus de fruits filtrés sont une des dernières créations des fabricants d'aliments pour bébés. Ils sont faits d'eau, de jus de fruits concentré et sont enrichis de 40 mg de vitamine C. Ils coûtent trois fois et demie plus cher que du jus ordinaire, concentré. Une orange pressée ou un jus surgelé reconstitué, filtré si désiré, fournissent vitamines et minéraux à bien meilleur coût.

Attention

Les jus de fruits, même non sucrés, devraient être considérés comme une gâterie, car ils sont beaucoup plus sucrés que la préparation pour nourrissons ou le lait entier (à 3,25 %) que votre bébé absorbe. Très rapidement, le jus deviendra l'aliment chouchou de votre bébé et ce dernier pourrait même réduire sa consommation de lait. Il est donc préférable de toujours offrir le jus dilué avec une même quantité d'eau afin d'en diminuer la teneur en sucre et d'en limiter la consommation à 125 ml (4 oz) par jour (voir p. 141).

Les purées de viande

Les purées de viande représentent un plus petit groupe de produits. On trouve des petits pots ne contenant qu'une seule viande identifiés «pour débutant», comme le bœuf, le veau, le poulet, l'agneau et la dinde. Ils contiennent de la viande, du bouillon, du jus de citron et, à l'occasion, du gras de bœuf (Heinz). Les purées congelées de veau, de dinde, d'agneau, de poulet et de porc ne renferment que de la viande et de l'eau (La mère poule). L'apport nutritionnel de ces deux types de purées est valable et le produit final est parfois plus facile à avaler par le jeune bébé que la purée maison. Par ailleurs, l'absence de poisson est à déplorer, puisqu'il s'agit d'un aliment très facile à manger et à digérer.

Les autres purées qui contiennent de la viande

On peut trouver une gamme importante de produits pour bébés qui contiennent des quantités variables de viande.

Les dîners à la viande renferment une courte liste d'ingrédients comprenant des légumes, de la viande, de l'eau, des pommes de terre et du riz (Heinz, La mère poule). De façon générale, ce type de purée renferme deux fois plus de protéines que les autres purées avec légumes et viande.

Les purées de légumes et viande sont un mélange d'eau, de légumes, de pommes de terre ou de lentilles, de viande, de pâtes ou de riz, de poudre de lait, de levure et d'assaisonnements sans sel ajouté. La viande utilisée peut être le bœuf, le poulet ou la dinde chez Bienfaits de la terre, l'agneau, le bœuf, la dinde, le foie, le jambon, le poulet ou le veau chez Heinz ou le veau, l'agneau, la dinde, le poulet ou le porc chez La mère poule.

Pour les 12 mois et plus, il existe les repas Tout-petits (Heinz) qui offrent une variété de mets, allant du poulet chasseur au bœuf Stroganoff, en passant par le ragoût de veau. Plusieurs de ces repas renferment du sel, du beurre et de l'amidon de maïs modifié. Ils permettent sûrement d'économiser du temps, mais l'enfant de 12 à 24 mois peut facilement manger quelques bonnes bouchées des plats destinés au reste de la famille ou alors manger des aliments très simples (voir chapitre 17).

Lesquelles choisir ?

Comme pour toutes les purées, choisissez de préférence les purées uniquement composées de viande pour initier votre bébé à cet aliment. Si vous désirez continuer à lui donner ce type de repas, vérifiez la liste des ingrédients et choisissez les listes courtes.

Les repas végétariens

Comme de plus en plus de parents optent pour une alimentation sans viande et que, par ailleurs, un bébé, même non végétarien, n'a besoin que d'un repas de viande par jour, et non de deux, les repas dits végétariens peuvent jouer un rôle dans l'alimentation des bébés de plus de 9 mois.

Les dîners végétariens que l'on trouve sur le marché (Bienfaits de la terre) renferment souvent des pâtes, du fromage, des légumes et de l'huile de canola. Certains renferment des lentilles ou des pois chiches et du riz brun. Certains mélanges légumes et fromage (Heinz) peuvent aussi constituer un repas sans viande, si désiré.

Lesquels choisir ?

Consultez la liste d'ingrédients et choisissez la purée qui renferme les ingrédients les plus sains. N'oubliez pas qu'un bébé de plus de 9 mois peut très bien se satisfaire de tofu soyeux avec un savoureux légume, écrasés à la fourchette.

Une question de valeur nutritive, de goût et de coût

Les aliments pour bébés en petits pots ou en purées congelées peuvent vous dépanner. Les purées simples de légumes, de fruits et de viande identifiées « pour débutant » peuvent initier votre bébé aux aliments solides pendant quelques semaines et lui fournir les éléments nutritifs de base. Choisissez bien vos petits pots ou vos purées congelées, car le contenu en vitamines et en minéraux du menu de votre bébé peut varier de façon significative, d'un produit à un autre. Chose certaine, vos purées maison demeurent le premier choix.

Quant au goût, faites l'expérience, au moins une fois, de comparer la saveur d'une purée du commerce à une purée maison. L'aliment en pot ne possède jamais le goût de l'aliment nature. L'enfant doit donc faire une double démarche : apprendre à accepter les petits pots, puis apprendre à aimer les vrais aliments. Une séance de dégustation de petits pots, de purées maison et de purées congelées organisée par Mamanpourlavie.com (site Web) et mettant à l'épreuve deux papas a conclu que la saveur des purées maison était imbattable, suivie de près par les purées congelées de Bedon Mignon.

Les produits que vous achetez coûtent environ deux ou trois fois plus cher que les purées maison. En saison, vous pouvez même faire de plus grandes économies avec les fruits et les légumes frais du marché.

Chapitre 16

Quelques problèmes courants

V otre bébé a un problème qui nuit à son bien-être. Il a des coliques, il est constipé, il souffre d'un manque de fer ou encore d'allergies alimentaires. Même si, sur le moment, ces différents problèmes vous inquiètent beaucoup, il est possible d'y apporter des solutions.

Votre bébé régurgite

Les problèmes de régurgitation sont fréquents au cours des premiers mois, mais ils sont très différents des problèmes de vomissement. Le bébé qui régurgite a de petites quantités d'aliments qui remontent et qui s'échappent pendant ou après un repas. Ce problème est causé par l'immaturité de son système digestif, et non par une allergie. Ni sa croissance ni son appétit n'en seront affectés, et tout rentre habituellement dans l'ordre vers la fin du troisième mois.

Vous pouvez alléger ou même enrayer ce problème en respectant les consignes suivantes :

- Assurez-vous que votre bébé fait ses rots au moins une fois pendant le boire et une fois après chaque boire ; soyez patient, car à certains moments les rots peuvent se faire attendre ;
- Évitez de suralimenter votre bébé ; observez-le bien et respectez ses signes de satiété ;
- Assurez-vous que votre bébé ne boit jamais son biberon seul, de peur qu'il avale trop d'air ou ingurgite son lait trop rapidement ;
- Couchez votre bébé sur le ventre après chaque repas plutôt que de l'asseoir dans sa petite chaise inclinée ; une étude a montré que l'utilisation de ce type de siège incliné pour bébés pouvait provoquer du reflux ;
- Évitez de jouer avec lui ou de le surexciter après le repas ; laissez-lui une période de repos.

Votre bébé pleure continuellement. A-t-il des coliques?

Votre bébé pleure constamment pendant des heures, habituellement vers la fin de l'après-midi ou au début de la soirée. Il est crispé et a les poings fermés. Son ventre est dur et tendu. Il demeure inconsolable, même dans vos bras.

La cause de ses pleurs n'est pas toujours facile à déceler. Il peut s'agir de sous-alimentation ou de suralimentation, d'une mauvaise façon de faire les rots, d'une intolérance alimentaire, d'une trop grande quantité d'air avalée ou même d'un plus grand besoin d'affection. Il peut aussi s'agir de coliques.

Les coliques apparaissent habituellement vers l'âge de 3 à 4 semaines et disparaissent graduellement vers l'âge de 4 mois. Elles sont aussi fréquentes chez les bébés allaités que chez les enfants nourris aux préparations pour nourrissons.

Avant de conclure quoi que ce soit ou encore de démissionner, revoyez tranquillement les solutions possibles.

Si vous allaitez

- N'hésitez pas à nourrir votre bébé sur demande afin de bien satisfaire son appétit. Assurez-vous que votre premier sein semble vide avant d'offrir le deuxième, car de petits boires à chaque sein peuvent fournir une trop grande quantité de lactose et pas assez de gras. Un bébé qui boit très peu peut ressentir de la faim et de la douleur;
- Vérifiez votre position d'allaitement (voir p. 53) et assurez-vous que votre bébé n'avale pas trop d'air en buvant;
- Si les premières mesures n'ont pas donné de résultats, essayez d'éliminer les produits laitiers pendant 72 heures;
- Si vous notez une certaine amélioration mais que votre bébé a encore des moments critiques, adoptez une alimentation sans allergènes (lait, œufs, arachides, noix, blé, soya et poisson) pendant au moins 7 jours avant de reprendre votre menu habituel.
- Essayez de donner des probiotiques sous forme de gouttes (voir étude, p. 61);

Si vous donnez à votre bébé une préparation pour nourrissons

- Nourrissez-le sur demande pour éviter qu'il ait trop faim;
- Massez doucement son ventre et prenez-le plus souvent dans vos bras;

- Essayez une préparation thérapeutique pour nourrissons (voir p. 99) pendant quelques semaines ; si les coliques cessent, continuez d'offrir ce type de préparation jusqu'à l'âge de 4 mois ;
- N'oubliez jamais que les coliques sont passagères. Si elles persistent au-delà de 4 mois, une investigation médicale plus poussée peut se révéler nécessaire.

Votre bébé vomit

Les vomissements constituent un problème assez différent de la régurgitation. Ils correspondent à une expulsion rapide d'une grande quantité de lait ou d'aliments, pendant ou après un repas. Ils s'accompagnent souvent de fièvre ou d'un dérangement intestinal et doivent être rapportés à votre médecin.

Lorsque votre bébé vomit, il est très important de le réhydrater. Donnez-lui du liquide de façon régulière, l'équivalent de 120 ml (env. 4 oz) à l'heure, 15 ml (1 c. à soupe) toutes les cinq minutes ou même 5 ml (1 c. à thé) à la fois, si votre bébé a moins de 6 mois.

Le meilleur liquide à lui donner est celui qui imite la composition des liquides intérieurs du corps humain. Certaines préparations que l'on trouve en pharmacie, comme le Pédialyte ou le Gastrolyte, respectent ce critère. Si vous ne pouvez vous procurer ce type de boisson ou que votre enfant le refuse, vous pouvez préparer à la maison un mélange de jus d'orange et d'eau, additionné d'un peu de sel. Suivez la recette exacte de la boisson de réhydratation :

La boisson de réhydratation

600 ml (20 oz) d'eau de source embouteillée
ou d'eau du robinet
360 ml (12 oz) de jus d'orange préparé avec
du jus surgelé, dilué comme d'habitude
2 ml (½ c. à thé) de sel

Bien mélanger le tout et garder au frigo. Servir au bébé quelques minutes après la sortie du frigo pour éviter que la boisson ne soit trop froide.

N'attendez pas que votre bébé soit déshydraté pour consulter le médecin ou pour vous présenter au CLSC. Si votre bébé vomit à répétition, que ses urines sentent très fort et qu'il semble très fatigué, rendez-vous à l'urgence.

Votre bébé a la diarrhée

Il est important de faire la différence entre une diarrhée légère et une gastroentérite. Ce qui suit traite de diarrhée légère.

Avant 12 mois

Un bébé allaité peut faire de 8 à 10 selles molles par jour sans jamais souffrir de diarrhée. Après quelques mois, les selles deviennent moins fréquentes, mais demeurent molles et jaunâtres, jusqu'à l'introduction des aliments solides.

Un bébé nourri avec une préparation pour nourrissons peut avoir des selles molles à la suite de l'introduction d'un nouvel aliment. Le problème est mineur et sans conséquence.

Si les selles très molles persistent, votre bébé peut avoir une intolérance aux protéines du lait ou au lactose. Essayez une préparation pour nourrissons à base de soya (voir p. 98). S'il y a des allergies alimentaires dans votre famille rapprochée, une préparation thérapeutique pour nourrissons peut être le meilleur choix (voir p. 99).

Après 12 mois

Votre bébé peut souffrir de diarrhée légère, de façon chronique s'il boit trop de jus de fruits, de jus de pomme en particulier. Le problème est fréquent et se règle facilement. Réduisez sa consommation de jus au minimum, soit environ 125 ml (4 oz) par jour. Diluez le jus avec une quantité égale d'eau et augmentez graduellement sa consommation de lait.

Votre bébé a une gastroentérite

Une diarrhée aiguë, appelée aussi gastroentérite, peut survenir n'importe quand et est rarement causée par des aliments. Il s'agit plutôt d'une infection virale. Elle se manifeste par des selles liquides, souvent accompagnées de vomissements et de fièvre. Elle exige une intervention immédiate, afin d'éviter la déshydratation, qui cause aux États-Unis 500 morts et 200 000 hospitalisations par année, selon le Centre américain de contrôle des maladies.

Pour réhydrater adéquatement votre bébé, donnez-lui de façon constante une boisson qui renferme la bonne proportion d'eau, de sels et de sucre, comme le Pédialyte ou le Gastrolyte, que l'on trouve en pharmacie, ou bien donnez-lui la boisson de réhydratation (voir p. 197) :

- Offrez-lui environ 125 ml (½ tasse) à l'heure de cette boisson au biberon ou à la cuillère ; si votre bébé vomit, donnez-lui 5 ml (1 c. à thé), toutes les 5 à 10 minutes, jusqu'à ce que les vomissements cessent ;
- Un bébé de moins de 12 mois peut avoir besoin de 1 litre (4 tasses) par jour de boisson de réhydratation ;
- Évitez les jus de fruits, les sodas et les boissons gazeuses qui ne renferment pas la bonne proportion d'eau, de sels et de sucre, et qui aggravent la situation et retardent la guérison ;
- Consultez votre médecin ou présentez-vous à votre CLSC ;
- Continuez d'allaiter votre bébé ou de lui donner la préparation pour nourrissons aussi souvent que possible ;
- Si votre bébé mange déjà des aliments solides, continuez de le nourrir ; les céréales pour bébés, les bananes et la viande ou le tofu sont faciles à digérer.

Même si la consistance des selles ne s'améliore pas, cette stratégie minimise la perte de poids, diminue la durée de la diarrhée et aide le bébé à récupérer plus rapidement.

Afin de prévenir la contamination, lavez vos mains avec du savon et de l'eau après chaque changement de couche et avant de préparer les repas.

Votre bébé est constipé

Les enfants allaités ont des selles molles et sont rarement constipés, alors que les bébés nourris aux préparations pour nourrissons ont des selles plus dures.

La constipation survient souvent dès l'introduction des aliments solides. Elle se manifeste par des selles moins fréquentes, sèches et dures. L'élimination peut devenir tellement douloureuse que certains bébés retiennent leurs selles de peur d'avoir mal. Voici quelques façons de minimiser le problème.

Stéphanie a été allaitée pendant six mois avant de prendre sa première bouchée d'aliments solides. Elle avait habituellement cinq ou six selles par jour. Après avoir pris des céréales pour bébés, pendant deux jours, elle a cessé d'avoir des selles pendant une semaine! Tout est rentré dans l'ordre après quelques semaines. Par ailleurs, ses intestins ont continué de réagir chaque fois qu'un nouvel aliment solide était introduit dans son alimentation.

Avant 6 mois

- Dans les rares cas de bébés allaités qui souffrent de constipation, augmentez la fréquence des boires, pour ainsi augmenter la quantité d'eau à son menu ;
- Dans les autres cas, donnez au bébé, en alternance, une préparation pour nourrissons enrichie de fer et une préparation sans fer, jusqu'à ce qu'il s'adapte ;
- Augmentez l'apport en liquide de l'alimentation de votre bébé en lui offrant de l'eau bouillie ou de l'eau de source, environ 15 ml (1 c. à soupe) entre chaque boire ;
- Après 3 mois, offrez-lui du jus de pruneau tiède et dilué 1 ou 2 fois par jour : 15 ml (1 c. à soupe) de jus et 15 ml (1 c. à soupe) d'eau bouillie ;
- Si le problème persiste, faites examiner votre bébé afin d'éliminer la possibilité qu'il souffre d'une fissure anale.

De 6 à 12 mois

- Augmentez la consommation d'eau de source ou d'eau du robinet entre les repas ;
- Offrez une céréale pour bébés de grains entiers, par exemple la céréale d'avoine de Healthy Times, plutôt qu'une céréale raffinée pour bébés. Lorsque votre bébé a goûté à toutes les céréales à grain unique, offrez-lui une céréale de type Familia avec des fruits secs et du germe de blé ;
- Remplacez pendant seulement deux semaines la préparation pour nourrissons à base de lait par une préparation à base de soya (Prosobee, Alsoy) et observez les résultats. S'il y a amélioration, continuez de lui en offrir ; sinon, passez à d'autres mesures ;

- Offrez de la purée de pruneaux seule ou mélangée avec d'autres fruits ;
- Si les premières suggestions n'apportent pas d'amélioration, mélangez de 5 à 15 ml (1 c. thé à 1 c. à soupe) de son de blé naturel aux céréales pour bébés chaque matin et chaque soir ; cette petite quantité de son n'affecte ni l'apport en calories ni l'absorption des minéraux ;
- Au lieu du son de blé naturel, incorporez 5 ml (1 c. à thé) d'huile de lin pressée à froid à ses céréales.

Après 12 mois
- Offrez chaque jour des légumes crus, râpés, et des morceaux de fruits frais ;
- Offrez de l'eau entre les boires ;
- Servez des produits céréaliers de grains entiers, riches en fibres alimentaires, comme le riz brun, le pain de blé entier et les pâtes de blé entier, plutôt que le riz blanc, le pain blanc et les pâtes blanches ;
- Limitez la consommation de lait à un maximum de 1 litre (32 oz) par jour, parce que le lait nourrit beaucoup sans fournir de fibres ;
- Remplacez pendant seulement deux semaines le lait de vache par une boisson de soya enrichie de calcium et de vitamine D (SoGood, SoNice) et observez les résultats. S'il y a amélioration, continuez avec la boisson de soya ; sinon, passez à d'autres mesures ;
- Mélangez de 15 à 30 ml (1 à 2 c. à soupe) de son de blé naturel aux céréales ou au yogourt ; cette petite quantité de son n'affecte ni l'apport en calories ni l'absorption des minéraux ;
- Ajoutez 5 ml (1 c. à thé) d'huile de lin pressée à froid aux céréales de votre bébé ou encore 5 ml (1 c. à thé) de graines de lin moulues.

Si votre bébé a tendance à la constipation malgré tout, il a besoin d'une routine qui favorise le travail intestinal. Nourrissez-le à des heures régulières et encouragez l'activité physique. Après l'âge de 18 mois, prenez votre temps pour l'entraînement à la propreté, ce qui favorisera une bonne routine d'élimination. Vous avez jusqu'à 3 ans pour que votre bébé soit capable d'établir cette routine par lui-même.

Votre bébé refuse de manger

Vers la fin de la première année, lorsque le rythme de croissance de votre bébé ralentit, son appétit ralentit aussi. Lorsqu'il a une poussée de croissance, il a aussi une augmentation temporaire de l'appétit ! Cycle normal, mais infernal pour des parents inquiets.

De la naissance à 12 mois ou presque, votre bébé raffolait des différentes purées, il avait toujours la bouche ouverte et faisait des expériences alimentaires sans rouspéter… Soudain, il se met à faire la fine bouche, il jette ses aliments par terre et serre les lèvres. Ne vous en faites pas, votre bébé est tout à fait normal !

Julie, 14 mois, ne veut manger que des pâtes alimentaires depuis trois semaines. Elle refuse la viande et les légumes, mais prend environ 600 ml (20 oz) de lait par jour.

Après vérification du menu, Julie mange suffisamment d'aliments (céréales, fruits, pâtes et lait) pour être en pleine forme. Ses parents n'ont pas lieu de s'inquiéter.

Ne forcez jamais votre bébé à manger, jamais ! Ce conseil s'applique à tous les âges et en toutes circonstances. Les bébés ont normalement faim certains jours et d'autres jours, ils ont moins faim.

Vos réactions peuvent favoriser l'établissement d'une relation heureuse avec la nourriture, ou le contraire. Dès la naissance, votre meilleure stratégie est d'adopter une attitude détendue devant la quantité d'aliments que votre bébé mange.

Pour être moins inquiet, offrez toujours à votre bébé les aliments les plus nutritifs, mais laissez-le décider des quantités qu'il veut manger. Rappelez-vous l'étude du Dr Clara M. Davis qui a démontré que les aliments de première qualité travaillent toujours en faveur de la croissance et du développement de votre enfant (voir p. 13).

Lorsque l'appétit de votre enfant diminue normalement :
• offrez-lui de plus petites quantités de nourriture ;

- retirez son assiette sans passer aucune remarque négative ;
- offrez-lui de l'eau plutôt que du lait ou du jus entre les repas, pour ne pas lui couper l'appétit ;
- acceptez les variations de son appétit.

Les aliments les plus souvent refusés

Les légumes constituent les aliments les plus souvent refusés. Ils sont plus populaires crus que cuits, servis avec une trempette que mangés seuls. La viande rouge arrive en deuxième dans les aliments que les bébés refusent le plus souvent ; ce refus dure aussi longtemps que le défi de la texture persiste. Poulet, tofu et filets de poisson provoquent moins de résistance parce qu'ils sont plus faciles à mastiquer et à avaler. Malheureusement, la liste des refus augmente proportionnellement à la pression qu'exercent les parents. Plus vous insistez pour que votre bébé mange tel ou tel aliment, plus il risque de le refuser. C'est le début de la lutte pour l'autonomie.

Ma propre expérience avec mon aînée m'a beaucoup appris. J'ai négocié avec ma petite fille chaque bouchée de légumes, de 12 à 48 mois. Lorsque j'ai changé de stratégie, ma fille s'est mise à goûter et à aimer les légumes.

Votre bébé souffre d'anémie

L'anémie par manque de fer est la déficience la plus fréquente chez le jeune enfant de 9 à 18 mois. Elle survient plus souvent chez des bébés prématurés ou de faible poids à la naissance, chez des bébés qui n'ont pas été allaités, qui n'ont pas reçu de préparation pour nourrissons enrichie de fer et qui ont commencé à boire très tôt du lait de vache. Elle doit être guérie le plus rapidement possible.

Si votre bébé souffre d'anémie, il doit prendre un supplément de fer pour remonter son taux d'hémoglobine. Une fois son taux d'hémoglobine rétabli, il doit continuer de prendre un supplément de fer pendant environ trois mois pour refaire complètement ses réserves de fer.

Tout au long de cette période, vous avez avantage à augmenter la teneur en fer de son alimentation. Vous pouvez:

- remplacer le lait de vache par une préparation de transition comme Transition ou Enfalac Prochaine Étape (voir p. 102);
- donner quotidiennement à votre bébé des céréales riches en fer;
- offrir régulièrement de la viande, du tofu ou des légumineuses;
- offrir un fruit ou un légume riche en vitamine C à chaque repas, pour favoriser une meilleure absorption du fer.

Consultez le tableau qui suit pour mieux connaître les aliments riches en fer et les listes présentées en appendice pour ceux qui sont riches en vitamine C.

La teneur en fer de certains aliments

Aliment	Quantité	Quantité de fer (mg)
Céréales pour bébés à grain unique enrichies de fer	28 g (6 à 10 c. à soupe selon le produit)	7 à 11
Céréales pour bébés avec formule lactée (Milupa)	28 g (7 c. à soupe)	9
Céréales mixtes pour bébés enrichies de fer	28 g (8 à 10 c. à soupe selon le produit)	6 à 11
Céréales sèches Nutrios	15 g (½ tasse)	5,5
Céréales croustillantes pour bébés de 12 mois (Heinz)	28 g (3 c. à soupe)	7
Céréales sèches enrichies de fer, pour adultes (flocons de son)	125 ml (½ tasse)	4

La teneur en fer de certains aliments (suite)		
Aliment	**Quantité**	**Quantité de fer (mg)**
Céréales à cuire (gruau) enrichies de fer, pour adultes	32 g (1 sachet)	5
Cheerios	15 g (½ tasse)	2
Purée de foie (veau, bœuf, poulet)	45 ml (3 c. à soupe)	2,2
Purée de viande	45 ml (3 c. à soupe)	1
Tofu soyeux	85 g (3 oz)	0,9
Purée d'épinards (après 9 mois)	60 ml (4 c. à soupe)	1,5
Légumes verts (brocoli)	60 ml (4 c. à soupe)	0,5
Purée de fruits	128 ml (1 pot)	0,2 à 0,8
Préparation pour nourrissons enrichie de fer	600 ml (20 oz)	6
Préparation de transition	600 ml (20 oz)	7,8
Lait de vache entier, à 3,25 %	600 ml (20 oz)	0,3
Supplément de fer (gouttes) Fer-In-Sol	1 ml	15

Vous faites partie d'une famille où il y a des allergies

Les allergies alimentaires semblent se multiplier et la recherche scientifique, dans ce domaine, progresse assez lentement. Les recherches faites au cours des vingt dernières années permettent toutefois de mieux cerner le problème. Parmi les faits reconnus, nous savons que :

- les bébés sont plus vulnérables aux allergies alimentaires jusqu'à l'âge de 2 ans. Cependant, les tests cutanés ne permettent pas de déceler les aliments allergènes chez ce groupe d'âge ;
- 58 % des bébés dont les deux parents souffrent d'allergies risquent d'avoir des réactions aux aliments ;
- 29 % des bébés dont l'un des parents souffre d'allergies risquent d'avoir des réactions, par rapport à seulement 12 % des enfants qui n'ont pas d'allergies alimentaires dans leur famille rapprochée ;
- la plupart des réactions aux aliments se produisent au cours des 12 premiers mois ;
- la plupart des aliments éliminés au cours des premiers mois peuvent être réintroduits sans risque après l'âge de 12 mois ;
- les symptômes les plus souvent associés aux réactions allergiques sont la diarrhée, les vomissements, les coliques, les éruptions cutanées, l'urticaire, l'eczéma et la congestion nasale chronique, mais ces symptômes ne sont pas toujours provoqués par des aliments allergènes ;
- les aliments les plus souvent associés aux réactions allergiques sont le lait de vache, les œufs, le soya, les jus de fruits, les arachides, le maïs, le blé et les fruits de mer ;
- jusqu'à l'âge de 4 ans, d'autres aliments peuvent provoquer des réactions allergiques chez les bébés vulnérables.

Il est toutefois possible de prévenir certaines réactions allergiques au cours des premiers mois et d'en retarder l'apparition éventuelle. La stratégie proposée est particulièrement recommandée pour les bébés qui ont des allergies alimentaires dans leur famille rapprochée.

Dès la naissance
- Allaitez pendant au moins six mois ;
- Pendant que vous allaitez, éliminez de votre alimentation tout aliment susceptible de causer des problèmes, comme le lait et les œufs ; assurez-vous de prendre suffisamment de calcium, de vitamine D et de protéines ;
- Si des symptômes apparaissent malgré tout, éliminez de votre menu les autres aliments potentiellement allergènes, comme le bœuf, le poisson, le

soya ou le beurre d'arachide, mais continuez d'allaiter aussi longtemps que vous le pouvez ;

- Retardez l'introduction des aliments solides jusqu'à l'âge de 6 mois.

Lors de l'introduction des aliments solides

- Introduisez un nouvel aliment tous les 7 jours, plutôt que de suivre le calendrier habituel d'introduction des solides ;
- Parmi les céréales pour bébés, retardez l'introduction des céréales de blé jusqu'après l'âge de 12 mois ;
- Évitez de mélanger les aliments, tant et aussi longtemps que chacun d'eux n'a pas été introduit séparément ;
- Retardez l'introduction des œufs, du poisson et du jus d'orange jusqu'à l'âge de 12 mois ;
- N'offrez ni noix ni beurre d'arachide jusqu'à l'âge de 24 mois, certains disent même jusqu'à l'âge de 4 ans, surtout s'il s'agit d'un aliment auquel un des parents est déjà allergique ;
- Retardez l'introduction du lait de vache jusqu'à l'âge de 12 mois ; ne donnez que le lait maternel ou une préparation thérapeutique pour nourrissons avant cet âge.

Après 12 mois

- Continuez d'introduire lentement les solides ;
- Si une réaction apparaît, éliminez l'aliment suspect pendant une ou deux semaines et vérifiez si les symptômes disparaissent ;
- Réintroduisez les aliments éliminés en petites quantités et observez les réactions ; si les symptômes réapparaissent, éliminez l'aliment allergène pendant deux à trois mois, mais réintroduisez-le après cette période. Dans la plupart des cas, il n'est pas nécessaire ni avantageux d'éliminer l'aliment allergène à vie.

Quand il y a un problème, il y a une solution, et plusieurs des solutions proposées n'exigent que quelques modifications alimentaires.

Chapitre 17

Le défi alimentaire après 9 mois

Votre bébé a goûté à plusieurs aliments. Il l'a fait avec plaisir et appétit. Il en a même redemandé, tellement il avait faim. Or, voilà qu'à 10, 12 ou 14 mois, il n'est plus intéressé à la nourriture. Il regarde son plat avec indifférence ou le rejette carrément. Votre bébé qui avalait tout est soudainement devenu « un mangeur inégal, un capricieux ».

Vous devez continuer de lui fournir tous les éléments nutritifs nécessaires à sa croissance. Vous voulez aussi lui communiquer le goût des bons aliments tout en respectant sa soif d'autonomie.

Une croissance au ralenti

Au cours des 12 premiers mois, votre bébé a grandi d'environ 25 cm (10 po). S'il pesait 3,5 kg (7 lb) à la naissance, il pèse facilement 10,5 kg (23 lb) à 1 an. Ce qui veut dire qu'il a triplé son poids en 12 mois. Cet exploit ne se reproduira plus jamais.

À la fin de la première année, le rythme de croissance commence à ralentir et se fera par vagues au cours des cinq à six prochaines années. Normalement, votre bébé de 1 an aura doublé son poids arrivé à l'âge de 6 ans. Jusqu'au moment d'entrer à l'école primaire, sa croissance sera d'environ 7,5 à 10 cm (3 à 4 po) par année et autour de 2 à 2,5 kg (env. 4 à 5 lb) par année, ce qui n'a rien de comparable avec la croissance qu'il a connue au cours des 12 premiers mois de sa vie.

Votre bébé de 12 ou 16 mois a moins faim qu'à 7 mois. Il grandit lentement, mais normalement. Son appétit suit son rythme de croissance qui ne sera jamais aussi important qu'au cours des 9 premiers mois. Il peut se permettre des caprices. Il peut même faire des grèves de la faim, car il n'a plus un appétit régulier.

Je me souviens de ma cadette qui, soudainement, ne voulait plus rien manger. Elle m'inquiétait beaucoup. Mon pédiatre m'a réconfortée et encouragée à ne pas la forcer. La grève a duré quelques jours, puis ma fille s'est remise à manger. Elle mesure aujourd'hui 1,77 m (5 pi 8 po) et elle semble en pleine forme !

Un appétit qui varie

L'appétit de votre bébé peut varier d'un jour à l'autre, d'un repas à l'autre. Il est devenu imprévisible, et c'est normal.

Le désir d'autonomie de votre bébé grandit de jour en jour, mais sa capacité d'exprimer ses besoins est encore fort limitée. Il ne peut pas vous dire ce qu'il aimerait vraiment manger. Il est frustré autant que vous l'êtes. L'heure des repas devient tendue.

J'ai vécu ce type de problème avec mes filles. J'ai écouté de nombreux parents aux prises avec ce défi. Voici quelques situations qui peuvent vous consoler ou vous donner des pistes de solution.

Mélanie a 11 mois. Elle n'a plus le goût de manger des purées. Elle fait presque la grève de la faim. Elle regarde d'autres aliments autour d'elle et a le goût d'en prendre avec ses doigts.

Elle a largement dépassé l'âge des purées. Introduisez lentement de vrais aliments coupés en très petits morceaux et donnés en petite quantité. Voyez comment elle réagit. Ne la forcez jamais à finir ce que vous avez mis devant elle.

Catherine a 12 mois. Elle est active, mais a un appétit qui varie énormément d'un jour à l'autre, d'un repas à l'autre. Elle demande parfois deux assiettes et a encore faim pour un dessert nourrissant. Au repas suivant, elle grignote à peine deux bouchées. Elle mange souvent mieux les repas préparés par la gardienne ou la grand-mère que ceux de sa maman.

Rien de plus normal. Il s'agit d'apprendre à respecter ses variations d'appétit et de ne pas en faire un plat. Les meilleurs signes de santé se voient dans l'énergie et le dynamisme de votre enfant, et non dans les quantités de nourriture qu'il avale.

Michel a 14 mois. Depuis trois semaines, il refuse tout, sauf les pâtes. Il ne veut manger ni viande ni légumes, mais il boit presque 720 ml (24 oz) de lait par jour.

Michel n'est pas exceptionnel. Sans le contredire, vous pouvez ajouter de petites quantités d'aliments intéressants dans les plats de pâtes (viande, tofu ou légumes) jusqu'au jour où il voudra manger autre chose.

Sa consommation de lait lui assure toutefois une bonne dose de protéines, de calcium et de vitamine D, essentiels à sa croissance

Olivier a 13 mois. Il a mangé comme un roi jusqu'à son premier anniversaire. À 6 ou 7 mois, il avait même le bec toujours ouvert, toujours prêt à avaler. À 10 mois, il goûtait à tout : champignons crus, brocoli, courgettes, asperges, poisson poché, yogourt nature, morceaux de mangue, d'ananas ou de poire. Depuis quelques semaines, il refuse tout fruit et légume ; il n'accepte que les légumes en jus ou en potage, et suce le jus des quartiers d'orange et n'avale que quelques morceaux de banane.

Il est tout à fait normal ! Comme il mange un peu de poulet, des pâtes, du pain, des céréales enrichies de fer, du yogourt et du lait, il n'a pas vraiment de déficit nutritionnel. Son menu est peu varié, mais il est encore suffisant.

Julie a 20 mois. Elle est petite, mais sa courbe de croissance est normale ; et sa résistance à l'infection est bonne. Elle a un appétit très variable, n'aime pas la viande, mange très peu certains jours et beaucoup d'autres jours. Elle semble apprécier les aliments relevés et veut manger seule.

À la suite d'une évaluation de son menu sur une période de quelques jours, je constate qu'on donne à Julie un biberon de lait avant le petit-déjeuner et des tablettes granola ou des raisins secs entre les repas. Ces façons de faire lui coupent l'appétit au repas qui suit. En donnant le lait après les céréales et en oubliant les collations, on permet à Julie de retrouver l'appétit à l'heure des repas. En lui donnant des petites quantités d'aliments bien relevés, on suscite plus d'intérêt chez elle pour la nourriture et elle a plus d'appétit.

Une attitude à acquérir

Votre bébé aime jouer avec ses aliments ; il oublie de les manger. À 11 mois, c'est plus drôle de saisir un aliment entre son pouce et son index que de le mettre dans sa bouche. Moins affamé qu'il y a quelques mois, il se permet de jeter sa nourriture par terre. Il n'a guère d'autre façon d'exprimer son désintérêt.

Votre attitude devant ce nouveau comportement alimentaire est déterminante. Votre indifférence aimante peut neutraliser la tension et avoir une portée positive pour des années à venir. Votre impatience peut, au contraire, perturber les habitudes alimentaires de votre enfant.

Je sais que c'est normal, mais qu'est-ce que je fais, maintenant ? Mon bébé de 15 mois qui adorait le yogourt, les fruits et les légumes ne veut plus en manger.

La réponse est simple : ne réagissez pas et ne forcez jamais votre bébé à manger !

Apprenez-lui à goûter, sans nécessairement lui demander de tout manger. Reprenez les restes sans montrer d'inquiétude ou de frustration.

Donnez-lui environ 600 ml (20 oz) de lait par jour et attendez patiemment que son appétit revienne (voir chapitre 18 pour d'autres suggestions).

Saviez-vous que l'enfant qui refuse de manger attire cinq fois plus l'attention que celui qui mange trop? Avez-vous déjà songé qu'il peut apprendre à manger pour faire plaisir, et non parce qu'il a faim?

Plusieurs parents encouragent fortement leur jeune enfant à manger. Ils ont les meilleures intentions du monde, mais ils oublient de tenir compte des vrais besoins de leur bébé. Ils exercent des pressions plus ou moins subtilement; ils récompensent ou punissent, selon les circonstances. Qui n'a pas vu les légumes devenir le passeport pour le dessert ou les sucreries devenir la récompense par excellence? Qui n'a pas applaudi l'assiette vide? Qui n'a pas rechigné devant une assiette pleine de restes?

L'enfant apprend à utiliser les aliments à son avantage. Il avale quelques bouchées de plus pour faire plaisir à ses parents ou pour mériter une faveur. Il apprend, en quelque sorte, à se gaver, alors qu'il devrait apprendre à respecter son appétit.

Lorsqu'on regarde l'incidence croissante de l'obésité chez les jeunes enfants, il y a lieu de réviser quelques attitudes.

L'opération décodage

Vous voulez, bien sûr, respecter l'appétit de votre enfant et son autonomie, mais vous voulez quand même le nourrir un peu.

Vous pouvez décoder certaines attitudes de votre bébé sans pour autant le forcer à tout manger jusqu'à la dernière bouchée. Servez-lui toujours de petites quantités à la fois, tout en observant discrètement ses réactions.

Parfois, votre enfant tourne la tête en signe de protestation dès qu'il aperçoit son assiette. Il le fait avant même d'avoir vu l'aliment servi. Déposez calmement l'assiette devant lui et laissez-le prendre lui-même quelques petits morceaux de l'aliment ou encore manipuler lui-même la cuillère ou la fourchette. S'il retrouve le contrôle de son assiette, il retrouve parfois le goût de manger un peu.

Parfois, l'enfant veut évaluer votre patience! Il veut prendre son temps, étirer le plaisir. Si vous ne réagissez pas vraiment à son nouveau rythme, il peut vous surprendre et avaler plusieurs bouchées.

Parfois encore, l'enfant refuse catégoriquement la première bouchée du repas parce qu'il a soif. Donnez-lui un peu d'eau ou de jus de légumes. Voyez ensuite la bouche s'ouvrir pour quelques bouchées d'aliments solides.

Lorsque l'enfant est trop fatigué, qu'il a couru tout l'avant-midi ou que le repas est retardé, il n'a plus la force de manger. Il vaut mieux le nourrir lorsqu'il est encore en forme pour capter son intérêt pour les aliments.

Lorsque l'enfant a vraiment une baisse d'appétit, il vaut mieux commencer le repas par l'aliment le plus soutenant, soit le poisson, la viande ou le petit muffin enrichi de fer, et finir par les légumes, les féculents et les fruits.

Une ouverture aux nouveaux aliments

Plus l'enfant est jeune, plus il est prêt à essayer de nouveaux aliments. Une étude a démontré que, de 12 à 24 mois, 3 bébés sur 4 vont accepter de goûter à de nouveaux aliments, alors que seulement 1 enfant sur 10 le fera à l'âge de 2 à 4 ans. La période de transition entre les purées et les aliments du reste de la famille constitue un bon moment pour initier graduellement votre enfant à toute une gamme d'aliments nouveaux.

Ne vous découragez surtout pas au premier refus. L'enfant s'habitue tranquillement à la couleur, à la texture et à la saveur d'un nouvel aliment ; il ne dit pas forcément oui du premier coup. N'hésitez pas à lui en redonner de très petites quantités jusqu'au moment où il sera heureux d'en manger.

Un environnement favorable

Plus l'appétit est fragile, plus le déroulement du repas prend de l'importance.

Contrairement à l'adulte, l'enfant ne peut pas porter son attention sur plusieurs choses à la fois. Il a plus de chances de manger dans un environnement calme et détendu que dans une pièce pleine de bruit. Il a du mal à manger en regardant la télévision.

Le jeune enfant a besoin d'une certaine régularité dans l'horaire de ses repas. Il doit manger au moins trois repas. Il peut grignoter entre les repas, si les collations ne nuisent pas à son appétit.

Il a besoin d'être confortablement installé et d'avoir certains accessoires qui facilitent l'heure des repas, comme :

• une chaise haute avec un support pour les pieds ;

- une table qui répond à ses besoins ;
- de petits ustensiles ;
- une bavette qui recueille les miettes et les restes ;
- un petit verre incassable, à large ouverture (toujours à demi rempli) ;
- un bol ou un plat convexe, plutôt qu'une assiette.

Les aptitudes motrices et sociales

Au fil des mois, votre bébé apprend une foule de gestes qui l'aident à boire et à manger. La liste qui suit peut vous aider à introduire certains aliments ou certaines façons de faire en fonction de ses habiletés.

De 6 à 9 mois
- Il apprend à utiliser ses mains ;
- Il peut tenir un biberon ;
- Il commence à mastiquer ;
- Il peut mieux utiliser sa langue pour manipuler les aliments ;
- Il démontre de l'intérêt pour les textures ;
- Il commence à manifester ses préférences alimentaires.

De 9 à 12 mois
- Il fait ses premiers essais avec la cuillère ;
- Il mastique de mieux en mieux ;
- Il commence à saisir les aliments avec le pouce et l'index ;
- Il découvre le monde avec son nez et ses mains ;
- Il observe les autres et commence à les imiter.

Autour de 15 mois
- Il saisit les aliments avec ses doigts ;
- Il peut prendre une cuillère et la déposer dans une assiette, sans toutefois la remplir convenablement ;
- Lorsque la cuillère est au bord de ses lèvres, elle est souvent à l'envers ;
- Il laisse souvent tomber sa cuillère ou sa tasse ;
- Il porte tout à sa bouche, sauf la nourriture ;
- Il veut manger les aliments que les autres mangent.

Autour de 18 mois
- Son appétit diminue de façon importante;
- Il aime manger avec ses doigts;
- Il aime expérimenter de nouvelles textures;
- Le mot «non» est la réponse par excellence;
- Il boit bien à la tasse;
- Il éprouve parfois des difficultés à déposer sa tasse sur la table;
- Il peut tourner sa cuillère dans sa bouche;
- Son rythme de croissance est lent;
- Il aime les rituels: avoir le même plat, la même tasse, le même horaire;
- Il est facilement distrait;
- Il accepte d'être nourri lorsqu'il est fatigué.

Autour de 24 mois
- L'enfant peut boire au verre en le tenant d'une seule main;
- Il peut porter sa cuillère à ses lèvres, sans la retourner;
- Il a des caprices;
- Il a des marottes et aime les mêmes aliments jour après jour;
- Il a besoin d'un horaire régulier;
- Il adore les rituels.

Le défi alimentaire après 9 mois demande plus d'ouverture et plus de patience que d'habiletés dans la cuisine! Si vous apprenez à respecter les messages de votre enfant, à décoder certains de ses gestes et à ne jamais le forcer à manger, vous lui donnez la clé de bonnes habitudes alimentaires.

L'horaire des repas

L'horaire des repas du bébé peut varier selon votre propre horaire. L'important est de donner à votre bébé ce dont il a besoin à l'intérieur d'une journée.

Si vous travaillez ou si vous allaitez toujours, vous pouvez commencer la journée de votre bébé par un boire de lait maternel et lui en donner un autre le soir.

Si votre bébé boit mieux son lait à la bouteille, vous pouvez choisir de lui donner un biberon juste avant sa sieste du matin et de l'après-midi, plutôt que de lui offrir le lait au gobelet à la fin du repas.

Utilisez le tableau suivant comme guide et non comme une règle à suivre.

L'horaire approximatif des repas de 9 à 12 mois	
Déjeuner	jus de fruits au gobelet céréales pour bébés lait maternel ou préparation de transition, ou lait entier
Dîner	viande, volaille, poisson, tofu ou légumineuses légumes pain ou autre féculent fruit lait maternel, préparation de transition ou lait entier
Collation au besoin	lait maternel, préparation de transition ou lait entier
Souper	légumes ou pâtes fromage, tofu ou céréales fruit lait maternel, préparation de transition ou lait entier
Au coucher, si nécessaire	lait maternel, préparation de transition ou lait entier

Les aliments de base et le nombre de portions par jour

Comme vous le constatez, votre bébé mange maintenant un peu de tout, mais il ne mange pas encore comme tout le monde. Afin qu'il retire de chaque bouchée une valeur nutritive intéressante, voici quelques consignes pour chaque groupe d'aliments.

Les légumes

Faites cuire les légumes à la vapeur ou au four à micro-ondes avec très peu d'eau. Évitez de les faire tremper dans l'eau avant la cuisson, puisque le trempage réduit leur contenu en vitamines et en minéraux. Après la cuisson, écrasez-les à la fourchette. Réservez l'eau de cuisson pour faire cuire le riz ou les pâtes alimentaires.

Vous pouvez aussi servir certains légumes crus et râpés comme la carotte et la courgette (zucchini).

Si votre bébé de 12 ou 15 mois refuse les légumes cuits à la vapeur, essayez des jus de légumes maison (jus de carotte) ou encore du V8, des potages ou des flans de légumes.

Offrez environ deux portions de légumes par jour.

La viande, la volaille et le poisson

Vous pouvez offrir à votre bébé de la viande rouge en purée jusqu'à l'âge de 12 mois ou la servir finement hachée. Elle n'est pas vraiment populaire auprès des bébés parce qu'elle est difficile à mastiquer. Faites cuire des poitrines de poulet à la vapeur en moins de 10 minutes et taillez-les en très petits morceaux. Votre bébé peut aussi manger du poulet rôti ou grillé, finement coupé. Il apprécie le poisson poché ou cuit à la vapeur et légèrement défait à la fourchette.

Après 12 mois, coupez la viande finement selon la capacité de mastiquer de votre bébé. Préparez des pains de viande et faites cuire la préparation dans des petits moules à muffins. Vous pouvez aussi lui préparer des croquettes de poisson ou lui donner des sardines en conserve, bien égouttées. Certains bébés en raffolent.

Offrez environ une portion de viande, de volaille ou de poisson par jour ou remplacez le repas de viande par un repas de légumineuses ou de tofu.

Le tofu et les légumineuses

Le tofu est déjà tout préparé, il est prêt à servir et il est plus facile à digérer que les légumineuses. Plusieurs bébés l'acceptent d'emblée. Vous pouvez offrir du tofu ordinaire ou du tofu de type japonais (Mori-Nu ou Sunrise) si vous pouvez vous le procurer près de chez vous, puisque ce dernier a une saveur douce et une consistance très onctueuse. Réduisez-le en purée, émiettez-le tout simplement ou écrasez-le à la fourchette.

Les bébés aiment généralement les légumineuses (haricots, lentilles et pois chiches) bien cuites et mises en purée, puisqu'elles sont faciles à mastiquer. Vous pouvez utiliser les légumineuses en conserve bien rincées, les réduire en purée ou les écraser à la fourchette.

Une portion de tofu ou de légumineuses remplace adéquatement une portion de viande et constitue un choix nutritif pour tous les bébés, qu'ils soient végétariens ou non.

Pour l'enfant végétarien, prévoyez une portion de légumineuses ou de tofu par jour.

Les fruits

Les bébés aiment bien les fruits. Vous pouvez les servir en purée, puis les mélanger à d'autres fruits; les purées de pommes et de poires, de pruneaux et de pommes ou de poires et de pêches sont très savoureuses. Vous pouvez également faire pocher ces fruits dans un jus de fruits, puis les écraser à la fourchette, les incorporer à un yogourt ou encore les réduire en purée et les mélanger à un peu de tofu mou ou à un dessert à base de gélatine.

Continuez d'offrir des fruits crus comme des quartiers d'orange ou de clémentine, des petits morceaux de cantaloup, de melon Honeydew ou de melon d'eau, des tranches de kiwi, de poire ou de pêche.

Servez les fruits nature sans ajout de sucre, afin de familiariser votre bébé à leur vraie saveur. Quant aux jus de fruits, continuez de les diluer avec un même volume d'eau; vous évitez de cette façon une surconsommation de jus et une sous-consommation de lait. Une quantité de 125 ml (4 oz) de jus par jour est jugée suffisante.

Offrez environ deux portions de fruits par jour, en prenant soin d'inclure un fruit riche en vitamine C (voir les bonnes sources de vitamine C, en appendice, p. 292).

Les produits céréaliers entiers

Votre bébé prend facilement goût aux produits céréaliers entiers, comme le pain de blé entier, le riz brun, le gruau d'avoine et les pâtes de blé

entier ; son organisme y puise plus de minéraux et de fibres alimentaires que dans le pain blanc et le riz blanc. Vous pouvez aussi lui offrir du millet, du quinoa ou de l'amarante, trois grains entiers riches en fer qui peuvent occasionnellement remplacer les flocons d'avoine ou le riz brun.

Variez le menu en offrant à votre bébé différents types de pains : pain de seigle, pain pita de blé entier ou pain de blé concassé. N'hésitez pas à lui préparer des muffins maison qui sont toujours populaires ; vous pouvez même y camoufler ses céréales pour bébés enrichies de fer ou des grains entiers moulus (quinoa, amarante) pour enrichir son menu en fer, s'il délaisse les céréales du matin ou s'il refuse catégoriquement la viande ou d'autres aliments riches en fer (voir p. 204).

Vous ne faites pas d'erreur en servant à votre bébé des pâtes de blé entier, car elles demeurent de grandes favorites et elles vous permettent de servir des sauces pleines de bons légumes.

Prévoyez au moins trois portions de produits céréaliers par jour, en incluant des céréales enrichies de fer ou riches en fer aussi souvent que possible, jusqu'à l'âge de 2 ans.

Le lait

Lorsque votre bébé mange chaque jour environ 200 ml (1 tasse) d'aliments solides variés, vous pouvez lui offrir du lait entier, à 3,25 %.

Le lait fait partie des aliments importants pour votre bébé. Il fournit, entre autres, une bonne quantité de protéines, de calcium et de vitamine D, trois éléments nutritifs fort utiles au cours d'une période de croissance intense, et difficiles à remplacer.

Si votre bébé est allergique ou intolérant au lait de vache, vous pouvez continuer la préparation thérapeutique aussi longtemps que votre médecin le juge nécessaire (voir p. 99).

Quant aux laits écrémés et partiellement écrémés, consultez la p. 103.

Assurez-vous que votre bébé boit un minimum de 600 ml (20 oz) de lait par jour jusqu'à l'âge de 2 ans. Si votre bébé aime trop le lait, limitez sa consommation totale à 1 litre (32 oz) par jour.

La campagne anti-lait menée depuis quelques années au Québec peut avoir des séquelles sur la santé des jeunes enfants. On m'a rapporté le cas d'un bébé de moins de 10 mois à qui l'on a recommandé d'éliminer le lait et de le remplacer par 1 litre (32 oz) de jus de carotte par jour parce qu'il avait eu quelques infections à répétition.

Cette substitution, qui n'a aucun sens du point de vue nutritionnel, peut mettre en péril la croissance normale de cet enfant si elle est maintenue plusieurs semaines sans supplément adéquat. Le jus de carotte peut aussi colorer la peau du bébé (voir p. 120).

Les autres produits laitiers

Pour ce qui est du yogourt et des fromages frais, référez-vous aux p. 144 et 145. Quant aux fromages fermes, du genre cheddar et mozzarella, vous pouvez facilement les intégrer à une foule de recettes ou les offrir en petits cubes à certains repas, comme bonnes sources de protéines.

Pour ce qui est de la crème glacée et du lait glacé, ces aliments demeurent de petites gâteries, lors d'occasions spéciales ! Quant au lait au chocolat, il renferme trop de sucre.

Pour avoir une meilleure notion de ce que veut dire une portion, consultez le tableau qui suit ; il s'agit de portions moyennes.

Une portion veut dire...	
Céréales cuites	60 à 125 ml (¼ à ½ tasse)
Fruits	60 ml (¼ tasse) ou ¼ de fruit frais (poire ou pêche)
Dessert-gélatine maison aux fruits	60 ml (¼ tasse)
Jus de fruits	100 ml (env. 3 oz), dilué avec un même volume d'eau
Légumes	30 ml (2 c. à soupe) cuits ou crus, râpés

Une portion veut dire... (suite)	
Soupe aux légumes	75 ml (⅓ tasse)
Repas de viande et légumes	60 ml (¼ tasse)
Poisson, viande ou volaille	45 g (1 ½ oz)
Légumineuses cuites	60 ml (¼ tasse)
Tofu ferme	45 g (1 ½ oz)
Tofu soyeux	60 g (2 oz)
Œuf	1 petit
Lait entier	125 ml (½ tasse)
Fromage cottage	60 ml (¼ tasse)
Fromage ordinaire	15 g (½ oz)
Yogourt	75 ml (⅓ tasse)
Pain de blé entier	½ tranche
Riz brun, cuit	60 ml (¼ tasse)
Pâtes de blé entier, cuites	75 ml (⅓ tasse)

Les aliments à éviter

Il n'y a pas de place au menu du bébé pour les aliments frits, les charcuteries, les tartes, les gâteaux et le chocolat (voir p. 145). Même si ces aliments peuvent faire partie de son environnement, essayez de les éviter, sans toutefois les rendre tabous (voir p. 24).

Votre bébé peut aussi s'étouffer avec certains aliments (voir p. 146). Ne courez aucun risque. Les aliments qui ont la même dimension que la première partie du tube digestif de votre enfant peuvent rester pris dans sa gorge et provoquer l'étouffement. Évitez les aliments petits, durs et ronds, en particulier les noix, les raisins frais, les rondelles de saucisses, le maïs soufflé et les bonbons durs, avant l'âge de 4 ans.

Les aliments de l'autonomie

Certains aliments se manipulent facilement et encouragent votre bébé à manger seul :

- les morceaux de légumes cuits ;
- les morceaux de poulet ou de viande cuits ;
- les cubes de fromage ;
- les croûtes de pain et le pain grillé, sec ;
- les morceaux de fruits pochés ;
- les morceaux de tofu ;
- les légumineuses cuites ;
- les pâtes, du genre macaronis ou fusillis ;
- les petits morceaux d'œuf cuit dur.

Chapitre 18

Menus et recettes après 9 mois

À partir de l'âge de 9 mois, votre bébé délaisse graduellement les purées pour accepter lentement les aliments consommés par le reste de la famille. Certains bébés traversent cette période rapidement, d'autres plus lentement. Respectez le rythme de votre bébé. Sans rien brusquer, introduisez régulièrement de nouveaux aliments et de nouvelles textures, car l'évolution des aptitudes alimentaires d'un bébé est imprévisible. Choisissez les recettes qui respectent les goûts de votre bébé, car il a déjà des saveurs et des aliments préférés.

Consultez les menus et les recettes de ce chapitre pour avoir des idées et faire quelques réserves. Vous y trouverez:

- des aliments plus consistants que les purées, mais plus faciles à avaler que les aliments courants;
- des assaisonnements limités à l'ajout graduel d'oignon, de ciboulette, de persil ou de certaines épices, comme la cannelle ou la muscade. Après l'âge de 12 mois, vous pouvez saupoudrer les aliments de quelques grains de sel et faire quelques expériences avec d'autres assaisonnements.

Nicolas a 15 mois et il n'a vraiment pas un appétit régulier. Il peut refuser de manger après la première bouchée, mais, certains jours, lorsque l'aliment est relevé avec un soupçon d'ail ou d'oignon, il avale sans rouspéter.

Bien entendu, chaque bébé a son répertoire de goûts, mais lorsque votre bébé a plus de 12 mois et que son appétit languit, quelques expériences du côté des assaisonnements peuvent susciter de bonnes réactions.

La gamme des aliments offerts au bébé est plus grande qu'avant l'âge de 9 mois. Parmi ces nouveaux aliments, il y a du yogourt, du fromage cottage, des fromages fermes, l'œuf complet après 11 mois, des légumes comme les épinards et les navets, des crudités et des fruits frais, taillés en petits morceaux.

Les sept menus proposés présentent de nouveaux aliments et de nouvelles textures dans le contexte d'une journée équilibrée avec ou sans viande. Les plats principaux mettent en vedette des aliments riches en protéines, comme la viande ou le poulet, le poisson, les légumineuses, le tofu, le fromage ou les œufs. Le repas du midi est le repas principal, alors que le repas du soir est plus léger. Les desserts se composent essentiellement de fruits frais ou de purées de fruits avec yogourt ou tofu, ou encore de purées de fruits secs.

Vous pouvez congeler certains de ces plats en petites quantités pour éviter la préparation de dernière minute ou cuisiner de plus petites quantités, juste avant les repas. Ne vous gênez pas pour faire des expériences avec les nombreux aliments nutritifs que vous trouvez sur le marché, car votre bébé est encore à l'âge où il aime goûter de nouvelles choses !

Ce menu de sept jours, conçu pour la période de transition, peut commencer lorsque votre bébé a goûté à tous les aliments de base et peut vous inspirer jusqu'à ce qu'il atteigne l'âge de 2 ans.

Des menus pour une semaine

Jour 1

Menu avec viande

quartiers d'orange
céréales pour bébés avec lait
lait ou lait maternel

sole ou saumon, poché*
(voir poisson frais poché)
courgette écrasée à la fourchette
pain de blé entier
gelée de fruits maison*
lait ou lait maternel

crème de tofu et beurre d'arachide*
pain pita de blé entier
lait fouetté à la banane*
lait ou lait maternel

lait ou lait maternel

Jour 1

Menu lacto-ovo-végétarien

quartiers d'orange
céréales pour bébés avec lait
lait ou lait maternel

lentilles, riz brun et légumes*
pain de blé entier
gelée de fruits maison*
lait ou lait maternel

crème de tofu et beurre d'arachide*
pain pita de blé entier
lait fouetté à la banane*
lait ou lait maternel

lait ou lait maternel

* Pour trouver ces recettes, voir « Index des recettes », p. 324.

Jour 2

Menu avec viande

jus de pomme (dilué dans l'eau)
céréales pour bébés, amandes
   moulues et lait
lait ou lait maternel

jus de carotte
poulet, riz brun et légumes*
tranches de kiwi frais
lait ou lait maternel

crème de pois verts
  (voir crème de légumes*)
muffin à l'orange et aux dattes*
popsifruits*
lait ou lait maternel

lait ou lait maternel

Jour 2

Menu lacto-ovo-végétarien

jus de pomme (dilué dans l'eau)
céréales pour bébés, amandes
   moulues et lait
lait ou lait maternel

jus de carotte
riz brun, légumes et fromage*
tranches de kiwi frais
lait ou lait maternel

crème de pois verts
  (voir crème de légumes*)
muffin à l'orange et aux dattes*
popsifruits*
lait ou lait maternel

lait ou lait maternel

* Pour trouver ces recettes, voir « Index des recettes », p. 324.

Jour 3

Menu avec viande

morceaux de cantaloup
gruau et fruits secs* avec lait
lait ou lait maternel

œufs brouillés au fromage*
salade de carottes*
pain de blé entier
¼ banane mûre, écrasée
lait ou lait maternel

fromage cottage
compote de pommes ou
  purée de pruneaux*
pain de blé entier
lait ou lait maternel

lait ou lait maternel

Jour 3

Menu lacto-ovo-végétarien

morceaux de cantaloup
gruau et fruits secs* avec lait
lait ou lait maternel

légumineuses en purée
  et légumes*
salade de carottes*
pain de blé entier
¼ banane mûre, écrasée
lait ou lait maternel

fromage cottage
compote de pommes ou
  purée de pruneaux*
pain de blé entier
lait ou lait maternel

lait ou lait maternel

* Pour trouver ces recettes, voir « Index des recettes », p. 324.

Jour 4

Menu avec viande

jus de pomme (dilué dans l'eau)
céréales pour bébés, graines
  de sésame moulues et lait
lait ou lait maternel

pain de viande mystère*
crème de laitue*
pain de blé entier
morceaux de cantaloup
lait ou lait maternel

macaroni aux deux fromages*
mini-morceaux de brocoli
crème à la citrouille*
lait ou lait maternel

lait ou lait maternel

Jour 4

Menu lacto-ovo-végétarien

jus de pomme (dilué dans l'eau)
céréales pour bébés, graines
  de sésame moulues et lait
lait ou lait maternel

tofu brouillé*
crème de laitue*
pain de blé entier
morceaux de cantaloup
lait ou lait maternel

macaroni aux deux fromages*
mini-morceaux de brocoli
crème à la citrouille*
lait ou lait maternel

lait ou lait maternel

* Pour trouver ces recettes, voir « Index des recettes », p. 324.

Jour 5

Menu avec viande

quartiers d'orange
crème de blé et banane*
    et lait
lait ou lait maternel

pâté minute au poisson
    et aux épinards*
pain de blé entier
purée de poires*
lait ou lait maternel

crème de tofu et d'avocat*
pain de blé entier
gelée de fruits maison*
lait ou lait maternel

lait ou lait maternel

Jour 5

Menu lacto-ovo-végétarien

quartiers d'orange
crème de blé et banane*
    et lait
lait ou lait maternel

légumes au gratin*
pain de blé entier
purée de poires*
lait ou lait maternel

crème de tofu et d'avocat*
pain de blé entier
gelée de fruits maison*
lait ou lait maternel

lait ou lait maternel

* Pour trouver ces recettes, voir « Index des recettes », p. 324.

Jour 6

Menu avec viande

quartiers d'orange
céréales pour bébés et lait
lait ou lait maternel

galette de bœuf haché
petits légumes
pain de blé entier
¼ poire, écrasée
lait ou lait maternel

jus de légumes
œuf cuit mollet
pain de blé entier
crème de tofu aux fruits frais*
lait ou lait maternel

lait ou lait maternel

Jour 6

Menu lacto-ovo-végétarien

quartiers d'orange
céréales pour bébés et lait
lait ou lait maternel

lentilles, riz brun et légumes*
pain de blé entier
¼ poire, écrasée
lait ou lait maternel

jus de légumes
œuf cuit mollet
pain de blé entier
crème de tofu aux fruits frais*
lait ou lait maternel

lait ou lait maternel

* Pour trouver ces recettes, voir « Index des recettes », p. 324.

Jour 7

Menu avec viande

jus d'orange (dilué dans l'eau)
céréales pour bébés et lait
lait ou lait maternel

poulet grillé
purée de carottes*
pain de blé entier
compote de pommes*
lait ou lait maternel

pâtes de blé entier,
   sauce aux légumes frais
   et fromage râpé
yogourt nature et dattes
lait ou lait maternel

lait ou lait maternel

Jour 7

Menu lacto-ovo-végétarien

jus d'orange (dilué dans l'eau)
céréales pour bébés et lait
lait ou lait maternel

flan aux petits légumes*
pain de blé entier
compote de pommes*
lait ou lait maternel

pâtes de blé entier,
   sauce aux légumes frais
   et fromage râpé
yogourt nature et dattes
lait ou lait maternel

lait ou lait maternel

* Pour trouver ces recettes, voir « Index des recettes », p. 324.

Des recettes
Petit-déjeuner ou repas du soir

Crème de blé et banane

375 ml (1 ½ tasse) d'eau
375 ml (1 ½ tasse) de lait entier, à 3,25 %, ou de lait de soya
125 ml (½ tasse) de crème de blé enrichie de fer
2 bananes mûres, bien écrasées

- Faire bouillir l'eau et le lait. Ajouter graduellement la crème de blé et remuer constamment jusqu'à ce que le mélange commence à épaissir.
- Diminuer le feu et laisser cuire 5 minutes, en remuant de temps en temps.
- Retirer du feu et ajouter les bananes écrasées.
- Verser dans de petits plats en verre ou dans des contenants allant au four à micro-ondes.
- Congeler. Réchauffer au bain-marie ou au four à micro-ondes, en prenant soin de mélanger, à mi-cuisson, et juste avant de servir.

Rendement : 950 ml (3 ⅔ tasses) ou 15 portions de 60 ml (¼ tasse)
Conservation : 4 à 6 semaines au congélateur
Valeur nutritive : 1,8 mg de fer par portion

Gruau et fruits secs

Cette céréale est bien appréciée des enfants, car elle dégage la saveur des fruits secs. C'est aussi à cause des fruits secs que ce plat est une très bonne source de fer.

330 ml (1 ⅓ tasse) de flocons d'avoine
80 ml (⅓ tasse) de jus de pomme
125 ml (½ tasse) de raisins secs, de dattes ou de pruneaux
560 ml (2 ¼ tasses) d'eau

- Verser les flocons d'avoine dans le contenant du mélangeur et réduire en farine pendant environ 60 secondes. Déposer les flocons moulus dans un bol. Verser le jus de pomme et les fruits secs dans le mélangeur et réduire en purée.
- Dans une casserole, amener l'eau à ébullition et verser les flocons moulus en mélangeant. Incorporer la purée de fruits. Porter de nouveau à ébullition, puis baisser le feu et laisser mijoter de 5 à 6 minutes.
- Retirer du feu, couvrir et refroidir légèrement.
- Verser dans des plats en verre ou dans des contenants allant au four à micro-ondes. Congeler.
- Réchauffer au bain-marie ou au four à micro-ondes. Bien mélanger à mi-cuisson et juste avant de servir.

Rendement : 625 ml (2 ½ tasses) ou 10 portions de 60 ml (¼ tasse)
Conservation : 2 à 3 jours au réfrigérateur, 4 à 6 semaines au congélateur
Valeur nutritive : 2,7 mg de fer par portion

Soupes

Crème de laitue

5 feuilles de laitue romaine ou de bette à carde
10 ml (2 c. à thé) de persil frais
15 ml (1 c. à soupe) de tofu soyeux
15 ml (1 c. à soupe) de lait entier, à 3,25 %
quelques gouttes de jus de citron frais

- Bien laver les légumes et les cuire quelques minutes à la vapeur.
- Mélanger tous les ingrédients au robot culinaire et servir tiède ou froid.
- Conserver quelques jours au frigo dans un contenant fermé.

Rendement : 125 ml (½ tasse) ou 4 petites portions de 30 ml (2 c. à soupe)
Conservation : 2 à 3 jours au frigo
Valeur nutritive : 0,9 mg de fer par portion

Crème de légumes

Cette recette permet d'offrir des légumes bien camouflés. Elle se prépare en quelques minutes avec les légumes frais du marché. Vous pouvez utiliser du lait de soya, plutôt que du lait de vache, si vous le désirez.

60 à 125 ml (¼ à ½ tasse) de légumes crus ou surgelés : chou-fleur, brocoli, asperges, pois verts, haricots verts
125 ml (½ tasse) de lait entier, à 3,25 %
½ tranche de pain de blé entier
5 ml (1 c. à thé) d'huile d'olive ou de tournesol

- Cuire les légumes à la vapeur ou au four à micro-ondes, quelques minutes.
- Passer au mélangeur les légumes, l'eau de cuisson, le lait, le pain et l'huile pendant 30 secondes. Ajouter du liquide, si nécessaire.
- Réchauffer et servir. Congeler le surplus, si désiré.

Rendement : 375 ml (1 ½ tasse) ou 4 portions de 90 ml (6 c. à soupe)
Conservation : 3 à 4 jours au réfrigérateur ; 4 à 5 semaines au congélateur
Valeur nutritive : 0,3 mg de fer par portion

Salade et sauce

Salade de carottes

125 ml (½ tasse) de carottes râpées
30 ml (2 c. à soupe) de fromage blanc (Quark ou Damafro)
15 ml (1 c. à soupe) de raisins secs
5 ml (1 c. à thé) d'huile d'olive
5 ml (1 c. à thé) de jus de citron frais

• Mélanger les ingrédients et servir froid.

Rendement : 200 ml (env. ¾ tasse) ou 4 petites portions de 50 ml (env. 3 c. à soupe)
Conservation : quelques jours au frigo
Valeur nutritive : 3600 UI de bêta-carotène par portion

Sauce blanche (consistance moyenne)

Cette sauce se prépare sur la cuisinière ou au four à micro-ondes.

30 ml (2 c. à soupe) d'huile de canola
30 ml (2 c. à soupe) de farine de blé entier, tout usage
125 ml (½ tasse) de lait entier, à 3,25 %
125 ml (½ tasse) de bouillon de poulet
ou d'eau de cuisson de légumes

- **Sur la cuisinière.** Dans une casserole, mélanger l'huile et la farine, puis réchauffer quelques minutes. Ajouter graduellement le lait et le bouillon, en remuant constamment jusqu'à ce que la sauce épaississe. Cuire encore 1 minute.
- **Au four à micro-ondes.** Dans un bol en verre de 1 litre (4 tasses), chauffer l'huile à haute intensité pendant 30 secondes. Ajouter la farine et mélanger. Ajouter le liquide graduellement en remuant constamment, jusqu'à ce que la texture soit bien lisse. Cuire au four à micro-ondes pendant 3 à 6 minutes, à haute intensité, ou jusqu'à ce que la sauce soit épaisse et lisse. Pendant la cuisson, remuer toutes les 2 minutes.
- Laisser refroidir et utiliser immédiatement ou garder au congélateur ou au réfrigérateur.

Rendement : 250 ml (1 tasse)
Conservation : 3 à 4 jours au réfrigérateur, 4 semaines au congélateur
Valeur nutritive pour 125 ml (½ tasse) : 3 g de protéines et 84 mg de calcium

Plats végétariens

Crème de tofu et beurre d'arachide

Cette crème onctueuse et savoureuse se prépare aussi avec du beurre de sésame.

125 g (4 oz) de tofu soyeux
125 ml (½ tasse) de beurre d'arachide naturel ou de beurre de sésame naturel, crémeux
10 ml (2 c. à thé) de sirop d'érable (ou de miel, après l'âge de 12 mois)

- Mettre le tofu et le beurre d'arachide ou de sésame au mélangeur ou au robot culinaire. Réduire en purée lisse.
- Ajouter 5 ml (1 c. à thé) de sirop d'érable et goûter avant d'en ajouter davantage.
- Servir en tartinade sur du pain pita de blé entier ou en trempette avec des morceaux de fruits frais.

Rendement : 250 ml (1 tasse) ou 8 portions de 15 à 30 ml (1 à 2 c. à soupe) par portion
Conservation : 1 semaine au réfrigérateur
Valeur nutritive pour 30 ml (2 c. à soupe) : 6 g de protéines et 1,9 mg de fer par portion

Crème de tofu et d'avocat

60 ml (4 c. à soupe) de tofu soyeux
½ avocat
15 ml (1 c. à soupe) de jus de citron frais
15 ml (1 c. à soupe) d'huile d'olive
15 ml (1 c. à soupe) de ciboulette ou de persil frais

- Mélanger les ingrédients au robot culinaire et servir froid.
- Conserver quelques jours au frigo dans un contenant fermé.
- Pour les plus âgés, offrir en trempette avec des légumes et des morceaux de pain de blé entier ou de pita de blé entier.

Rendement : 125 ml (½ tasse) ou 4 petites portions de 30 ml (2 c. à soupe)
Conservation : 2 à 3 jours au frigo
Valeur nutritive : 1,8 mg de fer par portion

Flan aux petits légumes

4 carottes râpées
1 tranche de 5 cm (2 po) d'épaisseur de navet râpé
2 petites courgettes taillées en morceaux
1 oignon haché
2 pommes de terre coupées en petits dés
10 feuilles de laitue, d'épinards ou de bettes à carde, hachées grossièrement
60 ml (4 c. à soupe) de farine de blé entier
60 ml (4 c. à soupe) de lait en poudre
4 œufs
1 pincée de sel
1 pincée de muscade
huile d'olive

- Cuire les légumes à la vapeur ou au four à micro-ondes, pendant quelques minutes.
- Dans un bol, mélanger les légumes, la farine, le lait en poudre et les œufs. Saler et ajouter la muscade. Verser dans une assiette à tarte huilée.
- Cuire à 160 °C (325 °F) pendant environ 25 minutes.

Rendement : 1 flan de 20 cm (8 po), soit 16 portions
Conservation : 2 à 3 jours au réfrigérateur, 4 à 6 semaines au congélateur
Valeur nutritive : 3 g de protéines par portion

Légumes au gratin

Cette recette est facile à préparer et à varier, selon les légumes frais que l'on trouve sur le marché.

250 ml (1 tasse) de sauce blanche, de consistance moyenne
(voir recette, p. 239)
80 ml (⅓ tasse) de mozzarella, râpée
250 ml (1 tasse) de légumes cuits, écrasés à la fourchette
ou réduits en purée (brocoli, haricots verts ou asperges)

- Dans un grand bol, réchauffer la sauce au four à micro-ondes ou au bain-marie.
- Ajouter le fromage râpé et le laisser fondre en remuant occasionnellement. Ajouter les légumes et bien mélanger.
- Servir immédiatement.
- Verser le surplus dans de petits plats en verre ou allant au four à micro-ondes. Réfrigérer ou congeler.
- Réchauffer au bain-marie ou quelques minutes au four à micro-ondes. Mélanger avant de servir.

Rendement : 500 ml (2 tasses) ou 8 portions de 60 ml (¼ tasse)
Conservation : 2 à 3 jours au réfrigérateur, 4 à 6 semaines au congélateur
Valeur nutritive : 3,7 g de protéines par portion

Légumineuses en purée et légumes

Un plat végétarien délicieux qui initie le bébé aux légumineuses. Pour commencer, diviser la recette en deux ou en trois.

250 ml (1 tasse) de sauce blanche, de consistance moyenne
(voir recette, p. 239)
250 ml (1 tasse) de légumineuses (pois secs, haricots rouges ou pois chiches),
bien cuites et réduites en purée lisse
125 ml (½ tasse) de légumes (carottes, courgettes ou asperges) écrasés à la fourchette

- Au four à micro-ondes, réchauffer la sauce. Ajouter la purée de légumineuses et les légumes. Bien mélanger.
- Diviser en portions individuelles de 60 ml (¼ tasse). Verser dans de petits plats en verre ou allant au four à micro-ondes.
- Congeler ou réfrigérer pendant quelques jours.
- Réchauffer au bain-marie ou au four à micro-ondes pendant environ 1 minute. Dans ce dernier cas, mélanger à mi-cuisson et juste avant de servir.

Rendement : 625 ml (2 ½ tasses) ou 10 portions de 60 ml (¼ tasse)
Conservation : 2 à 3 jours au réfrigérateur, 4 à 6 semaines au congélateur
Valeur nutritive : 3 g de protéines par portion

Lentilles, riz brun et légumes

Un autre plat végétarien nutritif, à base de lentilles.

**125 ml (½ tasse) de sauce blanche, de consistance moyenne
(voir recette, p. 239)**
125 ml (½ tasse) de lentilles brunes ou vertes, bien cuites
60 ml (¼ tasse) de riz brun, cuit
60 ml (¼ tasse) de carottes ou de haricots verts, cuits et coupés finement

- Au four à micro-ondes, réchauffer la sauce. Ajouter les lentilles, le riz brun et les légumes. Bien mélanger.
- Verser dans de petits plats en verre ou allant au four à micro-ondes en portions individuelles de 60 ml (¼ tasse). Congeler ou réfrigérer pendant quelques jours.
- Réchauffer au bain-marie ou au four à micro-ondes pendant environ 1 minute. Mélanger une fois en cours de cuisson au four à micro-ondes. Mélanger avant de servir.

Rendement : 375 ml (1 ½ tasse) ou 6 portions de 60 ml (¼ tasse)
Conservation : 2 à 3 jours au réfrigérateur, 3 à 4 semaines au congélateur
Valeur nutritive : 3 g de protéines par portion

Macaroni aux deux fromages

Les bébés, comme le reste de la famille, adorent les pâtes.

**500 ml (2 tasses) de macaronis de blé entier, cuits, passés au mélangeur
avec 200 ml (env. ¾ tasse) de lait entier, à 3,25 %**
2 œufs
250 ml (1 tasse) de lait entier, à 3,25 %
250 ml (1 tasse) de fromage cottage ordinaire
60 à 90 ml (4 à 6 c. à soupe) de mozzarella, râpée
10 ml (2 c. à thé) d'huile d'olive ou de beurre
2 ml (½ c. à thé) de sel (après l'âge de 12 mois)

- Cuire les pâtes et les passer au mélangeur avec le lait. Réserver.
- Au mélangeur, battre les œufs, ajouter le lait, le fromage cottage, le fromage râpé et l'huile ou le beurre. Saler si votre bébé a plus de 12 mois. Bien mélanger.
- Ajouter les pâtes cuites et « réduites », puis bien mélanger.
- Verser ce mélange dans de petits plats en verre ou allant au four à micro-ondes en portions individuelles de 60 ml (¼ tasse).
- Réchauffer au four ou au four à micro-ondes. Si cette recette a été congelée, il faut compter environ 40 minutes pour décongeler et réchauffer au four conventionnel. Au four à micro-ondes, décongeler, puis réchauffer en prenant soin de mélanger quelques fois avant de servir.

Rendement : 750 ml (3 tasses) ou 12 portions de 60 ml (¼ tasse)
Conservation : 2 à 3 jours au réfrigérateur, 4 à 6 semaines au congélateur
Valeur nutritive : 8 g de protéines par portion

Œufs brouillés au fromage

4 œufs
10 ml (2 c. à thé) de lait entier, à 3,25 %
10 ml (2 c. à thé) de beurre
30 g (1 oz) de fromage doux, râpé

- Dans un petit bol, battre les œufs et incorporer le lait en brassant légèrement.
- Faire fondre le beurre dans un poêlon, à feu doux. Ajouter les œufs battus et agiter légèrement pour permettre une cuisson uniforme. Lorsque les œufs sont presque cuits, ajouter le fromage râpé en mélangeant de nouveau. Aussitôt que le fromage commence à fondre, retirer du feu et refroidir.
- Verser dans 4 ou 8 petits plats allant au four à micro-ondes. Bien recouvrir et congeler.
- Pour servir, réchauffer au four à 180 °C (350 °F) environ 10 minutes ou 1 minute au four à micro-ondes, à forte puissance. Mélanger avant de donner au bébé.

Rendement : 6 petits repas
Conservation : 1 à 2 jours au réfrigérateur, 4 à 6 semaines au congélateur
Valeur nutritive : 5 g de protéines par repas

Riz brun, légumes et fromage

Vous pouvez remplacer le fromage complètement ou en partie (moitié-moitié) par du tofu. Vérifiez les assaisonnements et relevez avec des herbes fraîches, si nécessaire.

125 ml (½ tasse) de sauce blanche, de consistance moyenne
(voir recette, p. 239)
sel (ne pas ajouter de sel avant l'âge de 12 mois)
125 ml (½ tasse) de riz brun, cuit
125 ml (½ tasse) de légumes (asperges, courgettes, courge, carottes), écrasés
à la fourchette
90 ml (6 c. à soupe) de mozzarella ou de cheddar, râpé

- Au four à micro-ondes, réchauffer la sauce dans un grand bol. Ajouter tous les ingrédients, sauf le fromage, bien mélanger.
- Congeler dans des contenants individuels de 60 ml (¼ tasse) ou réfrigérer pour servir dans quelques jours.
- Réchauffer au bain-marie ou au four à micro-ondes. Mélanger à mi-cuisson et mélanger avant de servir, puis ajouter 5 ml (1 c. à thé) de fromage râpé sur chaque portion.

Rendement : 375 ml (1 ½ tasse) ou 6 portions de 60 ml (¼ tasse)
Conservation : 2 à 3 jours au réfrigérateur, 3 à 4 semaines au congélateur
Valeur nutritive : 3 g de protéines par portion

Tofu brouillé

Ce mets ressemble beaucoup aux œufs brouillés et a très bon goût!

120 g (4 oz) de tofu soyeux ou ferme
30 ml (2 c. à soupe) d'oignon émincé
5 ml (1 c. à thé) de sauce tamari ou de sauce soya, légère en sel
1 ml (¼ c. à thé) de curcuma (cette épice donne une coloration jaune au mélange)
10 ml (2 c. à thé) d'huile

- Dans un bol, écraser le tofu et ajouter l'oignon, la sauce tamari et le curcuma. Bien mélanger.
- Dans un poêlon, verser l'huile et chauffer, à feu moyen. Y ajouter les ingrédients déjà mélangés et cuire 5 minutes.
- Servir immédiatement.

Rendement: 3 portions pour bébés
Conservation: 2 à 3 jours au réfrigérateur
Valeur nutritive: 5 g de protéines et 3,3 mg de fer par portion

Plats de poisson

Pâté minute au poisson et aux épinards

360 g (12 oz) de filets de poisson
360 g (12 oz) d'épinards frais, hachés grossièrement
2 gousses d'ail
1 petit oignon haché
60 ml (4 c. à soupe) de farine de blé entier
60 ml (4 c. à soupe) de lait en poudre
4 œufs
1 pincée de sel (après 12 mois)
1 pincée de muscade
1 pincée de fines herbes
huile d'olive

- Cuire le poisson et les épinards à la vapeur quelques minutes.
- Dans un bol, mélanger le poisson émietté et les épinards cuits aux autres ingrédients.
- Verser dans une assiette à tarte huilée.
- Cuire à 160 °C (325 °F) pendant environ 25 minutes.
- Servir tiède ou froid.

Rendement : 1 pâté de 20 cm (8 po), soit environ 16 portions
Conservation : 2 à 3 jours au réfrigérateur
Valeur nutritive : 6 g de protéines par portion

Poisson frais poché

Les bébés apprennent facilement à apprécier la vraie saveur du poisson non pané et non frit. Choisissez un poisson qui contient peu de résidus (voir liste, p. 68).

60 à 125 ml (¼ à ½ tasse) de lait entier, à 3,25 %
15 à 30 ml (1 à 2 c. à soupe) d'oignon émincé
225 g (8 oz) de filets de poisson

- Dans un poêlon, mettre le lait et chauffer doucement. Ajouter l'oignon et laisser mijoter quelques minutes, jusqu'à tendreté.
- Ajouter les filets. Couvrir et cuire à feu doux pendant 5 à 10 minutes ou jusqu'à ce que la chair du poisson soit opaque et s'émiette facilement.
- Retirer du feu et défaire à la fourchette. Bien vérifier l'absence de toute arête.
- Verser dans de petits contenants d'environ 45 g (1 oz), puis ajouter un peu de lait de cuisson et d'oignons. Couvrir et congeler, ou servir immédiatement.
- Réchauffer au four à 200 °C (400 °F) pendant environ 10 minutes ou au four à micro-ondes pendant 1 minute, à puissance maximale. Dans ce dernier cas, mélanger à mi-cuisson et juste avant de servir.

Rendement : 5 portions de 45 g (1 ½ oz)
Conservation : 2 à 3 jours au réfrigérateur, 4 à 6 semaines au congélateur
Valeur nutritive : 8 g de protéines par portion

Plats de viande

Bœuf, riz brun et légumes

Vous pouvez utiliser différents grains entiers (orge, sarrasin ou millet) et différents légumes. On peut remplacer le bœuf par de la dinde hachée.

125 ml (½ tasse) de riz brun, non cuit
250 ml (1 tasse) d'eau de cuisson en réserve ou d'eau ordinaire
0,5 kg (env. 1 lb) de bœuf émincé, maigre
5 ml (1 c. à thé) d'huile d'olive
375 à 500 ml (1 ½ à 2 tasses) d'eau
200 ml (env. ¾ tasse) de tomates fraîches, pelées et hachées finement ou d'oignons ou de poivrons verts, hachés finement
125 ml (½ tasse) de carottes, en cubes, fraîches ou surgelées, ou de pois verts ou de courgettes hachées, ou de tout autre mélange de légumes, selon la saison

- Dans une petite casserole, mélanger le riz brun à l'eau de cuisson, puis amener à ébullition. Réduire le feu et laisser mijoter environ 20 minutes.
- Après 20 minutes, dans une casserole moyenne, faire revenir la viande quelques minutes dans l'huile d'olive. Ajouter l'eau, les légumes choisis et le riz brun mi-cuit. Amener à ébullition. Réduire le feu et laisser mijoter jusqu'à ce que les légumes soient tendres et que le riz soit cuit.
- Retirer du feu et laisser refroidir légèrement.
- Réduire en purée la moitié du bœuf avec 125 ml (½ tasse) d'eau de cuisson. Vider la purée dans un grand bol et répéter l'opération avec le reste du bœuf.
- Égoutter le riz et les légumes, puis les écraser à la fourchette. Bien mélanger avec la purée de bœuf.
- Verser en portions individuelles de 60 ml (¼ tasse) dans des plats en verre ou allant au four à micro-ondes. Servir immédiatement ou congeler.
- Réchauffer au four ou au four à micro-ondes. Au four à micro-ondes, mélanger une fois, à mi-cuisson, et mélanger juste avant de servir.

Rendement : environ 750 ml (3 tasses) ou 12 portions de 60 ml (¼ tasse)
Conservation : 2 à 3 jours au réfrigérateur, 10 à 12 semaines au congélateur
Valeur nutritive : 8 g de protéines et 1,1 mg de fer par portion

Pain de viande mystère

Une excellente recette pour faire accepter le foie par tous les membres de la famille !

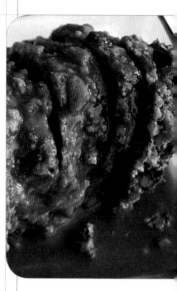

**0,5 kg (env. 1 lb) de foies de poulet (d'élevage biologique, si possible ;
les foies de veau, de bœuf ou d'agneau peuvent aussi être utilisés)**
1 oignon moyen
170 ml (⅔ tasse) de flocons d'avoine
250 ml (1 tasse) de jus de tomate
560 g (1 ¼ lb) de bœuf maigre, émincé
1 œuf
2 ml (½ c. à thé) de sel (après 12 mois)

- Préchauffer le four à 180 °C (350 °F).
- Mettre le foie cru et paré, puis l'oignon dans le mélangeur. Réduire le tout en purée lisse.
- Dans un grand bol, faire tremper l'avoine dans le jus de tomate pendant environ 10 minutes. Ajouter la purée de foie, le bœuf émincé et l'œuf. Saler si votre bébé a plus de 12 mois et bien mélanger.
- Verser dans des moules à muffins bien graissés. Cuire de 30 à 40 minutes. Laisser refroidir 5 minutes avant de servir. Tailler en petits morceaux pendant la période de transition de bébé.

Rendement : 16 portions pour bébés
Conservation : 3 jours au réfrigérateur, 10 à 12 semaines au congélateur
Valeur nutritive : 12 g de protéines et 4 mg de fer par portion

Poulet, riz brun et légumes

Vous pouvez préparer facilement cette recette avec une poitrine de poulet désossée et sans peau. Lorsque votre bébé est capable de mastiquer, oubliez le mélangeur et coupez le poulet en petits morceaux.

1 poitrine de poulet désossée et sans peau
5 ml (1 c. à thé) de persil frais, haché finement
750 ml (3 tasses) d'eau
30 ml (2 c. à soupe) d'oignon émincé
3 carottes, pelées et coupées finement
1 branche de céleri, coupée finement
125 ml (½ tasse) de riz brun, non cuit
250 ml (1 tasse) de pois verts, frais ou surgelés

- Dans une grande casserole, déposer le poulet, le persil, l'eau, l'oignon, les carottes et le céleri. Laisser mijoter 15 minutes.
- Ajouter le riz brun. Laisser mijoter 20 minutes.
- Ajouter les pois verts et laisser mijoter encore 20 minutes, jusqu'à ce que les ingrédients soient tendres et que le riz brun soit cuit.
- Retirer du feu et laisser refroidir pendant quelques minutes seulement.
- Réduire en purée la moitié du poulet avec 125 ml (½ tasse) d'eau de cuisson. Vider la purée dans un grand bol et répéter l'opération avec le reste du poulet.
- Égoutter le riz et les légumes, puis les écraser à la fourchette. Bien mélanger avec la purée de poulet.
- Verser en portions individuelles de 60 ml (¼ tasse) dans des plats en verre ou allant au four à micro-ondes. Servir immédiatement ou congeler.

Rendement : environ 750 ml (3 tasses) ou 12 portions de 60 ml (¼ tasse)
Conservation : 2 à 3 jours au réfrigérateur, 10 à 12 semaines au congélateur
Valeur nutritive : 6 g de protéines et 0,7 mg de fer par portion

Desserts

Crème à la citrouille

Petit dessert d'hiver pas comme les autres, à base de courge ou de citrouille.

250 ml (1 tasse) de purée de citrouille ou de courge musquée
250 ml (1 tasse) de lait de soya, saveur originale
15 ml (1 c. à soupe) de beurre d'amande
1 sachet de gélatine sans saveur
5 ml (1 c. à thé) de vanille

- Faire cuire la courge ou la citrouille tel qu'il est indiqué à la p. 161. Il est même possible d'utiliser de la purée déjà congelée.
- Verser le lait de soya dans le mélangeur. Ajouter la purée de citrouille ou de courge, et le beurre d'amande. Lorsque la préparation est bien lisse, incorporer la gélatine, puis la vanille. Verser dans de petits bols et réfrigérer quelques heures avant de servir.

Rendement : 500 ml (2 tasses) ou 8 portions de 60 ml (¼ tasse)
Conservation : 2 à 3 jours au réfrigérateur
Valeur nutritive : plus de 7000 UI de bêta-carotène par portion lorsqu'on utilise la citrouille

Crème de tofu aux fruits frais

Voici un délicieux dessert pour les petits et les grands! Il peut aussi se préparer avec un seul fruit à la fois, soit la banane ou les fraises, ou encore avec des
mélanges de pêches, de poires ou de pommes pochées.

125 ml (½ tasse) de tofu soyeux
½ banane
125 ml (½ tasse) de fraises fraîches ou congelées sans sucre

- Mettre tous les ingrédients au mélangeur et réduire en une purée très lisse.
- Servir immédiatement ou conserver au réfrigérateur quelques jours.

Rendement : 250 ml (1 tasse) ou 4 portions de 60 ml (¼ tasse)
Valeur nutritive : 1,5 mg de fer par portion

Gelée de fruits maison

Cette gelée remplie de jus ou de purée de fruits est beaucoup plus savoureuse que les desserts-gelées de type Jell-o. Faites-en des variantes avec du jus d'orange et de la purée de banane, ou du jus de raisin blanc et de la purée de poires, ou du jus de pomme et de la purée de fraises.

60 ml (¼ tasse) d'eau froide
1 sachet de gélatine sans saveur (genre Knox)
125 ml (½ tasse) d'eau bouillante
250 ml (1 tasse) de jus d'orange, de pomme ou de raisin blanc
250 ml (1 tasse) de purée de banane ou de poires (utiliser des fruits frais réduits en purée au mélangeur avec ou sans le jus)

- Verser l'eau froide dans un bol de grandeur moyenne. Saupoudrer de gélatine et laisser gonfler quelques minutes seulement.
- Ajouter l'eau bouillante et faire dissoudre la gélatine.
- Ajouter le jus et la purée de fruits, bien mélanger.
- Si désiré, verser dans de petits plats individuels. Réfrigérer quelques heures jusqu'à ce que la gélatine soit ferme.

Rendement : 700 ml (env. 2 ¾ tasses) ou 45 ml (3 c. à soupe) par portion
Conservation : 2 à 3 jours au réfrigérateur
Valeur nutritive : 34 mg de potassium par portion (varie selon le fruit utilisé)

Lait fouetté à la banane

Un dessert dans un verre ou dans une tasse.

1 petite banane coupée en morceaux
125 ml (½ tasse) de lait entier, à 3,25 %, ou de lait de soya
une goutte de vanille

- Passer la banane et le lait au mélangeur. Bien fouetter. Ajouter la vanille. Verser dans un verre ou une tasse.
- Réfrigérer jusqu'au moment de servir.

Rendement : 250 ml (1 tasse) ou 2 portions
Valeur nutritive : 2,5 g de protéines et 80 mg de calcium par portion (si préparé avec du lait entier)

Muffins à l'orange et aux dattes

Très savoureux et remplis de fer, grâce à la présence des céréales pour bébés enrichies de fer.

250 ml (1 tasse) de jus d'orange
125 ml (½ tasse) de dattes finement hachées
1 œuf
45 ml (3 c. à soupe) d'huile de canola
45 ml (3 c. à soupe) de miel (après 12 mois) ou de sirop d'érable
250 ml (1 tasse) de farine de blé entier, à pâtisserie
500 ml (2 tasses) de céréales pour bébés enrichies de fer (les classiques, voir p. 178)
10 ml (2 c. à thé) de poudre à pâte
2 ml (½ c. à thé) de sel (après 12 mois)

- Au mélangeur ou au robot, mélanger le jus d'orange, les dattes hachées, l'œuf, l'huile et le miel ou le sirop d'érable.
- Dans un grand bol, mélanger les ingrédients secs. Verser les ingrédients liquides sur les ingrédients secs et brasser juste assez pour humecter tous les ingrédients.
- Verser la préparation dans de petits moules à muffins bien graissés. Faire cuire à 200 °C (400 °F) environ 15 minutes.

Rendement : 24 petits muffins
Conservation : 3 à 4 jours au réfrigérateur, 2 à 3 mois au congélateur
Valeur nutritive : 5 mg de fer par muffin

Muffins aux carottes et au jus de pruneau

Savoureux et riches en fer.

2 œufs
250 ml (1 tasse) de jus de pruneau
80 ml (⅓ tasse) de cassonade
80 ml (⅓ tasse) d'huile de canola
375 ml (1 ½ tasse) de carottes, râpées
125 ml (½ tasse) de céréales All Bran
125 ml (½ tasse) de raisins secs
15 ml (1 c. à soupe) de zeste d'orange
250 ml (1 tasse) de farine de blé entier
250 ml (1 tasse) de céréales pour bébés enrichies de fer (les classiques, voir p. 178)
10 ml (2 c. à thé) de cannelle
5 ml (1 c. à thé) de poudre à pâte
5 ml (1 c. à thé) de soda à pâte

- Dans un bol, mélanger les œufs, le jus de pruneau, la cassonade et l'huile. Incorporer les carottes râpées, les céréales All Bran, les raisins et le zeste d'orange. Laisser reposer 5 minutes.
- Dans un autre bol, mélanger la farine, les céréales pour bébés, la cannelle, la poudre à pâte et le soda à pâte.
- Verser les ingrédients secs sur les ingrédients liquides et mélanger pour humecter le tout.
- Verser la préparation dans de petits moules à muffins bien graissés. Faire cuire à 190 °C (375 °F) environ 20 minutes.

Rendement : 30 petits muffins
Conservation : 3 à 4 jours au réfrigérateur, 2 à 3 mois au congélateur
Valeur nutritive : 2,7 mg de fer par muffin

Popsifruits

Ces popsicles maison ont la texture du sorbet. Vous pouvez servir la préparation dans un plat à sorbet ou en popsicle. Essayez différentes saveurs : jus d'orange, jus de raisin ou jus de pomme.

500 ml (2 tasses) de yogourt nature
1 boîte de 178 ml (6 ½ oz) de jus de fruits surgelé, non sucré

- Passer le yogourt et le jus de fruits non dilué au mélangeur jusqu'à l'obtention d'une texture lisse et homogène.
- Verser le mélange dans un moule à popsicles ou dans de petits plats en verre individuels. Congeler.
- Pour servir, passer le popsifruits sous l'eau très chaude afin de le déloger de son moule ou sortir le contenant du congélateur de 15 à 30 minutes avant de servir, afin d'obtenir la bonne consistance.

Rendement : 10 popsifruits
Valeur nutritive : 2,2 g de protéines et 65 mg de calcium par portion

Chapitre 19

Le végétarisme et la santé du bébé

ous êtes végétarien ou végétalien depuis quelques années et vous souhaitez offrir à votre bébé le même type d'alimentation. Vous avez entendu dire que le végétarisme n'est pas recommandé avant l'âge de 2 ans et vous ne savez plus quoi faire. Vous vous demandez s'il peut y avoir des exceptions… La réponse relève de vous, car si vous êtes prêt à surveiller l'alimentation de votre bébé de très près en respectant tous ses besoins nutritifs, vous pouvez poursuivre votre démarche.

Les différents types de végétarisme

Comme vous le savez, il existe plusieurs types de végétarisme et les précautions à prendre pour atteindre un équilibre alimentaire varient selon les types.

Essayez de vous situer parmi les types suivants.

Le **lacto-ovo-végétarisme** met en vedette tous les aliments d'origine végétale ainsi que les œufs et les produits laitiers, mais il exclut la viande, la volaille, le poisson et les fruits de mer.

Le **lacto-végétarisme** met en vedette les mêmes aliments que le type précédent, sauf qu'il exclut totalement les œufs.

Le **végétalisme** met en vedette tous les aliments d'origine végétale, mais exclut tout aliment d'origine animale, y compris les œufs, les produits laitiers, la gélatine, etc. Les adeptes de ce type de végétarisme s'appellent parfois des végans ou des végétariens stricts.

Le **macrobiotisme** élimine plusieurs aliments d'origine animale et tente de faire l'équilibre entre le yin et le yang; certains stades de ce système alimentaire imposent plusieurs restrictions alimentaires.

De façon générale, une alimentation qui ne renferme pas de viande ne présente pas de problème en soi, bien au contraire! Plusieurs recherches ont

même démontré les bénéfices d'une telle alimentation lorsqu'elle est bien équilibrée.

Par ailleurs, moins il y a de groupes alimentaires dans un menu, plus il y a de risques de déficiences nutritionnelles, particulièrement pendant la petite enfance. Lorsque vous éliminez le groupe des viandes, vous devez trouver d'autres bonnes sources de protéines, de fer et de zinc. Si vous éliminez aussi le groupe des produits laitiers, vous devez trouver également du calcium, de la vitamine D et de la riboflavine. Il faut aussi trouver la vitamine B_{12} qui devient complètement absente de votre menu. Le défi est d'autant plus difficile à réaliser qu'il y a d'aliments éliminés.

L'effet sur la croissance et sur la santé du jeune enfant

Les recherches menées depuis 25 ans sur des populations de jeunes enfants végétariens ont démontré que le lacto ou le lacto-ovo-végétarisme ne nuisaient aucunement à la croissance de l'enfant.

Les chercheurs ont, par ailleurs, noté chez les bébés végétaliens ou végétariens stricts un retard de croissance avant l'âge de 1 an et tout au long des années préscolaires. Les mêmes séquelles ont été observées chez des bébés et de jeunes enfants macrobiotiques. Ils ont aussi observé des cas de déficiences nutritionnelles qui ont eu des fins tragiques. Par exemple, un manque de vitamine B_{12} a causé quelques décès chez des bébés de moins de 1 an. Un manque de vitamine D a causé du rachitisme chez des enfants de 2 ans et plus ; ces bébés avaient une déformation des os observable à l'œil nu. Un apport insuffisant de calories et une alimentation trop riche en fibres ont également provoqué des retards de croissance, et même quelques décès.

Le jeune enfant est beaucoup plus vulnérable que l'adulte à la moindre déficience nutritionnelle, particulièrement de 6 mois à 2 ans, parce que tous ses tissus se développent à un rythme très accéléré. C'est la raison pour laquelle les experts en nutrition ne recommandent pas l'adoption d'une alimentation végétarienne avant l'âge de 2 ans.

Si vous désirez que votre bébé adhère à vos habitudes alimentaires, tenez compte de ce qui précède et suivez à la lettre les grandes consignes adaptées à votre type de végétarisme.

Les grandes consignes pour le bébé lacto-végétarien ou lacto-ovo-végétarien

À la naissance, allaitez votre bébé sur demande et donnez-lui un supplément de vitamine D (D-Vi-Sol). Si vous ne l'allaitez pas, offrez-lui une préparation pour nourrissons enrichie de fer.

Vers l'âge de 6 mois, continuez le lait maternel ou la préparation pour nourrissons enrichie de fer et introduisez graduellement les aliments solides en suivant la séquence présentée au chapitre 12. Au moment d'introduire les aliments riches en protéines, choisissez d'abord le tofu, puis introduisez lentement les légumineuses en purée. Ces deux aliments doivent faire partie du menu de tous les jours ou presque, parce qu'ils constituent d'excellents substituts de la viande et fournissent les protéines, le fer et le zinc nécessaires au bébé.

De 9 à 12 mois, continuez d'allaiter ou utilisez une préparation de transition (voir p. 102). Parmi les autres aliments solides riches en protéines, vous pouvez introduire le fromage et, si désiré, le jaune d'œuf cuit dur. Consultez les menus du chapitre 18 et introduisez peu à peu des aliments de texture plus consistante pour que votre bébé mastique et ne devienne pas dépendant des purées.

De 12 à 24 mois, tentez de suivre le menu type de la p. 269, mais respectez toujours les messages de satiété de votre bébé.

Ce type de végétarisme permet d'offrir plusieurs groupes d'aliments différents et ne présente aucun risque pour la santé de votre bébé.

Les grandes consignes pour le bébé végétalien

À la naissance, allaitez votre bébé sur demande et donnez-lui un supplément de vitamine D (D-Vi-Sol) et de vitamine B_{12} (voir chapitre 10). Si vous n'allaitez pas, offrez-lui une préparation pour nourrissons à base de soya (Nursoy, Prosobee, Isomil ou Alsoy 1). Celles-ci sont toujours enrichies de fer et renferment aussi les vitamines D et B_{12}.

Vers l'âge de 6 mois, continuez le lait maternel et les suppléments, ou la préparation pour nourrissons à base de soya. Commencez graduellement l'introduction des aliments solides en suivant la séquence décrite au chapitre 12 et en accordant une place de choix aux céréales pour bébés enrichies de fer (voir chapitre 14).

De 6 à 8 mois, si vous continuez d'allaiter, offrez-lui quotidiennement des céréales pour bébés enrichies de fer ou un supplément de fer (Fer-In-Sol) ainsi que les vitamines D et B_{12}.

Si vous n'allaitez pas, continuez à offrir à votre bébé la préparation pour nourrissons à base de soya. Même si certaines boissons de soya sont maintenant enrichies de calcium et de vitamine D (SoGood, SoNice), elles ne renferment pas assez de gras et de calories pour maintenir la croissance du bébé. Des cas graves de malnutrition ont été rapportés chez des bébés à qui l'on donnait des boissons de riz ou d'autres boissons à base de noix non enrichies de calcium et de vitamine D.

Nourrissez votre bébé au moins 5 fois par jour, afin qu'il absorbe en quantité suffisante tous les aliments nutritifs dont il a besoin. N'oubliez pas de servir quotidiennement de petites quantités de tofu ou de légumineuses en purée pour maintenir une bonne qualité de protéines.

De 12 à 24 mois, continuez de lui offrir de la préparation pour nourrissons à base de soya et assurez-vous qu'il en boit au moins 750 ml (24 oz) par jour. Aucun autre lait de soya ne peut lui fournir autant d'éléments nutritifs.

Encouragez la consommation régulière de tofu et de légumineuses. Complétez le menu par de petites quantités de beurre de noix (arachide, amande ou sésame) ou de noix moulues, pour augmenter suffisamment la teneur en calories de son alimentation. Consultez le menu type, p. 269.

Respectez toujours l'appétit de votre bébé, tout en donnant la priorité aux aliments qui lui rapportent le plus. Par exemple, si votre bébé n'a pas tellement d'appétit, il vaut mieux lui donner de la préparation de lait de soya que du pain ou des jus de fruits.

Ce type de végétarisme strict exige plus de vigilance de votre part pour bien répondre à tous les besoins nutritifs de l'enfant. Il coïncide parfois avec un rythme de croissance plus lent.

Des aliments utiles au bébé végétalien

Comme nous l'avons déjà mentionné, un menu végétalien très riche en fibres (grains entiers, fruits et légumes) peut combler l'appétit du bébé, mais ne pas satisfaire ses besoins en protéines, en gras et en calories. Un bébé qui mange trop de céréales de son, trop de légumes ou de fruits n'a plus faim pour la préparation de soya ou le tofu. Ce type de menu ne lui fournit pas assez d'éléments nutritifs pour assurer un bon rythme de croissance.

Pour éviter cet écueil, il est important d'offrir au bébé des aliments clés en quantité adéquate, en commençant graduellement dès l'âge de 6 mois.

- Après 6 mois, si votre bébé n'est pas allaité, une préparation pour nourrissons à base de soya (Nursoy, Prosobee, Isomil ou Alsoy 2) constitue un aliment de base à conserver jusqu'à l'âge de 2 ans. Cela permet d'augmenter la teneur en protéines, en gras, en calcium et en calories de son alimentation; 750 ml (24 oz) par jour constituent l'apport minimal recommandé;

- Les céréales pour bébés enrichies de fer demeurent un choix intéressant, particulièrement si votre bébé est encore allaité. Consultez le chapitre 14 pour effectuer de bons choix et offrez chaque jour des céréales à votre bébé en les mélangeant à une préparation pour nourrissons à base de soya;
- Si vous ne voulez pas avoir recours aux deux aliments précédents, la situation devient un peu plus complexe. À ce moment-là, vous devez enrichir vous-même le lait de soya ordinaire afin que votre bébé ne manque pas de calcium, de gras et de calories et lui donner au moins 750 ml (24 oz) de lait de soya par jour. Vous devez également donner à votre bébé un supplément de vitamine D, de vitamine B_{12} et un supplément de fer (voir p. 109 à 115);
- Le tofu est tout indiqué comme première source de protéines solides, car il est plus facile à servir et à digérer que les légumineuses. Commencez par quelques bouchées et considérez qu'une portion de 100 g (3 ½ oz) peut graduellement faire partie du menu quotidien de votre bébé;
- Des grains entiers comme le quinoa ou l'amarante peuvent augmenter la valeur en protéines et en fer du menu. Réduisez-les en farine à l'aide d'un petit moulinet ou d'un robot et faites-les cuire de 5 à 10 minutes pour favoriser leur digestibilité. Vous pouvez les servir avec une purée de dattes ou de raisins secs, ou une petite cuillerée de mélasse verte (*blackstrap*) pour augmenter le contenu en fer;
- Une fois que le bébé a goûté à tout ou presque, on peut ajouter à son menu des aliments comme le germe de blé ou la levure alimentaire. Ces aliments renferment de bonnes quantités de vitamines du complexe B et peuvent

être camouflés dans des recettes de muffins, des potages, etc. Calculez environ 10 à 15 ml (2 à 3 c. à thé) de ces aliments par jour. Bien entendu, ces aliments complémentaires ne sont pas essentiels, mais ils augmentent la valeur nutritionnelle d'un menu qui n'est pas encore copieux. Il en va de même pour les beurres de noix.

Les suppléments à donner

- **La vitamine D.** Tout comme le bébé omnivore, le bébé allaité, végétarien ou végétalien, doit recevoir un supplément de vitamine D. Donnez-lui 10 microgrammes (400 UI) de vitamine D par jour.
- **La vitamine B$_{12}$** (cyanocobalamine). Si vous êtes végétalienne ou végétarienne stricte et que vous n'avez pris aucun produit laitier pendant votre grossesse, votre bébé allaité doit recevoir un supplément de vitamine B$_{12}$ dès la naissance. Donnez-lui 0,4 microgramme de vitamine B$_{12}$ par jour à la naissance et 0,5 microgramme après 6 mois.
- **Le fer.** Si vous avez allaité votre bébé plus de six mois et que vous ne lui donnez aucune céréale pour bébés enrichie de fer, celui-ci doit prendre un supplément de fer. Le fer permet de prévenir les risques d'anémie, déficience assez fréquente de 6 à 24 mois.
- Si votre bébé n'est pas allaité et qu'il boit chaque jour au moins 750 ml (24 oz) de préparation pour nourrissons à base de soya, il n'a besoin d'aucun supplément.
- **Une multivitamine.** Si votre bébé de 15 ou 18 mois fait la grève des fruits et légumes sous toutes leurs formes et qu'il souffre d'infections à répétition, donnez-lui un supplément liquide de multivitamines pendant quelques mois, pour qu'il puisse faire le plein de vitamine C et de bêta-carotène.

Le guide d'alimentation quotidienne pour l'enfant végétarien de 12 à 24 mois

L'enfant lacto-ovo-végétarien	L'enfant végétalien ou végétarien strict
lait entier (3,25 %)	préparation pour nourrissons à base de soya
au moins 600 ml (20 oz) par jour	au moins 750 ml (24 oz) par jour
céréales pour bébés enrichies de fer 60 à 90 ml (4 à 6 c. à soupe)	céréales pour bébés enrichies de fer ou bons substituts (voir p. 204 et 205) 60 à 90 ml (4 à 6 c. à soupe)
tofu ou légumineuses cuites 80 à 125 ml (⅓ à ½ tasse)	tofu ou légumineuses cuites 80 à 125 ml (⅓ à ½ tasse)
fruits et légumes riches en vitamine C (voir appendice, p. 292) 1 par repas	fruits et légumes riches en vitamine C (voir appendice, p. 292) 1 par repas
autres fruits et légumes 2 ou 3 par jour	autres fruits et légumes 2 ou 3 par jour
grains entiers, pain, riz et pâtes 2 ou 3 portions	grains entiers, pain, riz et pâtes 2 ou 3 portions
œufs 4 ou 5 fois par semaine fromage ou yogourt, selon son appétit	beurre de noix (arachide, amande et sésame) 30 à 45 ml (2 à 3 c. à soupe)

Chapitre 20

D'autres questions importantes

Un bébé doit-il manger moins gras?
Une alimentation faible en gras n'est pas du tout recommandée dans le cas d'un bébé ou d'un jeune enfant. Elle peut même nuire à sa croissance et à son développement. Des programmes comme celui du Dr Dean Ornish peuvent faire régresser la maladie cardiovasculaire, mais ces diètes sévères sont destinées à des patients cardiaques adultes. De tels programmes suggèrent une importante réduction du gras et ne laissent que 10% des calories totales sous forme de gras. Ce type d'alimentation n'accorde aucune place à la viande et, en ce qui concerne les produits laitiers, seuls les produits laitiers écrémés sont admis. Il peut convenir à des adultes malades, mais n'est absolument pas conçu pour un enfant en pleine croissance.

Les besoins en gras du bébé et du jeune enfant
Jusqu'à l'âge de 4 ans, les acides gras essentiels et le cholestérol présents dans l'alimentation du bébé contribuent au développement de son système nerveux et de son cerveau; de fait, le cerveau du bébé triple son poids au cours de cette période.

Les principales sources d'acides gras essentiels demeurent le lait maternel, les préparations pour nourrissons et les huiles insaturées, mais d'autres aliments en contiennent des quantités moindres. Si, au cours de cette période, l'alimentation du bébé renferme peu de gras, la croissance normale de tout le système nerveux est en jeu.

Pour cette raison, la Société canadienne de pédiatrie, Les diététistes du Canada et Santé Canada ne recommandent pas l'adoption d'une alimentation faible en gras durant la petite enfance. Ces experts en santé infantile recommandent plutôt d'allaiter votre bébé pendant au moins 6 mois et d'incorporer le lait de vache entier, à 3,25%, après 9 mois, lorsque le bébé mange 200 ml

(env. 12 c. à soupe) d'aliments solides par jour. Ils découragent fortement de donner du lait partiellement écrémé (à 1 ou 2%) ou totalement écrémé (à 0%) aux bébés de moins de 2 ans. Après 12 mois, ils tolèrent l'inclusion du lait écrémé au menu, seulement lorsqu'il y a de sérieux problèmes de poids ou lorsqu'il y a des problèmes cardiovasculaires dans la famille. Même là, ils recommandent que l'enfant soit suivi par un médecin et un ou une diététiste. Dans tous les autres cas, la Société canadienne de pédiatrie met l'accent sur une alimentation qui favorise la croissance et le développement normal de l'enfant, ce qui n'est pas une alimentation faible en gras.

Le lait entier, à 3,25 %, une sécurité

J'ai conçu un menu de sept jours pour l'enfant de 9 mois et plus, et j'ai voulu vérifier si l'adoption du lait à 2% pouvait faire une différence. Les calculs faits grâce à un programme informatisé ont démontré assez clairement que le menu contenant du lait à 2% ne fournit pas autant de calories et beaucoup moins de gras que le menu contenant du lait à 3,25%. Le jeune enfant qui a peu d'appétit et qui mange peu d'aliments certains jours a donc besoin de lait entier à 3,25% comme source quotidienne de gras.

Il n'est pas nécessaire d'ajouter de gras

L'importance d'une certaine quantité de gras dans l'alimentation du bébé a fait un petit bout de chemin dans la tête de plusieurs parents. Certains croient même nécessaire d'ajouter un peu de beurre ou d'huile sur les aliments pour combler les besoins du jeune enfant. Il n'y a aucune utilité à faire cela.

Le gras nécessaire pour assurer la croissance normale d'un enfant est facilement atteint si vous donnez à votre bébé un minimum de 600 ml (20 oz) de lait entier, à 3,25%, par jour et s'il mange régulièrement des yogourts, des fromages de lait entier et quelques œufs par semaine. Il n'est toutefois pas nécessaire de modifier toutes vos recettes, car votre bébé pourra graduellement manger comme les grands.

Doit-on faire mesurer le taux de cholestérol sanguin des bébés ?

Si un proche parent de l'enfant a souffert d'un infarctus avant l'âge de 50 ans ou a un risque élevé de maladie cardiovasculaire, une mesure du taux de cholestérol sanguin de l'enfant peut parfois être utile après l'âge de 2 ans. Si l'enfant de 30 mois a un taux de cholestérol sanguin supérieur à 5,2 mmol/l (200 mg/dL) lors de deux prises de sang consécutives, une alimentation plus faible en gras peut se révéler nécessaire. Cet enfant devra être suivi par un ou une diététiste pour ne pas risquer de déséquilibre nutritionnel.

Votre bébé est joufflu

En Amérique du Nord, il y a plus d'enfants obèses que jamais. Il n'y a toutefois pas lieu de vous inquiéter trop vite.

Si votre bébé triple son poids de naissance en douze mois, c'est normal. S'il a dépassé cette norme, ce n'est pas encore un indice d'une obésité future. Comme la plupart des bébés dodus, il retrouvera un poids normal durant les années préscolaires et ne deviendra pas obèse.

Si votre enfant gagne beaucoup de poids avant le primaire et qu'il est obèse à 7 ans, il a de fortes chances de le demeurer longtemps. Et 7 adolescents obèses sur 10 demeurent obèses toute leur vie. De fait, ce n'est pas le bébé joufflu qui doit vous inquiéter, mais attention à l'écolier bien rond ou au préadolescent obèse.

Une histoire de famille

L'histoire familiale est un indicateur très important. Les parents obèses ont plus souvent tendance à avoir des enfants obèses que les parents de poids normal.

Des mythes, il y en a

Il existe un mythe qui veut que l'enfant obèse mange plus que les autres. Or, des recherches ont démontré qu'un jeune enfant de famille obèse devient obèse sans nécessairement absorber plus de calories qu'un jeune enfant de poids normal. Bien entendu, l'enfant obèse prend du poids parce qu'il ne réussit pas à brûler efficacement les calories qu'il consomme.

Un autre mythe veut que l'allaitement maternel prévienne l'obésité. Même si des études démontrent que des bébés allaités semblent mieux contrôler leur consommation alimentaire et prendre moins de poids après 4 mois,

aucune étude ne garantit de tels effets à long terme, car d'autres événements peuvent, au cours des années, amoindrir l'effet de cet excellent départ.

Le dernier mythe veut que les diètes amaigrissantes aient un certain pouvoir. Or, les diètes amaigrissantes nuisent à la croissance de l'enfant, entraînent des déficiences nutritionnelles, réduisent la température corporelle et diminuent sa résistance immunitaire.

Une prévention tout en douceur

Si vous souffrez d'obésité vous-même et que votre bébé a tendance à prendre plus de poids que la normale, oubliez la diète amaigrissante! Apprenez à respecter les signaux de satiété de votre bébé. Ne le forcez jamais à terminer son biberon ou son assiette. Aidez-le à ne jamais se suralimenter. Jouez avec lui un peu plus longtemps, racontez-lui des histoires, plutôt que de lui donner des biscuits aux pépites de chocolat. Si votre enfant mange beaucoup, augmentez graduellement le contenu en fibres alimentaires de son menu en lui donnant plus de produits céréaliers entiers, plus de fruits et plus de légumes. Il mangera à sa faim, mais avalera moins de calories. Planifiez le menu familial en oubliant les aliments riches en gras, en sucre et en sel. Oubliez les collations très riches et sucrées. Si toute la famille mange de la même façon, votre enfant ne se sentira pas en pénitence.

Si votre jeune enfant a toujours eu un poids normal et qu'il prend tout à coup 4,5 kg (10 lb) en un an, essayez de comprendre ce qui s'est passé. Les changements soudains de poids cachent souvent des problèmes émotifs. En trouvant la vraie raison, plutôt qu'en coupant les calories, vous aiderez votre enfant à combler certains vides ou malaises.

Une activité physique accrue

Planifiez un programme d'activité physique pour la famille et augmentez la dépense énergétique de votre enfant. Limitez les heures de télévision. Adoptez un chien. Faites de longues promenades au parc ou à la campagne. Une étude publiée en 1995 démontre qu'une augmentation de l'activité physique, dès les premières années, ralentit le gain de poids, même dans des familles ayant des problèmes de poids.

Quelques règles d'or

Il n'est jamais trop tôt pour prévenir l'obésité. Dès les premières semaines, nourrissez votre bébé souvent, mais selon son appétit. Permettez-lui de décider des quantités qu'il veut manger. Donnez l'exemple en mangeant vous-même des aliments sains et en faisant régulièrement de l'exercice. Évitez d'utiliser les aliments comme récompense ou comme source de chantage. Dites à votre bébé qu'il est beau pour qu'il devienne bien dans sa peau. L'estime de soi s'acquiert très, très jeune!

La garderie, inquiétudes et solutions

Comme bien des parents, vous n'avez pas vraiment le goût de vous séparer de votre jeune enfant. Vous êtes inquiet, car la garderie est reconnue comme un nid de microbes. Vous ne savez pas trop à quoi vous attendre.

Vous vous souciez particulièrement de la qualité des aliments offerts. N'arrêtez pas votre choix dès la première visite et n'hésitez pas à poser les questions qui vous préoccupent.

Si votre bébé a moins de 9 mois

Si vous souhaitez continuer d'allaiter votre bébé, demandez aux responsables de la garderie s'il est possible que vous leur fournissiez du lait maternel; dites-leur aussi comment conserver et servir le lait maternel.

Informez-vous si les préparations pour nourrissons sont offertes. Si oui, si elles sont enrichies de fer et jusqu'à quel âge elles sont offertes.

Après 9 mois, offre-t-on une préparation de transition ou du lait de vache entier, à 3,25 %?

Est-ce qu'on laisse les bébés boire seuls leur biberon au lit (voir p. 16)?

Lors de l'introduction des aliments solides, informez-vous des types de purées offertes. Si les aliments offerts ne vous conviennent pas, est-ce possible de fournir votre propre purée maison ou autre?

Informez-vous de la séquence d'introduction des aliments solides. Est-ce que tous les bébés du même âge reçoivent les mêmes types d'aliments au même moment?

Si le scénario proposé ne vous convient pas, cherchez une garderie qui introduit les solides selon ce que vous souhaitez, ou encore choisissez une garderie qui vous laisse fournir vos propres aliments et composer le menu.

Si votre bébé a de 9 à 24 mois

Demandez une copie du menu et voyez si les menus proposés correspondent à votre approche alimentaire. Demandez à rencontrer la cuisinière pour mieux comprendre la philosophie alimentaire de l'endroit. Vous allez trouver de tout. Certaines garderies servent des viandes pressées, des frites, des boissons sucrées, des légumes en conserve et des petits gâteaux; d'autres offrent des plats végétariens et donnent la priorité aux produits de culture biologique.

Vérifiez auprès des responsables si un ou une diététiste a revu ou conçu le menu. Si vous avez besoin de voir de vos yeux les aliments servis, allez visiter la garderie à l'heure du midi. Même si les responsables ont moins de temps pour répondre à vos questions, vous pouvez observer l'ambiance à l'heure des repas et voir la qualité de la nourriture offerte.

Demandez à visiter la cuisine pour avoir un aperçu de l'hygiène et de la salubrité de l'endroit.

Informez-vous des collations. Si votre bébé doit manger très tôt le matin et souper assez tard le soir, les collations peuvent devenir importantes. Assurez-vous qu'il pourra recevoir une collation soutenante (verre de lait ou yogourt) pendant la matinée ou en fin d'après-midi.

Si votre enfant a des allergies alimentaires, assurez-vous qu'il pourra y avoir une étroite collaboration entre la cuisinière et vous.

Quels sont les messages transmis?

Demandez quelles sont les politiques de la garderie concernant les comportements alimentaires. Les enfants doivent-ils terminer leur assiette pour mériter un dessert? Comment réagit-on devant les refus et les grèves de la faim? Est-ce qu'on utilise les aliments comme récompense?

Les éducatrices mangent-elles avec les enfants? Souvenez-vous que l'influence de l'éducatrice est remarquable à l'heure des repas. Son exemple peut faire toute la différence pour les tout-petits qui hésitent à manger de nouveaux aliments. Son attitude peut changer l'atmosphère des repas et y donner une dimension tout à fait éducative et harmonieuse. Si les éducatrices mangent avec les enfants, ont-elles une attitude positive par rapport aux aliments sains?

Comment concilier les deux mondes

Lors de l'entrée à la garderie, votre bébé peut éprouver des problèmes d'adaptation. Vérifiez auprès de son éducatrice s'il mange bien et s'il réagit bien.

Observez son comportement à la maison et évitez tout changement brusque pendant quelque temps ; retardez, si nécessaire, le sevrage, l'introduction de nouveaux aliments, le transfert du berceau au lit simple ou encore l'entraînement à la propreté.

Le contact avec d'autres jeunes enfants peut stimuler votre petit, mais il peut aussi augmenter la fréquence des infections. Selon un document récent de la Société canadienne de pédiatrie, la majorité des enfants attrape de 8 à 10 rhumes par année. Ne paniquez pas outre mesure, car tôt ou tard votre enfant sera en contact avec les microbes et les virus du monde extérieur.

Redoublez d'efforts pour offrir les meilleurs aliments à votre bébé, le matin, le soir et les fins de semaine. Si vous continuez de l'allaiter, vos anticorps peuvent augmenter sa résistance contre bien des malaises.

Pour continuer à offrir à votre bébé un menu équilibré, demandez chaque semaine une copie du menu de la garderie. Affichez-le bien en vue dans la cuisine et composez les autres repas de façon à compléter ce qu'il a mangé à la garderie.

Considérez la garderie comme un endroit privilégié qui permet à plusieurs tout-petits d'élargir leur répertoire alimentaire.

Les repas au restaurant

Les repas à l'extérieur peuvent être très amusants, mais pas toujours nourrissants ! Bien entendu, l'âge de l'enfant peut faire toute la différence.

Si votre bébé a moins de 9 mois

Si vous allaitez, ça ne présente pas de problème. La lumière et le bruit peuvent distraire votre bébé un peu, mais si vous choisissez une table dans un coin tranquille, vous pourrez allaiter comme à la maison ou presque.

Si votre bébé a commencé à manger des aliments solides, apportez vos purées et le biberon dans un petit sac thermique refroidi avec un Ice-Pak. Demandez à la personne qui vous sert un récipient d'eau chaude pour réchauffer le tout. Nourrissez d'abord votre bébé, puis laissez-le s'amuser

avec un jouet et admirer l'environnement dans sa petite chaise inclinée, pendant que vous terminez votre repas.

Si votre bébé mange déjà un peu de tout

Planifiez votre repas au restaurant un peu plus tôt que l'heure habituelle du repas de votre bébé. Un bébé trop fatigué perd l'appétit et sa joie de vivre… Il fera de grands sourires au personnel, mais n'avalera pas une bouchée.

Si le menu du restaurant est varié, vous pouvez simplement donner à votre bébé de petits morceaux d'aliments de votre assiette et lui faire boire un jus de légumes et un verre de lait. Vous pouvez aussi commander un œuf à la coque et du pain de blé entier ; ce repas fort simple fait bien des heureux !

Si le menu du restaurant choisi ne convient vraiment pas à votre bébé, apportez ses aliments (pain de blé entier, cubes de fromage, morceaux de fruit frais), puis faites-lui boire un jus de légumes et un verre de lait.

Malheureusement, les restaurants de type fast-food n'offrent pas beaucoup d'aliments intéressants pour les moins de 2 ans.

Principales sources de protéines

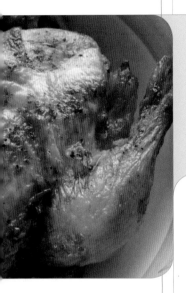

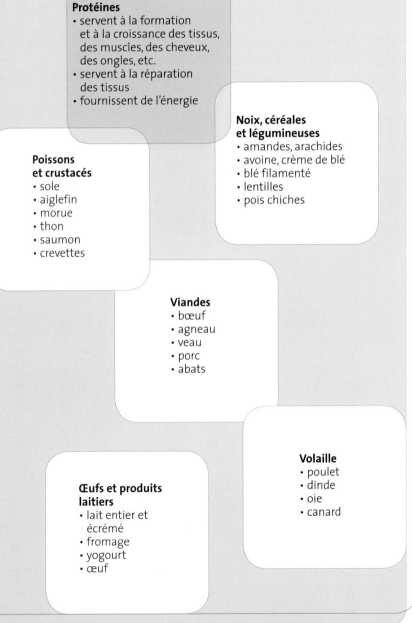

Protéines
- servent à la formation et à la croissance des tissus, des muscles, des cheveux, des ongles, etc.
- servent à la réparation des tissus
- fournissent de l'énergie

Noix, céréales et légumineuses
- amandes, arachides
- avoine, crème de blé
- blé filamenté
- lentilles
- pois chiches

Poissons et crustacés
- sole
- aiglefin
- morue
- thon
- saumon
- crevettes

Viandes
- bœuf
- agneau
- veau
- porc
- abats

Volaille
- poulet
- dinde
- oie
- canard

Œufs et produits laitiers
- lait entier et écrémé
- fromage
- yogourt
- œuf

La cuisson affecte peu les protéines ; conserver les jus de cuisson.

Les besoins quotidiens sont comblés par :
600 ml (20 oz) de lait et 45 g (1 ½ oz) de viande, de poisson ou de volaille, ou 60 g (2 oz) de tofu.

Principales sources de gras

Gras (lipides)
- fournit de l'énergie
- fournit les acides gras essentiels
- facilite l'absorption des vitamines A, D, E, K

Acides gras oméga-3
- poisson gras
- crustacés
- huile de lin
- graines de lin

Gras polyinsaturés
- graines de tournesol
- graines de sésame
- noix de pin

Gras polyinsaturés
- huile de tournesol
- huile de carthame
- huile de sésame
- huile de soya
- huile de maïs

Gras monoinsaturés
- huile d'olive
- huile d'arachide
- huile de canola
- avocat
- amandes
- noix d'acajou

Gras saturés
- beurre
- fromage
- crème et crème glacée
- viandes
- produits laitiers

Les besoins quotidiens sont comblés par :
5 ml (1 c. à thé) d'huile polyinsaturée ou par diverses sources de gras.

Principales sources de glucides

**Glucides
(hydrates de carbone)**
• fournissent
  de l'énergie
• protègent
  les protéines

Produits céréaliers
• céréales cuites
• céréales sèches
• pain de blé entier
• pâtes de blé entier

Grains entiers
• orge mondé
• millet
• avoine
• riz brun
• quinoa

Légumes
• carotte
• haricots verts
• poivron
• brocoli

**Les besoins quotidiens
sont comblés par :**
2 portions de fruits,
2 portions de légumes et
3 portions de grains entiers
ou de produits céréaliers*.

* Voir portions de jeune enfant
  aux p. 221 et 222.

Fruits secs
• raisins
• figues
• pruneaux
• abricots

Fruits frais
• banane
• pomme
• orange
• poire
• kiwi

Principales sources de vitamine A et de bêta-carotène

Vitamine A et bêta-carotène
- favorise la croissance des os et des dents
- maintient la peau en santé
- favorise une bonne vision

Produits laitiers
- lait entier
- yogourt
- fromage cheddar
- sauce blanche
- crème glacée

Fruits colorés
- cantaloup
- pêche
- abricot
- melon d'eau

Légumes verts
- épinards
- brocoli
- bette à carde
- asperges

Légumes jaunes
- carotte
- courge d'hiver
- patate douce
- tomate

Foie
- de veau
- d'agneau
- de porc
- de bœuf
- de poulet

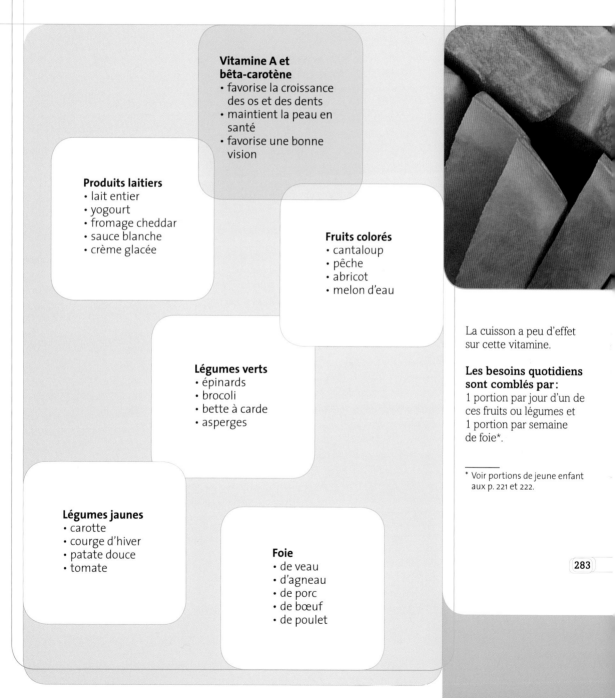

La cuisson a peu d'effet sur cette vitamine.

Les besoins quotidiens sont comblés par :
1 portion par jour d'un de ces fruits ou légumes et 1 portion par semaine de foie*.

---

* Voir portions de jeune enfant aux p. 221 et 222.

Principales sources de vitamine D

**Vitamine D
(cholécalciférol)**
• favorise, de concert
  avec le calcium et le
  phosphore, la croissance
  des os et des dents
• prévient le rachitisme

**Huile de foie
de poisson**
• huile de foie de
  morue
• huile de flétan

Soleil

Le lait « enrichi »
• lait entier, à 3,25 %
• lait à 2 %
• lait écrémé
• lait écrémé en
  poudre

Soleil

Soleil

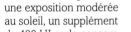

**Les besoins quotidiens
sont comblés par :**
une exposition modérée
au soleil, un supplément
de 400 UI ou la consom-
mation quotidienne de
préparation pour nourris-
sons ou de lait entier
à 3,25 % après 9 mois.

284

Principales sources de vitamine E

Vitamine E (tocophérol)
- prévient le rancissement des aliments
- joue un rôle dans les réactions intracellulaires
- protège la membrane cellulaire

Noix et graines
- noix
- noisettes
- pois secs
- graines de tournesol
- amandes

Œufs
- jaune d'œuf

Fruits et légumes
- épinards
- brocoli
- poireau
- asperges
- patate douce
- betterave
- pomme
- poire

Huiles végétales
- tournesol
- maïs
- soya
- carthame
- coton

Pain et céréales
- pain de blé entier
- germe de blé
- farine de maïs

La cuisson n'affecte pas cette vitamine, mais la congélation peut en diminuer le contenu.

Les besoins quotidiens sont comblés par :
1 portion de fruits et 1 portion de légumes ou 5 ml (1 c. à thé) d'huile végétale polyinsaturée*.

---

* Voir portions de jeune enfant aux p. 221 et 222.

Principales sources de vitamine B$_1$

Vitamine B$_1$ (thiamine)
- stimule l'appétit
- agit sur le système nerveux
- joue un rôle dans les réactions intracellulaires

Poisson et mollusques
- saumon
- maquereau
- huîtres

Viande
- porc
- jambon
- cœur de bœuf

La cuisson affecte le contenu en thiamine des aliments : cuire rapidement avec un peu d'eau. Conserver l'eau de cuisson.

Les besoins quotidiens augmentent avec l'âge et avec l'apport en calories.

Produits laitiers
- lait entier, à 3,25 %
- lait à 2 %
- yogourt

Noix et légumineuses
- haricots cuits
- amandes
- arachides

Céréales
- avoine
- pain de blé entier
- céréales enrichies

286

Principales sources de vitamine B$_2$

Vitamine B$_2$ (riboflavine)
- maintient la peau et le système nerveux en santé

Produits laitiers
- lait entier, à 3,25 %
- lait écrémé
- fromage cheddar
- fromage cottage
- lait glacé

Céréales
- céréales enrichies
- avoine

Abats
- foie de veau
- foie de bœuf
- foie de porc
- rognons de bœuf
- cœur de bœuf

Légumes verts
- brocoli
- épinards

Produits laitiers
- yogourt
- crème glacée
- sorbet
- Ovaltine

La riboflavine est sensible à la lumière. Conserver le lait dans un contenant opaque.

Les besoins quotidiens augmentent avec l'âge et avec l'apport en calories.

Principales sources de vitamine B₃

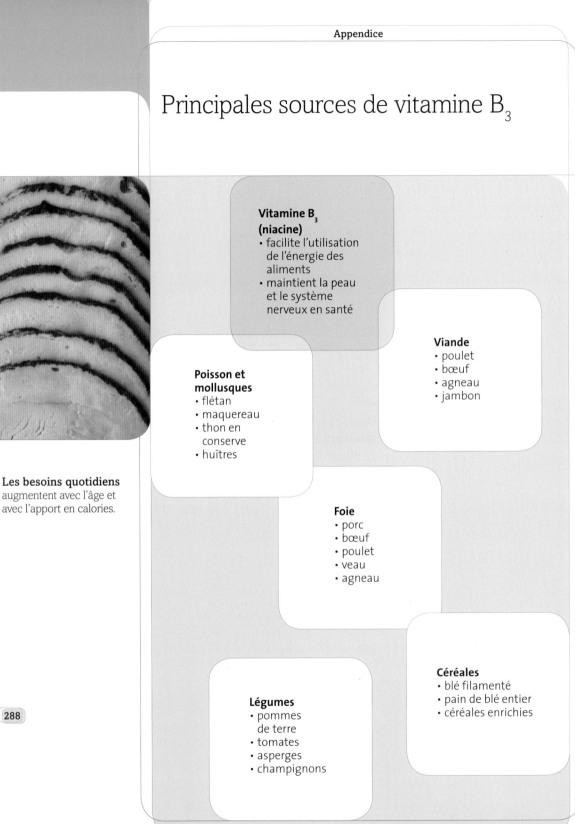

Vitamine B₃ (niacine)
- facilite l'utilisation de l'énergie des aliments
- maintient la peau et le système nerveux en santé

Viande
- poulet
- bœuf
- agneau
- jambon

Poisson et mollusques
- flétan
- maquereau
- thon en conserve
- huîtres

Foie
- porc
- bœuf
- poulet
- veau
- agneau

Céréales
- blé filamenté
- pain de blé entier
- céréales enrichies

Légumes
- pommes de terre
- tomates
- asperges
- champignons

Les besoins quotidiens augmentent avec l'âge et avec l'apport en calories.

Principales sources de vitamine B$_6$

Vitamine B$_6$ (pyridoxine)
- transforme les protéines en énergie
- participe au développement des globules rouges et des tissus nerveux

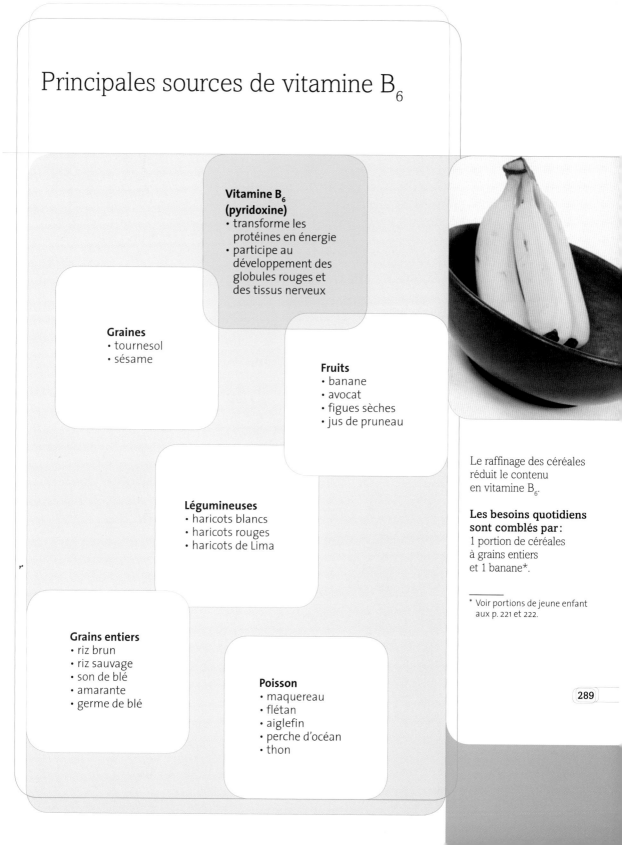

Graines
- tournesol
- sésame

Fruits
- banane
- avocat
- figues sèches
- jus de pruneau

Le raffinage des céréales réduit le contenu en vitamine B$_6$.

Les besoins quotidiens sont comblés par:
1 portion de céréales à grains entiers et 1 banane*.

Légumineuses
- haricots blancs
- haricots rouges
- haricots de Lima

* Voir portions de jeune enfant aux p. 221 et 222.

Grains entiers
- riz brun
- riz sauvage
- son de blé
- amarante
- germe de blé

Poisson
- maquereau
- flétan
- aiglefin
- perche d'océan
- thon

Principales sources d'acide folique

Acide folique
- participe au développement des globules rouges
- joue un rôle essentiel dans les réactions intracellulaires

Viande et abats
- bœuf
- veau
- foie de porc
- foie de poulet
- rognons

Pain, céréales, noix et légumineuses
- pain de blé entier
- blé filamenté
- crème de blé
- germe de blé
- arachides
- fèves de soya
- haricots rouges

Fruits
- nectarine
- orange
- cantaloup
- dattes
- ananas
- avocat

Œufs et produits laitiers
- lait entier
- yogourt
- fromage cottage
- œufs

Légumes
- épinards
- laitue romaine
- choux de Bruxelles
- feuilles de betteraves
- asperges
- brocoli
- patates douces

La cuisson et l'entreposage sans réfrigération pendant plusieurs jours affectent cette vitamine.

Les besoins quotidiens sont comblés par :
1 portion de légumes bien colorés,
1 portion de fruits et
1 portion de viande*.

---

* Voir portions de jeune enfant aux p. 221 et 222.

Principales sources de vitamine B_{12}

**Vitamine B_{12}
(cyanocobalamine)**
- joue un rôle dans les réactions intracellulaires
- participe au développement des globules rouges et du tissu nerveux

Viande
- bœuf
- veau
- agneau

Abats
- foie de veau
- foie de bœuf
- cœur de bœuf
- foie de poulet
- rognons
- foie de porc

Poisson et mollusques
- saumon en conserve
- maquereau
- huîtres

Œufs et produits laitiers
- lait entier et écrémé
- fromage cottage
- fromage « dur »
- œufs

La vitamine B_{12} n'est pas affectée par la cuisson.

Les besoins quotidiens sont comblés par :
1 portion de viande ou 500 ml (2 tasses) de lait*.

---

* Voir portions de jeune enfant aux p. 221 et 222.

Principales sources de vitamine C

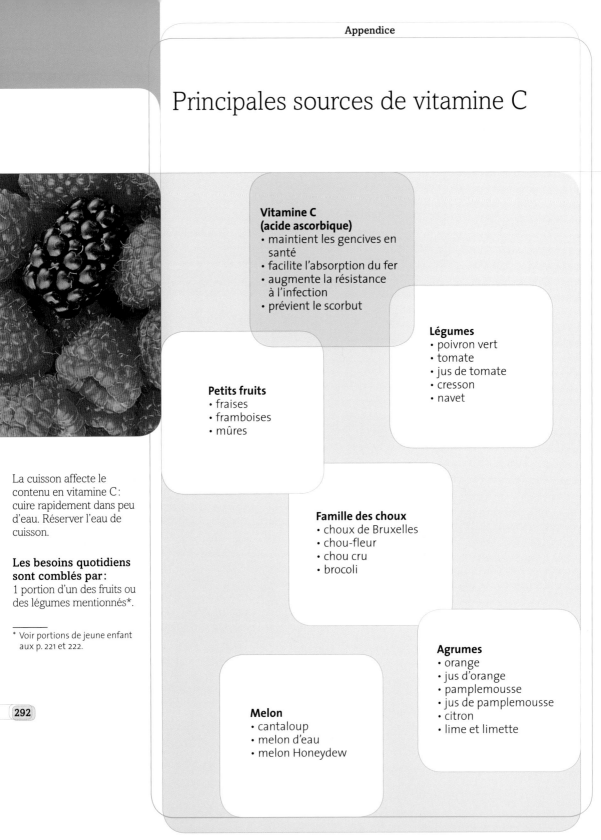

**Vitamine C
(acide ascorbique)**
- maintient les gencives en santé
- facilite l'absorption du fer
- augmente la résistance à l'infection
- prévient le scorbut

Légumes
- poivron vert
- tomate
- jus de tomate
- cresson
- navet

Petits fruits
- fraises
- framboises
- mûres

La cuisson affecte le contenu en vitamine C : cuire rapidement dans peu d'eau. Réserver l'eau de cuisson.

Les besoins quotidiens sont comblés par :
1 portion d'un des fruits ou des légumes mentionnés*.

* Voir portions de jeune enfant aux p. 221 et 222.

Famille des choux
- choux de Bruxelles
- chou-fleur
- chou cru
- brocoli

Agrumes
- orange
- jus d'orange
- pamplemousse
- jus de pamplemousse
- citron
- lime et limette

Melon
- cantaloup
- melon d'eau
- melon Honeydew

Principales sources de fibre alimentaire

Fibre alimentaire
- absorbe l'eau
- prévient la constipation
- les fibres solubles peuvent diminuer le cholestérol

Fruits secs
- pruneaux
- raisins
- figues

Fibres solubles
- son d'avoine
- son de riz
- avoine roulé
- légumineuses
- pomme

Fruits et légumes frais
- pois verts
- chou frisé
- brocoli
- mangue
- pomme
- poire

Fibres insolubles
- son de blé
- céréales de son
- pain de blé entier
- germe de blé

Noix et graines
- amandes
- graines de tournesol
- graines de citrouille
- arachides

Les besoins quotidiens sont comblés par :
2 portions de fruits
(dont 1 cru),
2 portions de légumes
(dont 1 cru),
3 portions de produits
céréaliers de grains entiers
provenant des groupes
de fibres solubles ou
insolubles*.

* Voir portions de jeune enfant
aux p. 221 et 222.

Principales sources de calcium

Calcium
- contribue à la formation des os et des dents
- facilite la coagulation du sang
- facilite la croissance

Fruits et légumes
- brocoli
- orange

Noix et graines
- amandes
- graines de sésame

Produits laitiers
- fromage
- crème glacée
- lait malté
- yogourt
- lait glacé

Lait
- entier, à 3,25 %
- à 2 % ou à 1 %
- écrémé
- concentré*
- en poudre

Poisson
- saumon en conserve
- sardines

Les besoins quotidiens sont comblés par :
500 à 750 ml (2 à 3 tasses) de lait ou son équivalent, soit 45 g (1 ½ oz) de fromage ou 250 ml (1 tasse) de yogourt pour chaque 250 ml (1 tasse) de lait.

*Le lait concentré a longtemps été appelé «lait évaporé», sous l'influence de l'anglais. Mais il ne faut pas confondre le lait concentré et le lait concentré sucré (Eagle Brand) qui est très riche et sucré.

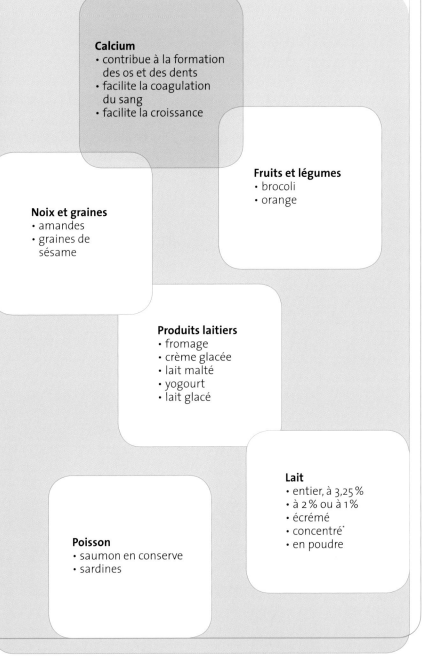

Principales sources de fer

Fer
- sert au transport de l'oxygène dans le sang
- aide à la formation des globules rouges

Légumineuses et tofu
- haricots cuits
- haricots de Lima
- lentilles

Foie
- de porc
- de bœuf
- d'agneau
- de veau
- de volaille

Abats
- cœur
- rognons

Céréales et noix
- crème de blé enrichie
- céréales pour bébés enrichies de fer
- amandes
- amarante

Mollusques
- huîtres

La cuisson affecte le contenu en fer : conserver l'eau de cuisson.

Les besoins quotidiens sont comblés par :
100 ml (6 ½ c. à soupe) de céréales enrichies de fer et 1 portion de viande ou de légumineuses cuites, ou de tofu, et 1 portion de foie par semaine*.

---

* Voir portions de jeune enfant aux p. 221 et 222.

295

Principales sources de magnésium

Magnésium
- augmente la résistance des dents à la carie
- aide à la relaxation des muscles
- travaille de concert avec les vitamines du complexe B

Noix et graines
- amandes
- avelines ou noisettes
- arachides
- graines de citrouille

Poisson et mollusques
- maquereau
- flétan
- merlan
- pétoncles
- huîtres

Lors du raffinage des céréales, 80 % du magnésium se perd. Une petite quantité se perd dans l'eau de cuisson.

Les besoins quotidiens sont comblés par :
1 tranche de pain de blé entier et 1 portion de grains entiers*.

---

* Voir portions de jeune enfant aux p. 221 et 222.

Légumineuses
- haricots noirs
- haricots rouges
- haricots de Lima
- petits haricots blancs
- haricots blancs
- tofu

Grains entiers
- amarante
- sarrasin
- avoine roulé
- riz brun
- son de blé
- germe de blé

Légumes
- épinards
- bette à carde
- courgeron

Principales sources de zinc

Zinc
- aide à la croissance, à la réparation des tissus et aux réactions intercellulaires
- agit sur l'appétit
- joue un rôle dans la formation des hormones et des enzymes

Œufs et produits laitiers
- lait entier ou écrémé
- fromage cheddar
- jaune d'œuf

Pain et céréales
- pain de blé entier
- pain de seigle
- farine d'avoine
- maïs
- son
- germe de blé

Viande et volaille
- bœuf
- porc
- poulet
- dinde
- foie

Tofu, noix et légumineuses
- lentilles
- pois secs
- arachides

Mollusques
- huîtres
- palourdes

La cuisson a peu d'effet sur le contenu en zinc.

Les besoins quotidiens sont comblés par :
1 portion de viande,
1 portion de tofu ou de légumineuses et 600 ml (20 oz) de lait*.

* Voir portions de jeune enfant aux p. 221 et 222.

La teneur en caféine de divers aliments et médicaments

Boisson gazeuse	mg de caféine par 200 ml (7 oz)	Chocolat	mg de caféine
		1 tablette, 28 g	5 à 20
cola régulier	23 à 42	à cuire, 28 g	45
cola diète	21 à 35	chocolat chaud, 200 ml (7 oz)	8 à 14
cola sans caféine	0,08	sirop, 30 ml (2 c. à soupe)	10 à 17
Café		**Médicaments sans ordonnance**	**mg de caféine par cachet**
instantané	82 à 94	Cope, Midol	32
au percolateur	130 à 166	Excedrin, Anacin	32 à 60
filtre	182 à 204	Dristan, Sinarest	30
aromatisé	58 à 122	No Doz	100
décaféiné	6 à 10	Vivarin Pramaline, Dexatrim	200 140 à 200
		Coricidine	32
Thé		**Médicaments avec ordonnance**	**mg de caféine par cachet**
thé en sachets noir, 5 minutes	56 à 72	APCs (aspirine)	32
noir, 1 minute	30 à 48	Darvon	32
thé en feuilles noir, 5 minutes	58	Migral	50
noir, 3 minutes	50		
vert, 5 minutes	30		
thé glacé	12 à 26		

Ressources

Livres et documents à consulter

Beaudry, M., S. Chiasson et J. Lauzière. *Biologie de l'allaitement : le sein, le lait, le geste,* Québec, Presses de l'Université Laval, 2006.

Gotsh, G. *L'allaitement d'un bébé prématuré,* Québec, La Ligue La Leche, 1995.

Gouvernement du Québec. Ministère de la Santé et des Services sociaux, Comité sur la nutrition périnatale. *Bulletins sur la nutrition périnatale,* publié deux fois l'an, adresse Internet : <http://www.msss.gouv.qc.ca/f/sujets/nutrition/index.htm>.

Institute of Medicine. *Dietary Reference Intakes,* Washington, DC, National Academy of Sciences, 2001.

Kerkoff Gromada, K. *Jumeaux, allaitement et maternage,* Québec, La Ligue La Leche, 1992.

Melina, V., B. Charbonneau-Davis et V. Harrison. *Devenir végétarien,* Montréal, Éditions de l'Homme, 1996.

Santé Canada. *Bien manger avec le guide alimentaire canadien,* Ottawa, 2007, adresse Internet : <www.hc-sc.gc.ca/fn-an/food-guide-aliment/index_f.html>.

Société canadienne de pédiatrie, Diététistes du Canada, Santé Canada. *La nutrition du nourrisson né à terme et en santé,* 1998.

Société canadienne de pédiatrie et Santé Canada. *Recommandations sur la nutrition… mise à jour. Les lipides dans l'alimentation des enfants,* rapport du groupe de travail mixte de la Société canadienne de pédiatrie et Santé Canada, 1993.

Turcotte P., N. Doré et D. Le Hénaff. *Mieux vivre avec notre enfant – De la naissance à deux ans : Guide pratique pour les mères et les pères, 2006,* Institut national de santé publique, Gouvernement du Québec, 2006.

Appui et outils pendant l'allaitement

Association québécoise des consultantes en lactation diplômées de l'IBLCE (AQC)
Tél. : (514) 990-0262
Adresse Internet : < http://www.ibclc.qc.ca >

Entraide Naturo-Lait
Écoute téléphonique de 8 h 30 à 22 h, consultation individuelle, rencontres
Tél. : (418) 663-2711 (appels aux frais de l'utilisatrice
lorsqu'il s'agit d'un interurbain)
Adresse Internet : <http://entraidenaturolait.com>

La Ligue La Leche
Tél. : 866-255-2483 ou 800-665-4324
Adresse Internet : <http://www.allaitement.ca>

La Fédération québécoise Nourri-source marraines d'allaitement
Soutien téléphonique, rencontres
Adresse : 6006, rue Bordeaux
        Montréal (Québec) H2G 2R7
Tél : (514) 948-9877 ou 1-866-948-5160
Adresse Internet : <www.nourri-source.org>

IMAGE (Info-médicaments en allaitement et grossesse)
Centre hospitalier Sainte-Justine
Heures d'accueil : de 9 h à 16 h, du lundi au vendredi
Tél. : (514) 345-2333

Appui et ressources pour parents de jumeaux

L'Association des parents de naissances multiples du Canada
4981, R.R. 7 Est, unité 12 A, bureau 161
Markham (Ontario) L3R 1N1
Tél. : (416) 513-7506

Ressource lors de problèmes particuliers

L'Association québécoise des allergies alimentaires
445, boul. Sainte-Foy, app. 100
Longueuil (Québec) J4J 1X9
Tél. : (514) 990-2575
Adresse Internet : <www.aqaa.qc.ca>

Bibliographie

ADA. «Position of the American Dietetic Association: Benchmarks for nutrition programs in child care settings», *Journal of the American Dietetic Association,* 105 (6), 2005, p. 979-986.

ADA. «Position of the American Dietetic Association. Promotion and support of breast feeding», *Journal of the American Dietetic Association,* 105, 2005, p. 810-818.

ADA. «Position of the American Dietetic Association and Dietitians of Canada. Vegetarian Diets», *Canadian Journal of Dietetic Practice and Research,* 64 (2), 2003, p. 62-81.

Allessandri, J. M. et coll. «Polyunsaturated fatty acids in the central nervous system, p. evolution of concepts and nutritional implications throughout life», *Reproductive Nutrition Development,* 44, 2004, p. 509-538.

American Academy of Pediatrics. «Breastfeeding and the use of human milk», *Pediatrics,* 100, 1997, p. 1035-1039.

American Academy of Pediatrics, Committee on Nutrition. «Follow-up or weaning formulas», *Pediatrics,* 83, 1989, p. 1067.

American Academy of Pediatrics, Committee on Nutrition. «The transfer of drugs and other chemicals into human milk», *Pediatrics,* 108 (3), 2001, p. 776-789.

American Academy of Pediatrics. Committee on Nutrition. «The use and misuse of fruit juice in pediatrics», *Pediatrics,* 107 (5), 2001, p. 1210-1213.

American Academy of Pediatrics, Committee on Nutrition. «The use of whole cow's milk in infancy», *Pediatrics,* 89 (6), 1992, p. 1105-1109.

Arshad, S. et coll. «Effect of allergen avoidance on development of allergic disorders in infancy», *Lancet,* 339 (8808), 1992, p. 1493-1497.

Association dentaire canadienne. *L'utilisation des fluorures pour la prévention des caries,* Position de l'ADC, 2005.

Auestad, N. et coll. «Visual, cognitive and language assessments at 39 months, a follow up study of children fed formulas containing long-chain polyunsaturated fatty acids to 1 year of age», *Pediatrics,* 112, 2003, p. 177-183.

Baldassano, R. et C. Liacouras. «Chronic diarrhea», *Pediatric Clinics of North America,* 38 (3), 1991, p. 667-687.

Balistreri, W. et M. Farrell. «Gastroesophageal reflux in infants», *New England Journal of Medicine,* 309 (13), 1983, p. 790-792.

Barr, R. et coll. «Caring as colic "therapy": a randomized controlled trial», *Pediatrics,* 87 (5), 1991, p. 623-630.

Barr, R. et coll. «Feeding and temperament as determinants of early infant crying/fussing behavior», *Pediatrics,* 84 (3), 1989, p. 514-521.

Beckholt Polakoff, A. «Breast milk for infants who cannot breastfeed», *JOGNN,* 19 (3), 1990, p. 216-220.

Bertini, G. et coll. « Is breastfeeding really favoring early neonatal jaundice ? » *Pediatrics,* 107, 2001, p. E41.

Bhowmick, S. et coll. « Rickets caused by vitamin D deficiency in breast-fed infants in the Southern United States », *American Journal of Disease in Childhood,* 145, 1991, p. 127-130.

Binns, C. W. et coll. « Trends in the expression of breastmilk 1993-2003 », *Breastfeeding Reviews,* 14, 2006, p. 5-9.

Bishop, N. « Feeding the preterm infant », *Pediatric Nephrology,* 8 (4), 1994, p. 494-498.

Boissieu, D. de et coll. « Allergy to nondairy proteins in mother's milk as assessed by intestinal permeability tests », *Allergy,* 49, 1994, p. 882-884.

Brewer, M. et coll. « Postpartum changes in maternal weight and body fat depots in lactating vs non lactating women », *American Journal of Clinical Nutrition,* 49, 1989, p. 259-265.

Brieffel, R. R. et coll. « Feeding infants and toddler study : improvements needed in meeting infant feeding recommendations », *Journal of the American Dietetic Association,* 104, 2004, p. 31-37.

Brown, K. « Dietary management of acute childhood diarrhea : optimal timing of feeding and appropriate use of milks and mixed diets », *Journal of Pediatrics,* 118, 1991, p. s92-s98.

Brown, K. et coll. « Use of nonhuman milks in the dietary management of young children with acute diarrhea : a meta-analysis of clinical trials », *Pediatrics,* 93 (1), 1994, p. 17-27.

Butte, N. et coll. « The Start Healthy Feeding Guidelines for infants and toddlers », *Journal of the American Dietetic Association,* 104 (3), 2004, p. 442-454.

Calvo, E. et coll. « Iron status in exclusively breast-fed infants », *Pediatrics,* 90, 1992, p. 375-379.

Campbell, J. « Dietary treatment of infant colic : a double-blind study », *Journal of the Royal College of General Practitioners,* 39 (318), 1989, p. 11-14.

Canadian Paediatric Society. « Meeting the iron needs of infants and young children : an update », *Canadian Medical Association Journal,* 144 (11), 1991, p. 1451-1454.

Canadian Paediatric Society. « Vitamin D supplementation in northern native communities », *The Canadian Medical Association Journal,* 1988, p. 138, 229-230.

Carvalho, N. F. et coll. « Severe nutritional deficiencies in toddlers resulting from health food milk alternatives », *Pediatrics,* 107 (4), 2001, p. E46.

Castres de Paulet, A. et coll. « Biological effects on premature neonates of a milk formula enriched with alpha-linolenic acid : a multicenter study », *Bulletin de l'Académie nationale de médecine,* 178 (2), 1994, p. 267-273.

Chandra, R. et coll. «Effect of feeding whey hydrolysate, soy and conventional cow milk formulas on incidence of atopic disease in high risk infants», *Annals of Allergy,* 63 (2), 1989, p. 102-106.

Chantry, C. J. et coll. «Full breastfeeding duration and associated decrease in respiratory tract infection in US children», *Pediatrics,* 117 (2), 2006, p. 425-432.

Chertok, I. R. «Breast-feeding initiation among post-Caesarean women of the Negev, Israel», *British Journal of Nursing,* 15, 2006, p. 205-208.

Coleman, B. L. «Early introduction of non-formula cow's milk to southern Ontario infants», *Canadian Journal of Public Health,* 97, 2006, p. 187-190.

Committee on Environmental Health. «PCBs in breast milk», *Pediatrics,* 94 (1), 1994, p. 122-123.

Committee on Nutrition. «Indications for cholesterol testing in children», *Pediatrics,* 83 (1), 1989, p. 141-142.

Côté, S. «Quelles purées leur donner?», *Protégez-vous,* (1), 2006, p. 22-27.

Curtis, D. «Infant nutrient supplementation», *Journal of Pediatrics,* 117, 1990, p. s110-s118.

Dagnelie, P. et coll. «Effects of macrobiotic diets on linear growth in infants and children until 10 years of age», *European Journal of Clinical Nutrition,* 48 (1), 1994, p. s103-s112.

Dagnelie, P. et coll. «Increased risk of vitamin B_{12} and iron deficiency in infants on macrobiotic diets», *American Journal of Clinical Nutrition,* 50 (4), 1989, p. 818-824.

Deckelbaum, R. «Nutrition, the child and atherosclerosis», *Acta Paediatrica Scandinavia,* 365, suppl. (13), 1990, p. 7-12.

Deslandres, C. et Z. Chad. «L'allergie au lait chez le nourrisson», *Le clinicien,* 1993, p. 50-64.

Dewey, K. G. et coll. «A randomized study of the effects of aerobic exercise by lactating women on breast-milk volume and composition», *New England Journal of medicine,* 330 (7), 1994, p. 449-453.

Dewey, K. G. et coll. «Growth of breast-fed and formula-fed infants from 0 to 18 months: The DARLING study», *Pediatrics,* 89, 1992, p. 1035-1041.

Diaz, S. et coll. «Breast-feeding duration and growth of fully breast-fed infants in a poor urban Chilean population», *American Journal of Clinical Nutrition,* 62, 1995, p. 371-376.

Dionne, S. «Les médicaments et l'allaitement: attitude, intervention et conseils», *Le médecin du Québec,* 1990, p. 45-47.

Direction régionale de santé publique de la Capitale nationale. «L'alimentation de la femme qui allaite: à la défense des aliments mis au banc des accusés», *Le Lactazine,* 1, 2004.

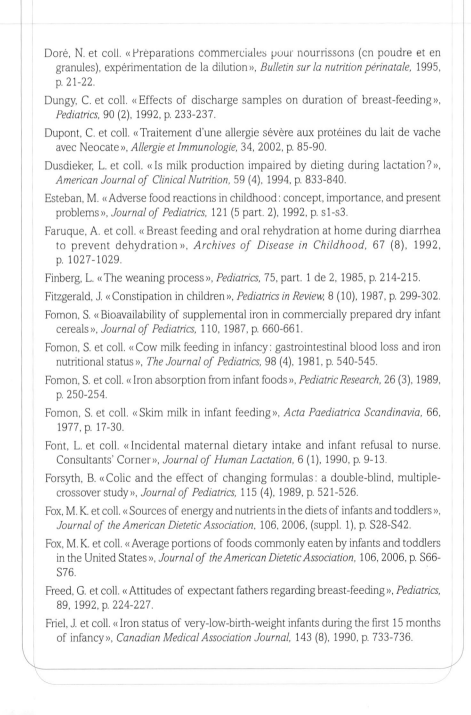

Doré, N. et coll. « Préparations commerciales pour nourrissons (en poudre et en granules), expérimentation de la dilution », *Bulletin sur la nutrition périnatale,* 1995, p. 21-22.

Dungy, C. et coll. « Effects of discharge samples on duration of breast-feeding », *Pediatrics,* 90 (2), 1992, p. 233-237.

Dupont, C. et coll. « Traitement d'une allergie sévère aux protéines du lait de vache avec Neocate », *Allergie et Immunologie,* 34, 2002, p. 85-90.

Dusdieker, L. et coll. « Is milk production impaired by dieting during lactation? », *American Journal of Clinical Nutrition,* 59 (4), 1994, p. 833-840.

Esteban, M. « Adverse food reactions in childhood: concept, importance, and present problems », *Journal of Pediatrics,* 121 (5 part. 2), 1992, p. s1-s3.

Faruque, A. et coll. « Breast feeding and oral rehydration at home during diarrhea to prevent dehydration », *Archives of Disease in Childhood,* 67 (8), 1992, p. 1027-1029.

Finberg, L. « The weaning process », *Pediatrics,* 75, part. 1 de 2, 1985, p. 214-215.

Fitzgerald, J. « Constipation in children », *Pediatrics in Review,* 8 (10), 1987, p. 299-302.

Fomon, S. « Bioavailability of supplemental iron in commercially prepared dry infant cereals », *Journal of Pediatrics,* 110, 1987, p. 660-661.

Fomon, S. et coll. « Cow milk feeding in infancy: gastrointestinal blood loss and iron nutritional status », *The Journal of Pediatrics,* 98 (4), 1981, p. 540-545.

Fomon, S. et coll. « Iron absorption from infant foods », *Pediatric Research,* 26 (3), 1989, p. 250-254.

Fomon, S. et coll. « Skim milk in infant feeding », *Acta Paediatrica Scandinavia,* 66, 1977, p. 17-30.

Font, L. et coll. « Incidental maternal dietary intake and infant refusal to nurse. Consultants' Corner », *Journal of Human Lactation,* 6 (1), 1990, p. 9-13.

Forsyth, B. « Colic and the effect of changing formulas: a double-blind, multiple-crossover study », *Journal of Pediatrics,* 115 (4), 1989, p. 521-526.

Fox, M. K. et coll. « Sources of energy and nutrients in the diets of infants and toddlers », *Journal of the American Dietetic Association,* 106, 2006, (suppl. 1), p. S28-S42.

Fox, M. K. et coll. « Average portions of foods commonly eaten by infants and toddlers in the United States », *Journal of the American Dietetic Association,* 106, 2006, p. S66-S76.

Freed, G. et coll. « Attitudes of expectant fathers regarding breast-feeding », *Pediatrics,* 89, 1992, p. 224-227.

Friel, J. et coll. « Iron status of very-low-birth-weight infants during the first 15 months of infancy », *Canadian Medical Association Journal,* 143 (8), 1990, p. 733-736.

Friel, J. K. et coll. « Evaluation of full term infants fed an evaporated formula », *Acta Pediatrics,* 86, 1997, p. 448-453.

Fuchs, G. J. et coll. « Effect of dietary fat on cardiovascular risk factors in infancy », *Pediatrics,* 93 (5), 1994, p. 756-763.

Fuchs, G. J. et coll. « Gastrointestinal blood loss in older infants: impact of cow milk versus formula », *Journal of Pediatric Gastroenterology and Nutrition,* 16, 1993, p. 4-9.

Gartner, L. M. « Breastfeeding and jaundice », *Perinatalogy,* 21, 2001, p. S25-29.

Gartner, L. M. et coll. « Prevention of rickets and vitamin D deficiency; new guidelines for vitamin D intake », *Pediatrics,* 111, 2003, p. 908-910.

Gern, J. et coll. « Allergic reactions to milk-contaminated "nondairy" products », *New England Journal of Medicine,* 324 (14), 1991, p. 976-979.

Gleghorn, E. et coll. « No-enema therapy for idiopathic constipation and encopresis », *Clinical Pediatrics,* 30 (12), 1991, p. 669-672.

Gouraud, F. et G. Leverger. « Anémie chez l'enfant. Orientation diagnostique », *Revue du praticien,* 42 (4), 1992, p. 527-530.

Grange, D. et J. Finlay. « Nutritional vitamin B_{12} deficiency in a breastfed infant following maternal gastric bypass », *Pediatric Hematology & Oncology,* 11 (3), 1994, p. 308-311.

Greene-Finestone, L. et coll. « Infant feeding practices and socio-demographic factors in Ottawa-Carleton », *Canadian Journal of Public Health,* 80, 1989, p. 173-176.

Hall, B. « Changing composition of human milk and early development of an appetite control », *Lancet,* 1975, p. 779-781.

Hammer, L. « The development of eating behavior in childhood », *Pediatric Clinics of North America,* 39 (3), 1992, p. 379-395.

Hanson, L. et coll. « Breast feeding, overview and breast milk immunology », *Acta Paediatrica Japonica,* 36 (5), 1994, p. 557-561.

Hardy, S. et R. Kleinman. « Fat and cholesterol in the diet of infants and young children: implications for growth, development and long-term health », *Journal of Pediatrics,* 125, 1994, p. s69-77.

Hattevig, G. et coll. « The effect of maternal avoidance of eggs, cow's milk, and fish during lactation on the development of IgG, and IgA antibodies in infants », *Journal of Allergy and Clinical Immunology,* 85, 1990, p. 108-115.

Helland, I. B. et coll. « Supplementation of n-3 fatty acids during pregnancy and lactation reduces maternal plasma lipid levels and provides DHA to the infants », *Journal of the Maternal, Fetal and Neonatal Medecine,* 19, 2006, p. 397-406.

Hendricks, K. et S. Badruddin. « Weaning recommandations: the scientific basis », *Nutrition Reviews,* 50 (5), 1992, p. 125-133.

Hill, D. J. et coll. « Effect of a low-allergen maternal diet on colic among breastfed infants, a randomized, controlled trial », *Pediatrics,* 116, 2005, p. e709-e715.

Himes, J. et coll. « Maternal supplementation and bone growth in infancy », *Paediatric and Perinatal Epidemiology,* 4, 1990, p. 436-447.

Hyams, J. et coll. « Carbohydrate malabsorption following fruit juice ingestion in young children », *Pediatrics,* 82 (1), 1988, p. 64-67.

Iacono, G. et coll. « Chronic constipation as a symptom of cow milk allergy », *Journal of Pediatrics,* 126 (1), 1995, p. 34-39.

Iacono G. et coll. « Intolerance of cow's milk and chronic constipation in children », *New England Journal of Medicine,* 339, 1998, p. 1100-1104.

Innis, S. « Lipids in infant nutrition », *Journal of Pediatrics,* 120 (4), 1992, p. 551-561.

Issenman, R. et coll. « Are chronic digestive complaints the result of abnormal dietary patterns ? », *American Journal of Disease in Childhood,* 141, 1987, p. 679-682.

Juurlink, D. N. et coll. « Iron poisoning in young children ; association with the birth of a sibling », *Canadian Medical Association Journal,* 168 (12), 2003, p. 1539-1542.

Kaplan, R. et M. Toshima. « Does a reduced fat diet cause retardation in children growth ? », *Preventive Medicine,* 21, 1992, p. 33-52.

King, C. K. et coll. « Managing acute gastroenteritis among children ; oral rehydration, maintenance and nutritional therapy », *MMWR recommen. Rep.,* 52, 2003, p. 1-16.

Klesges, R. et coll. « A longitudinal analysis of accelerated weight gain in preschool children », *Pediatrics,* 95, 1995, p. 126-130.

Krebs, N. et coll. « Growth and intakes of energy and zinc in infants fed human milk », *Journal of Pediatrics,* 124 (1), 1994, p. 32-39.

Krummel, D. A. « Postpartum weight control ; a vicious cycle », *Journal of the American Dietetic Association,* 107, 2007, p. 37-40.

Lambert, M. « L'hypercholestérolémie : intervention à l'âge pédiatrique », *Diététique en action,* 9 (2), 1995, p. 21-23.

Lanata, C. et coll. « Feeding during acute diarrhea as a risk factor for persistent diarrhea », *Acta Pediatrica Scandinavia,* 381, 1992, p. 98-103.

Larson, K. et T. Ayllon. « The effects of contingent music and differential reinforcement on infantile colic », *Behaviour Research & Therapy,* 28 (2), 1990, p. 119-125.

Lauer, R. « Should children, parents and pediatricians worry about cholesterol ? Commentary », *Pediatrics,* 89 (3), 1992, p. 509-511.

Lawrence, P. « Breast milk. Best source of nutrition for term and preterm infants », *Pediatric Clinics of North America,* 41 (5), 1994, p. 925-941.

Lebrun, J. B. et coll. « Vitamin D deficiency in a Manitoba community », *Canadian Journal of Public Health Association,* 84 (6), 1993, p. 394-396.

Lehmann, F. et coll. « Iron deficiency anemia in 1-year-old children of disadvantaged families in Montreal », *Canadian Medical Association Journal,* 146 (9), 1992, p. 1571-1577.

Lehtonen, L. et coll. « Intestinal microflora in colicky and noncolicky infants : bacterial cultures and gas-liquid chromatography », *Journal of Pediatric Gastroenterolgy & Nutrition,* 19 (3), 1994, p. 310-314.

Lifshitz, F. et coll. « Role of juice carbohydrate malabsorption in chronic nonspecific diarrhea in children », *Journal of Pediatrics,* 120 (5), 1992, p. 825-829.

Lovegrove, J. et coll. « The immunological and long-term atopic outcome of infants born to women following a milk-free diet during late pregnancy and lactation : a pilot study », *British Journal of Nutrition,* 71 (2), 1994, p. 233-238.

Lozoff, B. « Iron and learning potential », *Bulletin in the New York Academy of Medicine,* 65 (10), 1989, p. 1050-1066.

Lozoff, B. « Long-term development outcome of infants with iron deficiency », *New England Journal of Medicine,* 325 (10), 1991, p. 687-694.

Lozoff, B. et B. Zuckerman. « Sleep problems in children », *Pediatrics in Review,* 10 (1), 1988, p. 17-24.

Lozoff, B. et coll. « Behavioral and developmental effects of preventing iron-deficiency anemia in healthy full-term infants », *Pediatrics,* 112 (4), 2003, p. 846-854.

Lozoff, B. et coll. « Long-lasting neural and behavioral effects of iron deficiency in infancy », *Nutrition Reviews,* 46, 2006, p. S34-43.

Lubec, G. et coll. « Amino acid isomerisation and microwave exposure », *Lancet,* 2 (8676), 1989, p. 1392-1393.

Lucas, A. et coll. « Breast milk and subsequent intelligence quotient in children born preterm », *The Lancet,* 339, 1992, p. 261-264.

Lust, K. D. et coll. « Maternal intake of cruciferous vegetables and other foods and colic symptoms in exclusively breast-fed infants », *Journal of American Dietetic Association,* 96 (1), 1996, p. 46-48.

Macaulay, A. et coll. « Breastfeeding in the Mohawk community of Kahnawake : Revisited and redefined », *Canadian Journal of Public Health,* 80, 1989, p. 177-181.

Macknin, M. et coll. « Infant sleep and bedtime cereal », *American Journal of Disease in Childhood,* 143, 1989, p. 1066-1068.

Makrides, M. et coll. « Changes in Polyunsaturated fatty acids of breast milk from mothers of full-term infants over 30 week of lactation », *American Journal of Clinical Nutrition,* 62, 1995, p. 1231-1233.

Mangels, A. R. et V. Messina. « Considerations in planning vegan diets : infants », *Journal of the American Dietetic Association,* 101 (6), 2001, p. 670-677.

Marchand, L. et M. Morrow. « Infant feeding practices : understanding the decision-making », *Family Medicine,* 26 (5), 1994, p. 319-324.

Melnikow, J. et J. Bedinghaus. « Management of common breast-feeding problems », *Journal of Family Practice,* 39 (1), 1994, p. 56-64.

Mennella, J. et G. Beauchamp. « Maternal diet alters the sensory qualities of human milk and nursing's behavior », *Pediatrics,* 88 (4), 1991, p. 737-743.

Mennella, J. et G. Beauchamp. « The transfer of alcohol to human milk », *New England Journal of Medicine,* 325 (14), 1991, p. 981-985.

Mennella, J. A. et coll. « Prenatal and postnatal flavor learning by human infants », *Pediatrics,* 107, 2001, p. E88.

Merritt, R. J. et B. H. Jenks. « Safety of soy-based infant formulas containing isoflavones ; The clinical evidence », *Journal of Nutrition,* 134, 2004, p. 1220S-1224S.

Michaelsen, K. et coll. « The Copenhagen Cohort Study on infant nutrition and growth, breast-milk intake, human milk macronutrient content and influencing factors », *American Journal of Clinical Nutrition,* 59 (3), 1994, p. 600-611.

Miniello, V. L. et coll. « Soy-based formulas and phytoestrogens ; a safety profile ». *Acta Paediatr. Suppl.,* 91, 2003, p. 93-100.

Ministère de la Santé et des Services sociaux. *L'allaitement maternel au Québec. Lignes directrices,* Québec, 2001.

Ministère du Développement durable, de l'Environnement et des Parcs. *Le guide de consommation du poisson de pêche sportive en eau douce,* 2006. Site Internet : <www.mddep.gouv.qc.ca/eau/guide> .

Moffat, M. E. K. et coll. « Prevention of iron deficiency and psychomotor decline in high risk infants through use of iron-fortified infant formula : A randomized clinical trial », *Journal of Pediatrics,* 125, 1994, p. 527-534.

Morse, J. et coll. « Patterns of breastfeeding and work : The Canadian experience », *Canadian Journal of Public Health,* 80, 1989, p. 182-188.

Myres, A. « Weaning : the timeless transition », *The Canadian Journal of Pediatrics,* 1991, p. 16-24.

Neill, G. et coll. *Recueil statistique sur l'allaitement maternel au Québec 2005-2006,* Québec, Institut de la statistique du Québec, 2006, 92 p.

Nelson, S. et coll. « Lack of adverse reactions to iron-fortifed formula », *Pediatrics,* 81 (3), 1988, p. 360-364.

Nemethy, M. et E. Clore. « Microwave heating of infant formula and breast milk », *Journal of Pediatric Health Care,* 4 (3), 1990, p. 131-135.

Newman, J. et B. Wilmott. « Breast rejection : A little-appreciated cause of lactation failure », *Canadian Family Physician,* 36, 1990, p. 449-453.

Nutrition Committee. « Oral rehydration therapy and early refeeding in the management of childhood gastroenteritis », *Canadian Journal of Paediatrics,* 1 (5), 1994, p. 160-164.

Nutrition Committee, Canadian Paediatric Society. « Megavitamin and megamineral therapy in childhood », *Canadian Medical Association Journal,* 143 (10), 1990, p. 1009-1013.

Nutrition Committee, Canadian Paediatric Society. « Nutrient needs and feeding of premature infants », *Canadian Medical Association Journal,* 152, 1995, p. 1765-1785.

O'Connell, J. et coll. « Growth of vegetarian children : The Farm Study », *Pediatrics,* 84 (3), 1989, p. 475-481.

Ordre professionnel des diététistes du Québec. *Pour la création d'un environnement favorable à l'allaitement maternel,* 2002. Site Internet : <http://www.opdq.org>.

Orenstein, S. et coll. « The infant seat as treatment for gastroesophageal reflux », *New England Journal of Medicine,* 309, 1983, p. 760-763.

Oski, F. « Hyperbilirubinemia in the term infant : An unjaundiced approach », *Contemporary Pediatrics,* 1992, p. 148-155.

Oski, F. et S. Landaw. « Inhibition of iron absorption from human milk by baby food », *American Journal of Disease in Childhood,* 134, 1980, p. 459-460.

Peipert, J. et coll. « Infant obesity, weight reduction with normal increase in linear growth and fat-free body mass », *Pediatrics,* 89 (1), 1992, p. 143-145.

Philipp, B. L. et coll. « Baby friendly : snappy slogan or standard of care ? », *Archives of Diseases in Child Fetal Neonatal,* éd. 91, 2006, p. F145-149.

Pizarro, F. et coll. « Iron status with different infant feeding regimens : relevance to screening and prevention of iron deficiency », *Journal of Pediatrics,* 118, 1991, p. 687-692.

Potter, S. et coll. « Does infant feeding method influence maternal postpartum weight loss ? », *Journal of the American Dietetic Association,* 91, 1991, p. 441-446.

Pugliese, M. et coll. « Parental health beliefs as a cause of nonorganic failure to thrive », *Pediatrics,* 80 (2), 1987, p. 175-181.

Rappaport, L. et M. Levine. « The prevention of constipation and encopresis : a developmental model and approach », *Pediatric Clinics of North America,* 33 (4), 1986, p. 859-868.

Roberts, S. B. et coll. « Energy expenditure and intake in infants born to lean and overweight mothers », *The New England Journal of Medicine,* 318, 1988, p. 461-466.

Rocheleau, L. « L'Initiative des amis des bébés ; un moyen concret à l'intention des établissements de santé visant le respect des rythmes physiologiques et biologiques du nourrisson et de sa mère », *Nutrition – Science en évolution,* 3 (2), 2005, p. 11-13.

Rogan, W. J. et B. C. Gladen. «Breast-feeding and cognitive development», *Early Human Development,* 31, 1993, p. 181-193.

Ryan, A. S. et G. A. Martinez. «Breast-feeding and the working mother: A profile», *Pediatrics,* 83 (4), 1989, p. 524-531.

Sabharwal, H. et coll. «A prospective cohort study on breast-feeding and otitis media in Swedish infants», *Pediatric Infectious Disease Journal,* 13 (3), 1994, p. 183-188.

Sampson, H. et coll. «Fatal and near-fatal anaphylactic reactions to food in children and adolescents», *New England Journal of Medicine,* 327, 1992, p. 380-384.

Sanders, T. et S. Reddy. «The influence of a vegetarian diet on the fatty acid composition of human milk and the essential fatty acid status of the infant», *Journal of Pediatrics,* 120, 1992, p. s71-77.

Sanders, T. et S. Reddy. «Vegetarian diets and children», *American Journal of Clinical Nutrition,* 59, 1994, p. s1176-s1181.

Santé Canada. «Les suppléments de vitamine D chez les nourrissons allaités au sein», *Durée de l'allaitement maternel exclusif. Recommandation de Santé Canada*, 2004.

Santé Canada. *Recommandations pour les nourrissons allaités au sein,* 2004.

Satter E. *Child of mine: feeding with love and good sense,* Palo Alto, Bull Publishing, 2000.

Savino, F. et coll. «Intestinal microflora in breastfed colicky and non-colicky infants», *Acta Paediatrica,* 93, 2004, p. 825-829.

Savino, F. et coll. «lactobacillus reuteri (American type culture collection strain 55730) versus simethicone in the treatment of infantile colic; a prospective randomized study», *Pediatrics,* 119, 2007, p. E124-130.

Schmitz, J. et J. Navarro. «Peut-on prévenir l'allergie en agissant sur l'alimentation de la première enfance?», *Archives françaises de pédiatrie,* 49, 1992, p. 261-269.

Scott, J. A. et coll, «Predictors of breastfeeding duration: evidence from a cohort study», *Pediatrics,* 117, 2006, p. e646-655.

Shea, S. et coll. «Is there a relationship between dietary fat and stature or growth in children three to five years of age?», *Pediatrics,* 92 (4), 1993, p. 579-586.

Shea, S. et coll. «Variability and self-regulation of energy intake in young children in their every day environment», *Pediatrics,* 90 (4), 1992, p. 542-545.

Shelby M. et coll. «NTP-CERHR expert panel report on the reproductive and developmental toxicity of soy formula», Center for the evaluation of risks to human reproduction, US Departement of Health and Human Services, 2006. Site Internet: <http://cerhr.niehs.nih.gov>.

Sigman-Grant, M. et coll. «Microwave heating of infant formula: a dilemma resolved», *Pediatrics,* 90 (3), 1992, p. 412-415.

Sigurs, N. et coll. « Maternal avoidance of eggs, cow's milk and fish during lactation : Effect on allergic manifestations, skin-prick test, and specific IgE antibodies in children at age 4 years », *Pediatrics,* 89 (4), 1992, p. 735-738.

Smith, M. et coll. « Carbohydrate absorption from fruit juice in young children », *Pediatrics,* 95 (3), 1995, p. 340-344.

Smith, M. et F. Lifshitz. « Excess fruit juice consumption as a contributing factor in nonorganic failure to thrivex, *Pediatrics,* 93 (3), 1994, p. 438-443.

Snyder, J. et coll. « Home-based therapy for diarrhea », *Journal of Pediatric Gastroenterology and Nutrition,* 11, 1990, p. 438-447.

Société canadienne de pédiatrie. « Programme canadien de surveillance pédiatrique, résultats 2003 ». Voir le site Internet suivant : <http://www.cps.ca/francais/PCSP/ Propos/2003Resultats.pdf>.

Société canadienne de pédiatrie, Section d'allergie. « Réactions anaphylactiques alimentaires mortelles chez les enfants », *Canadian Medical Association Journal,* 150 (3), 1994, p. 339-342.

Sorva, R. et coll. « Beta-lactoglobulin secretion in human milk varies widely after cow's milk ingestion in mothers of infants with cow's milk allergy », *Journal of Allergy and Clinical Immunology,* 93 (4), 1994, p. 787-792.

Spandorfer, P. R. et coll. « Oral versus intravenous rehydration of moderately dehydrated children ; a randomized controlled trial », *Pediatrics,* 115, 2005, p. 295-301.

Specker, B. et coll. « Vitamin B_{12} : low milk concentrations are related to low serum concentrations in vegetarian women and to methylmalonic aciduria in their infants », *American Journal of Clinical Nutrition,* 52 (6), 1990, p. 1073-1076.

Stender, S. et coll. « The influence of trans fatty acids on health : a report from the Danish Nutrition Council », *Clinical Science,* 88, 1995, p. 375-392.

Strom, B. L. et coll. « Exposure to soy-based formula in infancy and endocrinological and reproductive outcomes in young adulthood », *Journal of American Medical Association,* 286, 2001, p. 807-814.

Sullivan, S. et L. Birch. « Infant dietary experience and acceptance of solid foods », *Pediatrics,* 93 (2), 1994, p. 271-277.

Taubman, B. « Parental counseling compared with elimination of cow's milk or soy milk protein for the treatment of infant colic syndrome : a randomized trial », *Pediatrics,* 81 (6), 1988, p. 756-761.

The writing group for the DISC Collaborative Research Group. « Efficacy and safety of lowering dietary intake of fat and cholesterol in children with elevated low-density lipoprotein cholesterol », *Journal of the American Medical Association,* 273, 1995, p. 1429-1435.

Touhami, M. et coll. « Clinical consequences of replacing milk with yogurt in persistent infantile diarrhea », *Annales de pédiatrie,* 39 (2), 1992, p. 79-86.

Treem, W. « Chronic nonspecific diarrhea of childhood », *Clinical Pediatrics,* 1992, p. 413-419.

Tyson, J. et coll. « Adaptation of feeding to a low-fat yield in breast milk », *Pediatrics,* 89 (2), 1992, p. 215-220.

Unger, R. et coll. « Childhood obesity », *Clinical Pediatrics,* 29 (7), 1990, p. 368-373.

Walter, T. « Effect of iron deficiency on cognitive skills and neuro maturation in infancy and childhood », *Food and Nutrition Bulletin,* 24, 2003, p. S104-110.

Weaver, L. « Bowel habit from birth to old age », *Journal of Pediatric Gastroenterology and Nutrition,* 7, 1988, p. 637-640.

Weaver, L. et coll. « The bowel habit of milk-fed infants », *Journal of Pediatric Gastroenterology and Nutrition,* 7, 1988, p. 568-571.

Weisberg, P. et coll. « Nutritional rickets among children in the United States ; review of cases reported between 1986-2003 », *American Journal of Clinical Nutrition,* 80, 2004, p. 1697S-1705S.

Weizman, Z. et coll. « Efficacy of herbal tea preparation in infantile colic », *Journal of Pediatrics,* 122 (4), 1993, p. 650-652.

Welch, T. R. « Vitamin D – deficient rickets ; the reemergence of a once-conquered disease », *The Journal of Pediatrics,* 137, 2000, p. 143-145.

Whitehead, R. « The human weaning process », *Pediatrics,* 75, suppl., 1985, p. 189-193.

Yamauchi, Y. et I. Yamanouchi. « Breast-feeding frequency during the first 24 hours after birth in full-term neonates », *Pediatrics,* 86 (2), 1990, p. 171-175.

Yu, J. W. et coll. « Milk allergy and vitamin D deficiency rickets ; a common disorder associated with an uncommon disease », *Annals of Allergy, Asthma Immunology,* 96, 2006, p. 615-619.

Zavaleta, N. et coll. « Affect of acute maternal infection on quantity and composition of breast milk », *American Journal of Clinical Nutrition,* 62, 1995, p. 559-563.

Ziegler, E. et coll. « Cow milk feeding in infancy : further observations on blood loss from the gastrointestinal tract », *Journal of Pediatrics,* 116 (11), 1990, p. 11-18.

Zlotkin, S. « Nutrition in infants during the second six months of life », *Canadian Journal of Pediatrics,* 1993, p. 310-317.

Index général

Remerciements

J'ai beaucoup de chance. Ce livre, qui a connu plusieurs éditions depuis 1975, a reçu l'aide d'une foule de personnes généreuses et compétentes. Comme j'ai eu l'occasion de remercier des collaborateurs exceptionnels lors d'éditions précédentes, je me limiterai à rendre grâce cette fois-ci à mes collaboratrices de l'édition 2007.

Sophie Desroches, stagiaire en diététique de l'Université de Montréal et maintenant diététiste à l'hôpital Sainte-Justine, a fait une revue critique de la dernière version du livre en un temps record.

Geneviève Beauregard, diététiste et collaboratrice de longue date, a fait des recherches bibliographiques et recueilli des données importantes tout au long de la révision du livre.

Monik St-Pierre, diététiste, agente de planification, de programmation et d'évaluation à la Direction régionale de santé publique de la Ville de Québec, a partagé une foule de renseignements sur l'allaitement au Québec et a accepté de relire en un temps record les chapitres concernant l'allaitement, malgré un horaire surchargé.

Cécile Fortin, consultante en lactation, conseillère à la Clinique d'allaitement du CHUQ et à la Direction régionale de santé publique de la Ville de Québec, a relu et commenté les chapitres concernant la technique de l'allaitement; ses suggestions pratiques m'ont été fort utiles.

France Lebrun, infirmière-chef de la maternité du Centre hospitalier de Saint-Eustache, a partagé ses réflexions sur les bénéfices d'un centre hospitalier Ami des bébés et sur le déroulement de l'allaitement.

Stéphanie Lemay et Kristina Bischoff, deux diététistes chevronnées œuvrant dans le monde des préparations pour nourrissons, m'ont fourni des renseignements pertinents sur certaines préparations.

Des centaines de mamans me communiquent leurs inquiétudes, leurs questions ou leurs solutions. Elles ne réalisent pas combien elles participent indirectement à la révision d'un livre comme celui-ci.

Ma chance ne s'arrête pas là.

Pierre Bourdon, vice-président à l'édition du Groupe Homme, et Erwan Leseul, éditeur aux Éditions de l'Homme, m'ont offert un superbe cadeau en préparant cette magnifique édition couleur du livre.

L'équipe des Éditions de l'Homme a fait un travail exceptionnel, en commençant par les correctrices Anne-Marie Théorêt et Ginette Patenaude ainsi que le grand manitou de la maquette et des choix de photos François Daxhelet. Enfin, je ne peux passer sous silence l'ardeur de Diane Denoncourt, Linda Nantel et Fabienne Boucher à la coordination du projet et de Sylvie Archambault et Claire-Hélène Lengellé aux relations avec les médias.

Je remercie chaleureusement toutes ces personnes qui permettent au livre de vivre une nouvelle vie.

Index des recettes

Index des encadrés et des tableaux

Table des matières

Achevé d'imprimer au Canada
sur les presses de Quebecor World Saint-Jean